C. A. PRESS

LOS SECRETOS DE LOS ÁNGELES CURADORES

Sabi Hilmi siempre ha creído que en la vida hay mucho más de lo que uno puede ver. Al igual que todo el mundo, ella se ha tenido que enfrentar a retos y decepciones, que en algunas situaciones le hicieron perder la esperanza de poder ser exitosa en la vida y el amor. Su despertar a la energía divina de los ángeles la llevó a comenzar ha recorrer el camino de la curación de su pasado y le hizo recuperar la esperanza. Luego de muchos años de búsqueda, Sabi consiguió el propósito de su vida: enseñar sobre los ángeles y canalizar su energía curadora para ayuda a los demás a encontrar amor y felicidad.

LOS SECRETOS DE LOS ÁNGELES CURADORES

Cómo canalizar a su ángel guardián
y conseguir la felicidad

Sabi Hilmi

C. A. PRESS
Penguin Group (USA)

C. A. PRESS
Published by the Penguin Group
Penguin Group (USA) LLC
375 Hudson Street
New York, New York 10014

USA | Canada | UK | Ireland | Australia | New Zealand | India | South Africa | China
penguin.com
A Penguin Random House Company

First published in Great Britain in English as *The Secrets of Angel Healing* by
Michael Joseph, an imprint of Penguin Books Ltd, 2011
This Spanish-language edition first published in the United States of America
by C. A. Press, a member of Penguin Group (USA) LLC, 2013

Translated by Asdrúbal Hernandez / SPS, a division of Sudaquia Group, LLC

LIBRARY OF CONGRESS CATALOGING-IN-PUBLICATION DATA
Hilmi, Sabi.
[Secrets of angel healing. Spanish]
Los secretos de los ángeles curadores : cómo canalizar a su ángel guardián
y conseguir la felicidad / Sabi Hilmi.
pages cm
Includes bibliographical references and index.
ISBN 978-0-14-242567-1
1. Angels.   2. Guardian angels.   3. Guides (Spiritualism).
4. Healing—Religious aspects.   I. Title.
BF1623.A53H5518 2014
202'.15—dc23   2013042456

Printed in the United States of America
10 9 8 7 6 5 4 3 2 1

Contenido

PARTE IV
Los arcángeles

PARTE V
Curación de los ángeles para el cuerpo

PARTE VI
Curación de los ángeles para la mente

PARTE VII
Curación de los ángeles
para el corazón

PARTE VIII
Curación de los ángeles
para el alma

Prólogo: Mi viaje

Despertar espiritual

Desde niña, me sentía aislada porque era extremadamente tímida, tenía baja autoestima y no confiaba en mí misma. Interactuar con la gente me era muy difícil, desarrollé una personalidad introvertida que me llevó en muchos casos a sentir que era invisible y que no valía nada. El punto de quiebre llegó al principio de mis veintes, luego de sufrir muchos años con el corazón roto. A pesar de que estaba bendecida con el amor de mi familia, éste nunca pudo llenar la profunda tristeza que sentía en el corazón. Ahora me doy cuenta de que pasé muchos años buscando el amor a través de las parejas con las que me involucraba, con las cuales yo esperaba llenar ese vacío y lograr sentirme plena. Este comportamiento autodestructivo me llevó a mi despertar espiritual. Siempre había sido un alma perdida y la desconfianza en mí misma había afectado todas mis relaciones –amigos, familia, compañeros del colegio y colegas. Para poder ser yo misma, no le permitía a nadie adentrarse en mi mundo interno. Por muchos años estuve tratando de descifrar por qué estaba viviendo de esta forma, cuando en lo más profundo de mí sabía que había mucho más en la vida. Por suerte, yo tenía a una persona que creía en mí y en mis sueños, y que me había llenado de esperanza a lo largo de mi vida. Mi madre me dijo que no perdiera la fe y que apuntara alto, porque nada era imposible.

El año 2000 fue una encrucijada. Me encontraba en el punto más bajo emocionalmente y estaba agotada mentalmente por tratar de dar sentido a los pensamientos caóticos y negativos en mi mente. Esto afectó adversamente mi salud física, por lo que tuve que decidir entre entregarme o luchar por mi supervivencia. Comencé a orar, y sin importar que tan difícil o mala fuera mi situación, yo siempre supe que había una fuerza poderosa observando todo aquello a lo que me estaba enfrentado.

Durante mi infancia, encontré gran consuelo en la oración. Era el único lugar en el que me sentía escuchada y comprendida. Recibí de un familiar un conjunto de libros sagrados de oración y, a pesar de que no comprendía en su totalidad lo que estaba leyendo, me di cuenta de que cada oración, por breve que fuera, estaba ejerciendo un impacto diferente y positivo en mí. Gradualmente, mientras fui creciendo, comencé a sentir una presencia en mi cuarto, que en algunas ocasiones llegó a asustarme y me hizo correr llorando hacia mi madre. En otros momentos me sentí tan serena y en paz, que era como si estuviera soñando. Me sentía limpia y purificada por la energía divina que sentía fluir por mí. Así creé un pequeño espacio sagrado en mi cuarto, donde podía orar cada noche sin falta.

Escribir se convirtió en una rutina esencial. Comencé anotando pensamientos y sentimientos en mis diarios, por lo que las cosas parecían tener más sentido. Escribir me ayudó a limpiar mi mente y a darme cuenta que mis emociones estaban más controladas. Una de las primeras experiencias más profundas que tuve fue a través de la escritura automática creativa. En ese momento buscaba respuestas a algunas de las preguntas relacionadas con la situación en la que me encontraba. Un día que garabateaba notas, algo tomó mi mente y perdí el control de lo que estaba escribiendo. Ése fue el principio de un regalo muy especial –canalizar la guía espiritual de mis espíritus guías o Ángeles. No estaba totalmente segura de dónde venía esta información, pero sabía que no era de mí, ya que estaba llegando al papel más rápido de lo que mi mente podía funcionar. Al final me dolía el brazo. Esperaba obtener algún nombre al final de cada mensaje, pero lo único que recibía era una gran X.

Me sentía muy emocionada por lo que estaba sucediendo, aunque, en ocasiones, también me sentía frustrada cuando trataba de forzar el flujo de la información y no lo lograba. Al principio quería consejos sobre cómo enfrentarme a mi situación actual. Luego, poco a poco, comencé a recibir revelaciones sobre mi futuro. Al momento en que la información estaba lista para salir a través de mí, solía recibir un mensaje claro y fuerte en mi mente; era un mensaje que venía tan rápido que no podía reconocer mi propia escritura. Esta guía divina fue reconfortante para mí en aquella fase desafiante y negativa de mi vida. Me sentía maldita, como si el mundo estuviera en contra de mí. Mi única esperanza era que en algún lado escucharan mis oraciones, que sintieran mi dolor y me enviaran una oportunidad para cambiar las cosas.

Una tarde que estaba en casa de una amiga y le conté lo que me estaba sucediendo. Esta amiga, que era una completa escéptica, me dijo que me tranquilizara y que me mantuviera enfocada en la realidad. Sin embargo, otra amiga que creía más en el campo de la espiritualidad, me preguntó si podía hacerle una "lectura psíquica". Yo me había hecho algunas lecturas para esa época y me habían fascinado los resultados. Así que cerré los ojos y entré en un estado profundo de relajación en el que no podía abrirlos. Comencé un viaje interno en el que veía algo que parecía la historia de una niña pequeña. Vi un jardín y describí con gran detalle lo que allí estaba pasando, así como a las personas presentes. Pude escuchar el asombro de mi amiga que se preguntaba cómo podía saber yo toda esta información. Le había descrito un episodio de su infancia que ella recordaba con claridad y le había descrito a una tía suya que ya había muerto. Quedé muy impresionada con la experiencia, y me tomó un rato devolver mi conciencia a aquel cuarto. Mis dos amigas estaba sorprendidas, y la escéptica estaba tan asustada por los efectos que había tenido la lectura en mí, que me dijo que no lo repitiera nunca más. Esto me dejó con muchas preguntas, que me llevaron a comenzar mi viaje hacia mi desarrollo espiritual.

Desarrollo espiritual

Mi búsqueda por lograr un desarrollo espiritual se inició por mi interés en curarme a mí misma. Encontré una escuela de desarrollo espiritual en Londres, y al estudiar todos los cursos que ofrecían, comencé mi camino de aprendizaje, de modo que las cosas comenzaron a tener más sentido. Era bueno saber que habían muchas otras personas experimentando señales de orientación similares a los mías. Durante una de las clases de meditación, al conectarnos con nuestros Ángeles Guardianes, tuve la experiencia más serena que he tenido. Fue como haberme reunido con mi familia luego de haber estado separado por un período muy largo. Fue tan emocionante que no quería salir de la serenidad que había conseguido. Desde ese momento, me dedicaba durante horas a canalizar consejos espirituales sobre como mejorar mi vida, y sobre como encontrar el significado y el propósito de por qué estaba acá. Estudié y me convertí en un maestro *Reiki*, lo cual me llevó a completar el proceso de desintoxicación física, mental, emocional y espiritual. Éste no fue un proceso fácil, ya que todo lo que tenía embotellado dentro de mí comenzó a salir a flote en el momento que comencé a canalizar la nueva energía de vida en mi cuerpo, mente, corazón y alma, la cual me ayudó a remover los viejos y viciados patrones. En la medida en que activaba mis Chakras (centros de energía del cuerpo), se comenzaron a desarrollar inmensamente mis habilidades intuitivas y de canalización. Ahora me conectaba mucho más rápido con mis guías espirituales y ángeles guardianes para solicitarles ayuda para mí o para los demás, y eso me hacía sentir apoyada, querida y segura.

Curación espiritual

Me volví muy sensible, en especial a la energía negativa de los demás, por lo que era capaz de captar su dolor y sus emociones. Se me revolvía el estómago y me sentía muy estresada cuando estaba rodeada de personas que habían estado discutiendo, y me sentía muy emocional cuando me encontraba alrededor de personas que estaban teniendo problemas en sus vidas. Era una constante batalla interna tratando de evitar situaciones y personas. Sentía que necesitaba protección contra el "mal de ojo", cosa que me condujo a vivir una vida basada en miedos –pensando que el mundo estaba en contra mío. Cuando me sentía baja de energía, mi suerte fue siempre mala y era infeliz, especialmente en términos de las relaciones con los otros. Estaba fascinada con la idea de que había tenido vidas pasadas y de que seguía cargando en esta vida los karmas que necesitaban ser resueltos para que mi alma pudiera aprender y evolucionar. Yo era guiada por mi ángel guardián y el ángel de la transmutación, el Arcángel Zadkiel, para quemar y disolver todo lo que mantenía mis energías atadas a mi pasado.

En la medida en que me fui sensibilizando y era capaz de ver y sentir energías tenues, dependiendo de mis pensamientos y sentimientos internos, podía ver, escuchar y sentir formas equivalentes de energía a mi alrededor.

Me tomó un largo tiempo comprender cómo las maldiciones o "ataques psíquicos" funcionaban, y cómo otros seres humanos podían influenciar en la felicidad de los demás de forma negativa. Los ángeles me enseñaron que lo que se hace es porque se decide hacerlo. Cada persona puede tener sus propios pensamientos y emociones, y ejecuta cualquier acción de acuerdo con sus deseos. Los ángeles también me enseñaron que, con cada elección, hay una causa y una correspondiente consecuencia. Esto se basa en la ley del karma: para cada acción (causa), hay una reacción (consecuencia), inclusive si esa consecuencia llega mucho después.

Durante estos años estaba consciente de las formas de energía negativa a mi alrededor, porque sentía que mi energía era atacada, y estaba desesperada por encontrar la forma de parar esto y ser totalmente libre. Esto era algo que no podía hablar con muchas personas, porque la mayoría descartaría el tema diciendo que algo así no existía. Sin embargo, tenía una idea de cuál era el lugar del que esta oscuridad provenía y de por qué estaba siendo dirigida hacia mí. La angustia que esto generaba en mi vida era insoportable, y hacía que estuviera físicamente enferma y extremadamente deprimida. Esto se mantuvo por mucho tiempo, y significaba que únicamente podía confiar y tener fe en mi Ángel Guardián. Él constantemente me aseguraba que mi energía estaba siendo limpiada. También me dijo que tenía que perdonar a aquellos que culpaba si quería que mi vida se purificara. Me di cuenta de la dificultad de hacerlo, ya que me sentía muy herida por aquellos que consideraba ser responsables de mi infelicidad.

Por medio de la curación espiritual, aprendí que perdonar no es simplemente perdonar lo que te han hecho, sino aprender a aceptar el presente y a tomar control del futuro, en lugar de estar viviendo en el pasado. Mi Ángel Guardián me enseñó a entender que todo lo que había experimentado hasta ese momento me estaba llevando a un despertar espiritual y a limpiar mi karma negativo. Por lo menos durante cinco años, tuve severos ataques de depresión causados por la energía negativa. Por medio de la dedicación, confianza y deseo de voluntad, comencé a creer que había roto el hechizo con el poder del amor, de los ángeles y de la curación espiritual. Comencé a sentirme como una persona nueva, completamente en paz. Me sentí fuerte, con los pies en la tierra y más ligera que antes. Sabía que me había liberado y que todos los ataques y energías negativas, habían sido curados, permitiéndome comenzar una nueva vida.

Ángeles de la curación

Mi primera experiencia con los ángeles de la curación sucedió cuando la persona más cercana a mí, mi amadísima madre, comenzó a sufrir algunos problemas cardíacos. Una tarde, sintiéndome desolada a su lado, me acerqué a Dios por medio de una oración y le pedí ayuda. Con los ojos cerrados, entré en un profundo trance y sentí una pesadez sobre mis hombros. Vi cómo una luz brillante aparecía en la oscuridad de mi mente, y mis manos fueron llevadas por una atracción magnética directamente hacia el corazón de mi madre. Una espiral de luz que se transformó en una bola gigante de energía se mantuvo a mis espaldas, canalizando las luces a través de mi cuerpo y por medio de mis manos hacia su corazón. No podía abrir mis ojos. A pesar de que esto duró como unos diez minutos, las dos sentimos como si hubiésemos estado horas en otro mundo.

Las dificultades que mi madre había enfrentado antes de la experiencia de sanación eran palpitaciones irregulares del corazón, que la dejaban sin aliento inclusive con sólo subir las escaleras. Después de la corta sesión de canalización, a pesar de que ella no podía abrir sus ojos, su ritmo cardiaco cambió increíblemente y su respiración volvió a la normalidad.

Mi impresión y asombro ante lo que había sucedido me llevó a buscar más información sobre energía curadora. Siempre había estado interesada en saber qué me guardaba el futuro, por lo que había ido con algunos médiums psíquicos para que me hicieran lecturas; ellos me habían dicho que yo tenía habilidades de curación y que más adelante en mi vida se harían más evidentes. Nunca comprendí qué significaba eso y por ello nunca estuve interesada en el tema. Tenía demasiadas preguntas sobre mi vida: ¿Cuál era el significado de todo? ¿Por qué estaba acá? ¿Por qué me sentía tan sola, inclusive con gente a mi alrededor? Antes de que comenzara mi viaje hacia la curación espiritual, estaba vacía y sufría de depresiones. Mis esperanzas en la felicidad y el amor eran muy bajas. Sin embargo, manteniendo mi confianza y fe, me sentía bendecida por haber recibido la habilidad de poder intuitivamente ver, oír y sentir a los Ángeles Celestiales, que me guiaban a mejorar mi vida.

Transformación de la vida

Mi vida comenzó a cambiar dramáticamente. A pesar de que pasaba muchas horas haciendo trabajo ordinario, interiormente estaba añorando hacer algo más satisfactorio. Al cambiar el patrón de mis pensamientos y creencias, se presentó una oportunidad en la que me ofrecieron un monto de dinero que podía usar para cualquier tipo de estudio. Esto me dio seguridad financiera, con la cual pude comprar mi "santuario de ángel". Por medio de la meditación, la lectura de libros, el estudio y los cambios en mi estilo de vida, me sentía física y emocionalmente más feliz. Comencé a comunicarme verbalmente con mi Ángel Guardián y a recibir sus respuestas a través de los sentimientos que me comunicaba. Un "sí" era una sensación cálida de mucha alegría en mi corazón; "no" era una sensación de tristeza. También aprendí a usar un péndulo, que oscilaba en diferentes formas para decir "sí" o "no".

La forma más efectiva de comunicarme con mi Ángel Guardián era a través de la escritura creativa. Desafortunadamente, esto sucedía ocasionalmente, pero cuando pasaba, recibía respuestas muy profundas. He guardado diarios anuales, llenos de información canalizada desde hace muchos años, sobre múltiples temas de mi vida, compartiré algunos extractos de ellos en este libro. El mundo de los ángeles existía dentro de mí, y, a pesar de que me he desarrollado para verlos, oírlos y sentirlos claramente, me tomó mucho tiempo poder compartir este regalo con los demás. En la medida en que mi vida ha mejorado, he comenzado a llevar el mensaje de la curación y la inspiración a los demás.

Luego, mi profesor de desarrollo espiritual me pidió que enseñara sobre el ángel de curación en mi escuela, y de allí, me he dedicado a ayudar a la gente con alguna forma de guía o curación angelical. Me he convertido en una practicante calificada de los ángeles curadores y he establecido la página de Internet purely-angels.com. Regularmente le enseño a las personas cómo pueden invitar a los ángeles y arcángeles a sus vidas para que los guíen, curen y fortalezcan para poder alcanzar y mantener la felicidad, el amor, y el bienestar. Por medio de la escritura de *Los secretos de los ángeles curadores*, he experimentado una nueva transformación personal que me ha fortalecido y me ha hecho sentir privilegiada de compartir el amor de los ángeles con el mundo.

Un mensaje sobre este libro

Junio 2006

Querida Sabi,

En tiempo divino, vas a escribir un libro que muestre tus experiencias con el amor. Te pedimos que sigas siendo una divina y clara canalizadora del amor y la luz en todo momento. Recuerda: el amor lo cura todo en el mundo. Has sido bendecida con el poder de experimentar una profunda conexión de alma con alguien que ha tenido un enorme papel en tu vida. Aprende a confiar en el proceso divino, mi hija querida, y deja de tener prisa. Continuarás teniendo estas conexiones espirituales con compañeros de tu misma familia del alma; el próximo se aproxima a ti físicamente, así que vete preparando. Serás bendecida al recibir respuestas a muchas preguntas por medio de esta conexión, y el alma jugará un papel muy importante para ayudarte a escribir tu libro.

Si crees que has experimentado el amor en su máxima expresión, estás equivocada. Recuerda que uno recibe del universo lo que le ha dado a los demás. Aprende a amar, apreciar y honrarte a ti misma incondicionalmente.

Te vamos a revelar el propósito de tu vida: tienes que enseñar que el amor de los ángeles, está disponible para todos, y tienes que enseñar cómo vivir la experiencia del Cielo en la Tierra, como tú misma lo has alcanzado a hacer por medio de tus tribulaciones. Cuando estés completamente lista, nosotros los ángeles canalizaremos el contenido del libro a través de ti. Debes hacer todo lo que puedas para vivir desde la perspectiva de un ángel si deseas que este libro sea escrito. Aumenta tu energía por medio de la medita-

ción y cuidándote física, mental, emocional y espiritualmente. La ansiedad, las preocupaciones o el miedo, únicamente te detendrán y atrasarán el proceso para lograr la misión que te hemos planteado previamente.

Te querremos siempre, y por siempre estaremos contigo, X

LOS SECRETOS DE LOS ÁNGELES CURADORES

PARTE I:

INTRODUCCIÓN
A LOS ÁNGELES

Los secretos de los ángeles curadores han sido canalizados para ofrecer al lector una perspectiva diferente para enfrentarse al día a día, y a situaciones de la vida real por medio del uso de los dones disponibles a través del ángel curador. El libro lo llevará, a usted el lector, por una jornada hacia su desarrollo, desde conocer a su ángel guardián, curar su cuerpo, mente, corazón y alma gracias al ángel curador, hasta usar su intuición de manera natural y ser el creador de su propia felicidad.

Antes que nada, voy a presentarle a los ángeles, para luego describir su propósito y cómo pueden ayudarlo. También hablaremos de la curación y le enseñaré muchas técnicas que lo ayudarán a desarrollar sus habilidades intuitivas que lo llevarán a convertirse en un ser íntegro. En la sección de curación para el cuerpo, mente, corazón y alma, le daré ejemplos de los grandes desafíos que la gente tiene que enfrentar en el mundo actual, y le mostraré cómo los ángeles lo pueden ayudar. Ellos le darán una perspectiva completamente nueva sobre lo que parecía ser un problema grave. Cualquier dificultad que pueda estar experimentando, será transformada por su energía amorosa, curadora y poderosa –el amor. Cuando comprenda esto, su vida se llenará y balanceará, y usted se sentirá lleno de optimismo y entusiasmo para usar sus habilidades para crear la vida que usted desea tener y lograr sus metas. Pero por encima de todo, aprenderá a amarse a sí mismo y a su vida en la Tierra.

Cuando su proceso de curación haya sido completado, tendrá las técnicas y sabiduría para vivir su vida y ver todo desde una nueva perspectiva, creyendo que el amor es el mayor poder de su vida y que la negatividad es ausencia de amor. Usted tendrá empatía con aquellos que se encuentran en proceso de curación y, en lugar de juzgarlos, les ofrecerá su soporte y asistencia amorosa, usando sus nuevos conocimientos y su energía purificada.

Este libro está diseñado no sólo para la gente que se encuentra en proceso de curación, sino también para aquellos que sienten curiosidad sobre los ángeles y sobre los modos en que lo pueden ayudar a curar su cuerpo, mente, corazón y alma. Contiene recomendaciones prácticas, al igual que métodos más sagrados, como la meditación, y técnicas de reprogramación mental tales como las afirmaciones. Las técnicas y secretos del ángel curador lo transformarán mucho más de lo que se puede imaginar y le traerán milagros a su vida. Comenzará a notar señales de que sus ángeles están a su alrededor y que están escuchando sus llamados de curación. Su ángel guardián ha esperado por mucho tiempo para conectarse con usted, ya que para ellos el placer máximo es guiarlo hacia el amor y la felicidad.

Cada una de las secciones del ángel de la curación para su cuerpo, mente, corazón y alma, contiene siete situaciones difíciles con una guía canalizada de los ángeles para poder curarlas. Existe meditación curativa para cada una de ellas, al igual que un ejercicio práctico para mejorar la curación a nivel físico. En la medida en que aplique estos secretos e invoque la asistencia de los seres angelicales, comenzará a notar resultados milagrosos, mucho más allá de la base lógica y de sus expectativas. Los resultados mejorarán por medio de su voluntad para cambiar y su determinación a seguir el proceso. Los secretos lo ayudarán a liberar la negatividad que rodea su pasado, a cambiar la forma en que le afecta negativamente su presente, y a permitirle crear el futuro que usted desea.

Los secretos de los ángeles curadores pueden ser usados para desarrollar la forma de vivir su vida físicamente, la forma de escoger sus pensamientos en su mente, la forma de sentir sus emociones y la forma en que usted cree en sí mismo espiritualmente. A continuación le muestro algunos de los beneficios que puede conseguir cuando logre ser feliz por medio de la ayuda de su ángel guardián:

∞ Físicamente: en el momento en que logre dejar de enfocarse en sus dificultades se sentirá mucho más energético y entusiasta de vivir su vida. Se sentirá menos fatigado y desanimado cada día que vea lograr sus deseos. Cuando uno está más feliz, uno se siente, en todos los sentidos, físicamente más fuerte y más en forma, mejorando el flujo de la energía y fuerza de vida que hay en uno y estimulando su sistema inmunológico.

∞ Mentalmente: eliminando los pensamientos negativos, se sentirá mucho mas positivo y alerta y estará pendiente de los patrones de su pensamiento. Las beneficiosas instrucciones de los ángeles penetrarán profundamente en su subconsciente, ya que cuando uno está relajado, es cuando es más susceptible y receptivo a nuevas ideas. Estas nuevas y positivas sugerencias causarán impresiones profundas y perdurables en su alegría cuando tome el control de su actividad mental y adquiera claridad.

∞ Emocionalmente: sus nervios estarán más tranquilos y estables ofreciéndole más serenidad. La felicidad le generará satisfacción y un sentimiento desbordante de amor por su vida. Esto lo llevará a atraer naturalmente más amor, amigos y relaciones en su vida. La alegría es un estado muy contagioso e influyente, y estar feliz lo convertirá en una persona popular y atractiva.

∞ Espiritualmente: se sentirá contento y en paz al saber que está satisfecho con su vida, en la medida en que continúa viviendo una vida con propósito y sentido. La felicidad estimula la seguridad, y la seguridad ayuda a no darle tanta importancia a los miedos que lo han amarrado por tanto tiempo. La felicidad eleva su espíritu más y más alto, y cuando está en sincronía con las leyes del universo, manifestar sus deseos resulta fácil.

Sobre los ángeles

La definición de "ángel" es "mensajero". Los ángeles son entes celestiales que han sido creados por la energía de amor incondicional y actúan como mensajeros entre el Cielo y la Tierra. Los ángeles son entes andróginos de luz, pero al mismo tiempo poseen características masculinas y femeninas. Existen muchos tipos de ángeles y cada uno tiene una posición en la jerarquía angelical. Cada uno tiene diferentes responsabilidades y cualidades especiales que los traen a nuestra vida. Asimismo, el fin último de los ángeles es abrir nuestros corazones al amor, despertando nuestra conciencia a la sabiduría, y permitiéndonos pensar positivamente sin limitaciones y a vivir nuestra vida en un estado máximo de felicidad al alcanzar todos nuestros deseos.

Los ángeles quieren ayudarte:

Les pedimos que nos llamen, ángeles, porque disfrutamos nuestra responsabilidad de servir. Deseamos servir a nuestro creador por medio de la canalización del amor incondicional, guía y curación de todas las almas. No tienes que creer en nosotros hasta que estés seguro de nuestra existencia. Siempre creeremos en ti. Nosotros amorosamente te enseñaremos cómo esparcir amor y luz por todo el mundo, y cómo convertirlo en un lugar mejor.

Muchos ángeles se están comunicando con la Tierra en este momento para ayudarnos en estos tiempos difíciles a los que nos enfrentamos y en la fase de transición en la que el planeta se encuentra como resultado de la evolución de la consciencia de la humanidad. A pesar de que los ángeles quieren ayudar todo el tiempo, en cualquier situación, debido a la ley del libre albedrío, están limitados en lo que en realidad pueden hacer cuando no son llamados por los humanos. Cada persona tiene la responsabilidad de escoger entre sus emociones, pensamientos y acciones, por lo cual los ángeles no pueden intervenir, a pesar de que sepan que la elección de la persona no es la mejor.

Los ángeles no juzgan las decisiones y los comportamientos de nadie, porque ellos siempre responderán amorosamente a su llamado cuando usted esté listo para cambiar. Ellos saben que en la vida todo se basa en aprender por medio de las experiencias y a través de la resolución de las situaciones karmáticas que uno trajo de vidas previas, para poder continuar el camino hacia la evolución espiritual. Vea a los ángeles como unos pequeños ayudantes en los cuales puede confiar que lo apoyarán y véalos como unos entes a los que en realidad usted les importa. Los ángeles pacientemente esperan su llamado para poder involucrarse y liberarlos de sus penas diarias y del estrés de sus responsabilidades. Ellos desean que usted se logre liberar para poder disfrutar de su cuerpo humano y de la belleza del mundo. Los ángeles lo pueden ayudar de muchas formas: ellos pueden traerle curación, inspiración y guía para resolver problemas. Ellos son como amigos leales quienes nunca lo defraudarán y se alegrarán de su éxito y de su alegría. Después de que uno invita a los ángeles a su vida, notará grandes transformaciones y cambios positivos. Su camino de curación comienza con la confianza y con una agudización de la atención para percibir el mensaje de los ángeles. Invoque siempre a los ángeles para lograr el mayor y mejor bien para todos los involucrados, éticamente y con agradecimiento por su ayuda. Aceptar el amor y la energía curadora lo llevará a sentirse satisfecho y contento con cada una de las áreas de su vida. Cada uno ha heredado habilidades intuitivas que debe reconocer y desarrollar. Estas están bloqueadas por el miedo, la duda y la energía negativa. Cuando se desprenda de esto por medio de la curación de los ángeles, podrá escuchar naturalmente a su intuición y a los ángeles diciéndole cómo mejorar su vida y lograr todas sus metas.

Los ángeles viven en el reino angelical. Ellos no tienen forma física pero existen en una frecuencia energética mucho mayor que la materia física de nuestro mundo. Cuando la frecuencia de la energía de los humanos y de la Tierra comienza a cambiar por medio de la curación de los ángeles, se comienza a facilitar la conexión con el reino de los ángeles. Los ángeles a los que llamamos para que nos ayuden, flotan entre los dos reinos, actuando como mensajeros divinos y respondiendo a nuestros llamados para curación, guía, asistencia y amor incondicional.

Existen muchos tipos de ángeles, que tienen diferentes misiones y que pertenecen a diferentes grupos.

Arcángeles

Los arcángeles son ángeles que han evolucionado por sus servicios. Ellos vigilan los diferentes grupos de ángeles, ángeles guardianes y a los humanos. Estos poderosos seres de luz tienen sus propios propósitos, y responden a nuestro llamado de inmediato. Todos los ángeles pueden trascender en tiempo y espacio para ayudar a curar nuestras vidas, mientras que los arcángeles son aún más poderosos en lo que pueden lograr. No importa qué tan difíciles las situaciones puedan ser, ellos pueden realizar curaciones milagrosas para alcanzar un bien mayor. Los arcángeles son extremadamente inteligentes y sabios. Ellos tienen el conocimiento divino y ofrecerán respuestas a situaciones difíciles que para uno pueden resultar imposibles. Hablaré más sobre los arcángeles en un próximo capítulo.

Ángeles guardianes

Cada persona nace con un ángel guardián que permanece a su lado durante toda su vida. Su ángel guardián sabe absolutamente todo sobre uno, inclusive cosas que ni uno mismo sabe. Ellos recuerdan lo que uno vivió en vidas pasadas, y también saben lo que le aguarda en sus próximas vidas. Uno puede saber todo esto comunicándose con su ángel personal. Él está dedicado a usted únicamente. Ellos lo ayudarán amorosamente con las personas que uno ama. Su ángel lo ama incondicionalmente, sin importar qué errores haya cometido y nunca lo juzgará. A través de su vida, otros ángeles trabajarán con su ángel guardián, en especial cuando uno atraviesa periodos de grandes transiciones en la vida.

Los ángeles guardianes nunca reencarnan en forma física, por lo que observan todo a través de los ojos de la pureza y el amor incondicional. Al igual que los arcángeles, ellos son seres muy inteligentes y sabios, que saben que es lo mejor para nosotros, a pesar de que nunca impondrán su sabiduría a la persona que cuidan. Nada es imposible para ellos y su deseo para nosotros los humanos es que tengamos fe al igual que ellos.

Los ángeles guardianes tienen mucha compasión por la humanidad y ante todos los retos que tenemos que enfrentar durante nuestra vida en la Tierra. Su ángel guardián quiere ayudarlo a encontrar y mantener su paz interna y mantenerlo lejos de las influencias negativas. Luego de haber encontrado esta paz interna, se le mostrará el verdadero propósito de su vida. Cada persona tiene un don especial que trae al mundo por medio de sus talentos o de su sabiduría. Los ángeles guardianes nos ayudan a lo largo del camino a triunfar en nuestros objetivos, retirando las limitaciones que nos ponemos a nosotros mismos.

Uno tiene un ángel guardián que siempre lo acompaña, con el único propósito de guiarlo a través de la vida. Este ángel tiene muchas responsabilidades, pero de igual forma existen algunas reglas que debe seguir: los ángeles no pueden intervenir en su vida o en sus decisiones a menos que usted se lo pida. Ellos siempre estarán a su lado mientras dure el trayecto de su alma, sin importar si es en la Tierra o en algún otro reino. Su ángel guardián está dedicado a usted y a protegerlo, especialmente en emergencias, hasta que sea el momento de moverse a un reino diferente, cuando será su responsabilidad ayudarlo en la transición.

Su ángel guardián está muy consciente de su misión y propósito en la vida, a pesar de usted no lo sepa o lo haya perdido de vista. Antes de que usted encarnara, el camino de su vida fue escogido por su alma con la ayuda de su ángel guardián y sus guías espirituales, pero al entrar en el cuerpo físico, cada uno de nosotros es influenciado por la consciencia colectiva del mundo en que vivimos. Su ángel guardián espera pacientemente a que usted vuelva a despertar y se acuerde de él. A pesar de que tenga un fin mayor que seguir en su vida, su alma necesita experiencia antes de que pueda alcanzar el punto en el cual quiera y sea capaz de aceptar el cambio. Su ángel guardián únicamente puede apoyarlo a través de estas experiencias dolorosas, dándole el conocimiento de que algo muy bueno surgirá de esa situación negativa. Ellos pueden ver el resultado final y el futuro, por lo que secretamente derraman energía de amor y paciencia a su corazón.

Su ángel guardián puede conectarse con usted cuando duerme. Esto es porque su mente consciente al estar tranquila y silenciosa, está libre del dialogo mental. Cuando uno duerme, su ángel guardián le hablará sobre su situación y le dará una idea sobre el resultado. Al mismo tiempo, ambos se reunirán con sus guías espirituales, quienes le recordarán sobre el próximo paso de su trayecto.

Su ángel guardián le enviará energía curadora, para que se levante sintiéndose fresco y listo para enfrentarse al mundo, sabiendo que está completamente cargado y revitalizado. A través de su día puede tener recuerdos, o sensaciones de *déjà vu*, sobre lo que discutió con su ángel guardián cuando dormía. Su ángel guardián puede enviarle energía curadora y amor sin su permiso, pero depende de usted aceptarla conscientemente y generar un cambio en su vida. Su ángel guardián se le aparecerá a usted de formas que probablemente usted podrá reconocer. Si usted ama los niños y usted es joven de corazón, su ángel guardián aparecerá como un pequeño querubín. Sin embargo, si usted es el gerente general de una firma de abogados, su ángel guardián podría escoger una figura de autoridad. En cuanto a la identidad de su ángel guardián, durante la meditación o por medio de su intuición, usted obtendrá el nombre que representa su energía. Los ángeles guardianes no tienen nombre en realidad, pero esos nombre son únicamente dados para nuestra conveniencia y para que podamos identificarlos. Si no puede escucharlo, a su ángel guardián lo hará muy feliz que uno escoja el nombre que uno considera adecuado.

Mi ángel guardián se llama Exeline. Durante una meditación muy bella, me mostraron que ella es dorada y grande, en comparación con Ptara, mi guía espiritual, quién es físicamente similar a mí. El ángel Exeline fue la que canalizó los mensajes escritos a través de mí por muchos años antes de que nos conectáramos espiritualmente. Ella es un ser de luz amorosa que me ha guiado por todos los retos que he enfrentado en mi vida, incluyendo el momento en que estuve lista para enseñarle la curación de los ángeles a los demás, ella todavía sigue conmigo.

Ella me había dicho por muchos años que la oportunidad de escribir este libro iba a llegar. Hace como un año compré un cuaderno en blanco, pero por alguna razón no podía usarlo, siempre sentía que no estaba lista. Lo había colocado en mi armario donde podía verlo todos los días, sin saber qué iba a escribir en él. En 2009, escuché fuerte y claro que lo tomara y comenzara a escribir. Este mensaje me llegó luego de que terminé de crear mi página Web. Me dijeron que escribiera sobre mi propósito e intención al crearlo. La información fluyó naturalmente. Luego me pidieron que escribiera sobre cada uno de los miedos que me impedían lograr lo que me proponía. Tan pronto escribí sobre mis miedos y me enfrenté a ellos internamente, sentí que se me presentaba la oportunidad de escribir el libro sobre los ángeles. Sabía que todo era trabajo de los ángeles y escuché a Exeline decir: "como te lo prometí, ya estás preparada para escribir el libro sobre tus experiencias. Inclusive, parte de tu camino es relevante para este libro. Es tan así que podrás enseñar la curación de los ángeles. Mucho amor y bendiciones angelicales."

Los ángeles de la Tierra

Los ángeles nunca se convierten en humanos, sin embargo, cada persona tiene un ser angelical dentro de sí. Esto se conoce como el alma.

9

Cuando este ser angelical se despierta, la conexión de uno con el reino angelical es muy fuerte y como consecuencia, uno puede vivir como si fuera un ángel en la Tierra. Su personalidad tendrá las mismas cualidades de la de los ángeles, como la inocencia, el amor incondicional y la pureza. Pues, las almas saben lo que es sentirse amado incondicionalmente, como los ángeles lo hacen en el Cielo. Estar consciente del alma significa vivir, actuar, saber, enseñar y amar como si en realidad uno fuera un ángel. Esto puede resultar un gran reto, e inclusive imposible de imaginar en este momento, pero luego de completar el programa de la curación de los ángeles para el cuerpo, mente, corazón y alma que se encuentra en este libro, usted tendrá una perspectiva diferente sobre la vida. Usted podrá verse a sí mismo, a los demás y a la vida a través de los ojos de un ángel. Lo primordial de este camino a la curación es poder amar a los demás como a un ángel. Mientras más se despierta y refleja cualidades puras, más rápido podrá progresar por el camino de la curación, y eventualmente, todo su ser estará integrado por ángeles. Los beneficios de esto son fenomenales: vivir una vida Celestial en la Tierra es una experiencia magnífica.

PARTE II:

LA CURACIÓN DE LOS ÁNGELES

La curación de los ángeles es una técnica por medio de la cual entes angelicales y sus energías curadoras son invocados para el beneficio de la curación. Los ángeles proveen su energía de amor, sabiduría, guía para ayudar a la humanidad a obtener su completo bienestar. Existen muchos secretos de los ángeles, que ofrecen nuevas perspectivas para enfrentar las situaciones difíciles y los asuntos del cuerpo, mente, corazón y alma. La meta e intención de la curación de los ángeles es traer a su vida una gran transformación mientras recorre el proceso de curación en conexión amorosa con su ángel guardián. Abrirse a todas las posibilidades con la confianza y fe de que está siendo apoyado con el amor de su ángel, lo llevará a experimentar la belleza y maravilla de los milagros en cualquier área de su vida. Los ángeles están listos para que su energía sagrada esté disponible para usted en el momento en el que la necesite, y le guiarán en cada paso del camino hasta que logre obtener los resultados que espera. La curación de los ángeles promueve el desarrollo en los cuatro niveles descritos a continuación:

∞ Físicamente: lo llevará a una vida llena de satisfacciones, con relaciones duraderas y trabajo con propósito y éxito.

∞ Mentalmente: le permitirá obtener sabiduría y un nivel mayor de inteligencia, mejorando la creatividad y obteniendo una visión positiva.

∞ Emocionalmente: se siente más balanceado emocionalmente, y comenzará a vivir una vida satisfecho por el amor incondicional y la paz.

∞ Espiritualmente: caerá en cuenta de una mayor consciencia del alma, obteniendo guías para llegar a la iluminación.

La técnica de la curación de los ángeles es fácil de aprender y usar. Cuando se invita a los ángeles a la vida de uno para que lo curen, ellos abren las puertas de su corazón, para que usted pueda aceptar su amor. Ellos lo ayudan a desarrollar sus habilidades intuitivas para que sea capaz de seguir sus consejos. Su pasado está afectando su presente, y su presente afectará su futuro. Por medio de la identificación de las causas de la infelicidad actual en su vida, usted podrá crear el futuro que desea. Dirigiendo la energía curadora de los ángeles hacia su cuerpo, mente, corazón y alma, cambiará su pasado, presente y futuro en un nivel energético. Esto le permitirá pensar, sentir y comportarse diferente, y tener una perspectiva más positiva de su vida. Con esta perspectiva, su confianza lo llevará a la felicidad en todos los aspectos de su vida. La técnica de curación de los ángeles, lo impulsará a descubrir los secretos de los ángeles, que le permitirán resolver los retos, problemas y situaciones con las que se puede tropezar. Como su ángel guardián guarda memorias de su pasado, presente y futuro, es su trabajo asistirlo en cualquier momento del camino.

La energía que emerge de los ángeles es puro amor incondicional. Es un rayo dorado que contiene vibraciones muy altas de propiedades curativas y transmutadoras. Dentro de esta luz dorada hay pequeñas hermosas estrellas que representan la inteligencia divina que supera a la conciencia humana. Para ayudarnos a identificarnos con esta energía curadora, los ángeles le han dado el nombre de "luz de las estrellas de los ángeles". Esta energía de los ángeles es un regalo notable para la humanidad durante su tiempo en la Tierra, porque crea las bendiciones que hacen los sueños realidad y conducen a una vida abundante de amor, alegría y bienestar. Ésta puede usarse para absolutamente cualquier cosa, en la medida que su uso sea íntegro y respetuoso. Funciona en una mezcla de cuatro formas:

∞ Cualidades curadoras: la luz de las estrellas de los ángeles es una excelente fuente de cualidades como la paciencia, la fortaleza, y muchas otras, que están integradas por un amor puro e incondicional, que funge como un excelente curador. Amarse a sí mismo, a los demás, al trabajo y cualquier área de su vida equivale a la curación. Durante la curación de los ángeles, los ángeles lo llevarán a ubicar sus hermosas cualidades naturales, en la medida en que brillan con su luz en su cuerpo, mente, corazón y alma.

∞ Transmutación energética: la luz de las estrellas de los ángeles tiene cualidades alquímicas que transforman las frecuencias energéticas de otras formas de energía y que pueden ser controladas por medio del poder de la intención. Todo existe a nivel energético, incluyendo la materia tangible, como el cuerpo físico, y lo intangible, como los pensamientos y las emociones. Durante la curación de los ángeles, los ángeles lo llevarán a ubicar y cambiar las formas de energía que rodean su vida y que no lo benefician, dirigiendo la luz de las estrellas de los ángeles para transformar esa energía negativa en energía positiva.

∞ Purificación: la luz de las estrellas de los ángeles tiene cualidades limpiadoras, las cuales purifican el sendero de su vida quitándole obstáculos, manteniéndolo alejado de incidentes peligrosos, accidentes, relaciones perjudiciales, y cualquier otra cosa que pueda causarle desarmonía. Durante la curación de los ángeles, los ángeles purificarán el flujo de la energía de su fuerza vital, eliminando los boques rancios y estancados que crean desbalances en sus niveles de energía.

∞ Unión: la luz de las estrellas de los ángeles puede sincronizar y unir todas la funciones dentro de su cuerpo angelical. Cuando estas están fuera de sincronía, existe una batalla entre la mente y el corazón, lo cual causa trastornos y desarmonía: el alma se siente sin poder y desconectada, y el cuerpo sufre de enfermedades y desórdenes. La unión de todos estos lleva a una integridad que promueve la salud y la alegría verdadera.

EJERCICIO: SINTIENDO LA ENERGÍA DE LA LUZ DE LAS ESTRELLAS DE LOS ÁNGELES

PREPARACIÓN

- Prepare el lugar: despeje un espacio, ponga música suave, encienda una vela y tome en su mano su cristal de meditación.
- Pre-grabe o pídale a alguien que le lea las instrucciones de la guía de meditación que presentamos a continuación.
- Elija entre cerrar los ojos o mantener la vista fija en un objeto o la llama de la vela.
- Consiga un lugar cómodo para recostarse durante este ejercicio.

RELAJAMIENTO

- Relaje su cuerpo, corazón y mente por medio de respiraciones profundas. Inhale, mantenga la respiración y exhale. Repita esto de 5–10 veces.
- Visualice un chorro de energía dorado de la luz de las estrellas de los ángeles viniendo hacia usted y abriéndole los siete Chakras como en flores.
- Sienta como se expande su aura mientras gradualmente y siente menos su cuerpo físico.

ORACIÓN

Querido ángel guardián, por favor ayúdame a sentir la luz de las estrellas de los ángeles y déjame recibirla en mi cuerpo, mente, corazón y alma. Muchas gracias con amor y gratitud.

EL VIAJE

- Visualice y sienta cómo la energía de su fuerza vital está dando vueltas alrededor y dentro de su cuerpo físico. Note si hay algún área débil en su cuerpo por la cual no circula la energía.
- Su ángel guardián se encuentra arrodillado a su lado, canalizando la energía dorada de la luz de las estrellas de los ángeles hacia todo su cuerpo.
- Mantenga la palma de sus manos hacia fuera, frente a usted y sienta la energía formándose en sus manos. Puede sentir un hormigueo o una sensación cálida en ellas.
- Cuando se sienta listo, ponga sus manos sobre su corazón o cualquier otra área de su cuerpo en la que sienta que la energía esta bloqueada. Mantenga las manos en esta área hasta que sienta la energía fluyendo hacia su cuerpo.
- En la medida en que la luz de las estrellas de los ángeles se fusione con su energía de fuerza vital, usted comenzará a sentirse más fuerte física, mental, emocional y espiritualmente. Imagine ahora que el brillo a su alrededor es mucho más luminoso y brillará a través de sus ojos cuando despierte. Barra su aura con sus manos y elimine cualquier exceso de energía a su alrededor.

EL CIERRE

- Visualice una luz protectora azul formándose alrededor de su aura y de sus siete Chakras.
- Dedique un momento de gratitud por esta experiencia curadora y pídale un deseo a su ángel guardián.
- Abra sus ojos y tome control de su cuerpo. Mantenga la paz, el amor y la alegría que ha experimentado.
- Dirija La Luz De Las Estrellas De Los Ángeles Hacia Todos Los Aspectos De Su Vida Y Hacia Sus Seres Queridos Y El Mundo.

La técnica de curación de los ángeles es practicada en su cuerpo angelical. Su cuerpo angelical es todo su ser, abarcando los cuerpos de energía a su alrededor, al igual que su anatomía física. Su cuerpo angelical puede ser visualizado como una gigantesca burbuja de luz alrededor de su cuerpo físico pero con capas de diferentes colores. Esta burbuja de luz ocupa una inmensa cantidad de espacio y flota hacia cualquier parte. Todo su ser es aproximadamente cuatro veces más grande que su cuerpo físico. Mientras más saludables se encuentran los cuerpos de energía a su alrededor, más saludable se sentirá usted físicamente, dado que todos están entrelazados y trabajan simultáneamente. Todos ellos están contenidos dentro de un campo de energía: su aura.

∞ Cuerpo etéreo: ésta es la primera capa del aura. En él se encuentran los Chakras (centros de energía). Es una capa protectora que, como una sombra, se encuentra muy cerca de su cuerpo físico. La energía de la fuerza vital se mueve dentro de esta capa e influye fuertemente en su salud física y en su bienestar.

∞ Cuerpo emocional: ésta es la segunda capa del aura. Contiene todas las emociones y sentimientos dentro de ella y se asemeja a una nube colorida que flota alrededor de su cuerpo. Las emociones negativas son como nubes negras que escurren dentro de su cuerpo etéreo, tapando sus Chakras y restringiendo el flujo de su fuerza vital, causándole enfermedades, desarmonía, desórdenes y haciendo que se sienta sin poder.

∞ Cuerpo mental: éste está compuesto por la tercera y cuarta capas del aura. Contiene toda la actividad mental, como pensamientos, creencias, programaciones, memorias y patrones de pensamiento. La tercera capa es la conciencia baja (pensamiento lógico y limitado, o la mente consciente), y la cuarta capa es la conciencia alta (pensamiento culto y creativo, o la mente subconsciente).

∞ Cuerpo del alma: ésta es la última capa del aura y es la que contiene la esencia de su espíritu, la parte de usted que está conectada con Dios, la unidad o fuente de energía. Todas las visiones de su espíritu se escurren a través de esta capa hacia su cuerpo mental, de donde son trasladadas por medio de la intuición hacia su cuerpo emocional para crear sentimientos positivos, y luego hacia su cuerpo físico, para que las acciones necesarias sean tomadas. La energía de la luz de las estrellas de los ángeles penetrará por esta capa y conseguirá su camino hasta lograr llegar a penetrar su cuerpo físico.

Los Chakras

Los Chakras son centros de energía que se encuentran dentro del aura. Son portadores de la energía de la fuerza vital a través de todas las capas de su cuerpo angelical y determinan cuál es el máximo bienestar físico para usted. Hay siete Chakras principales, los cuales se encuentran alineados desde la parte superior de la cabeza hasta la parte inferior de la columna vertebral. Puede imaginarse que los Chakras son como rosas: tienen capas de pétalos que se abren hasta lograr florecer totalmente o se cierran como un capullo de rosa. En estado natural, cada Chakra deberá estar abierto levemente, deberá ser del mismo tamaño de los otros y deberá estar dando vueltas en la misma dirección y a la misma velocidad que los demás. Durante la curación de los ángeles, los Chakras están totalmente abiertos y dan vueltas mucho más rápido, ya que la luz de las estrellas de los ángeles está entrando por ellos. Todos los Chakras tienen una función en su cuerpo, mente, corazón y alma, al igual que guardan recuerdos del pasado que afectan su bienestar de forma positiva o negativa.

El Chakra de la corona – Sabiduría

Éste es una rosa blanca muy bella que se encuentra en la parte superior de su cabeza. En él habita su alma, una hermosa y brillante estrella. Por medio de este Chakra, su alma se mantiene conectada con su cuerpo angelical, y con todo lo que usted es. Por medio de él, usted puede acceder a su sabiduría angelical, al igual que a su mente subconsciente. Este Chakra se relaciona con la glándula pineal en su cuerpo físico, que es la encargada de controlar la melatonina y el sistema nervioso.

El Chakra del tercer ojo – Intuición

Éste es una bella rosa violeta ubicada entre sus cejas. En él se resguarda su intuición o sexto sentido; el ojo de su mente. Este Chakra lo ayuda a percibir energías invisibles, como los Ángeles, por medio de habilidades clarividentes o psíquicas. Puede reconocer y procesar sabiduría angelical por medio de este Chakra, ya que está conectado a su mente consciente. Se relaciona con la glándula pituitaria de su cuerpo físico, que está encargada de controlar las hormonas del crecimiento.

El Chakra de la garganta – Comunicación

Este Chakra es una bella rosa azul que se encuentra en su garganta. Es el hogar de su comunicación y expresión. Este Chakra lo ayuda a expresar energía por medio de la verbalización de sus emociones y pensamientos. De igual forma puede hablar y escuchar su sabiduría angelical por medio de este Chakra, proceso al que también me refiero como "canalización". Se relaciona con la glándula tiroidea de su cuerpo físico, que está encargada de controlar su metabolismo.

El Chakra del corazón – Amor incondicional

Éste es una hermosa rosa verde que se encuentra en el medio de su pecho. En él habita su amor incondicional, que se ve como un centro rosado en lo profundo de este Chakra. Por medio de éste puede sentir el amor de los ángeles y expresarlo, al conectarse en relaciones con otros corazones. De igual forma, le permite trasladar y expresar su amor desde el mundo no físico al físico. Se relaciona con la glándula timo y con el sistema inmunológico en su cuerpo físico, los cuales determinan su bienestar.

Plexo Solar – Poder

Éste es una bella rosa amarilla en el centro de su estómago. Es la casa de su poder interior: una esfera dorada y brillante. El propósito de este

Chakra es transformar todo lo negativo en positivo y, por medio de la curación de los ángeles, devolverlo a su estado natural de paz. Por medio de este Chakra puede ubicar su poder y fortaleza. Se relaciona a su páncreas y al sistema digestivo en su cuerpo físico, encargados de controlar la digestión de los alimentos, la retención de lo bueno y la eliminación de lo innecesario.

El Chakra sacro – Creatividad

Esta hermosa rosa anaranjada se encuentra debajo de su ombligo. En éste habita su placer. Por medio de este Chakra puede expresar su personalidad, identidad y sexualidad al usar su energía creativa. Por medio de la curación de los ángeles se eliminan bloqueos malsanos convirtiéndolos en confianza, inocencia y pureza. De igual forma puede acceder a su niño interno y conectarse con sus hijos de forma espiritual, ya que todos los cordones familiares se enlazan aquí. Se relaciona con las glándulas reproductivas en su cuerpo físico, que controlan los niveles de testosterona y estrógeno.

El Chakra raíz – Seguridad

Éste es una preciosa rosa roja en la base de su columna. En éste se encuentra su realidad física. A través de éste usted crea consciencia de la vida en la Tierra. Por medio de la curación de los ángeles, podrá aumentar su consciencia y sentirse con poder de cambiar para lograr lo que se proponga. Puede crear la vida que desea por medio de este Chakra. Se relaciona con las glándulas suprarrenales en su cuerpo físico, que controlan los niveles de adrenalina.

Meditación

La meditación es el arte de adentrarse en uno mismo y entender la verdadera esencia de lo que uno es. Cuando se está desconectado del mundo exterior por un corto tiempo, uno se puede conectar con su mundo interno, en el cual se encuentran sus pensamientos, valores, creencias, emociones y razones para vivir. Por medio de la meditación uno puede llevar su consciencia de ser negativa y limitada, a un estado de mayor inteligencia y positivismo que lo ayudará a cambiar cualquier cosa que usted desee cambiar de su vida.

La meditación lo lleva a un lugar de paz en el cual se libera de sus miedos al tomar control de su poder interior. Cuando usted se adentra en sí mismo, se separa de muchas influencias externas impuestas que causan infelicidad.

La meditación ayuda y complementa el proceso de curación de los ángeles, en la medida en que une a su cuerpo, mente, corazón y alma, llevándolo a la autorrealización de todo su ser y no sólo de su realidad física. La energía de la luz de las estrellas de los ángeles curadores es muy sutil y puede sentirse cuando se encuentra en un estado de meditación profundo y relajado. En la medida en que la energía corra por usted, irá transformando la energía negativa en positiva, lo cual le levantará el ánimo y le dará una nueva perspectiva de la vida. Durante la meditación, puede controlar su mente y enfocarse en usar su imaginación para visualizaciones creativas. Las visualizaciones lo ayudan a conectarse y comunicarse con sus ángeles, de modo que pueda recibir una cura y una guía para su crecimiento personal. Además de ello, las visualizaciones aumentan su habilidad natural de intuición.

Los secretos de la curación de los ángeles ha sido diseñado y estructurado de tal forma que, usted eleve sus poderes de intuición, que le servirán para guiarlo durante los ejercicios de auto-curación cuando medite. Para muchas personas es más fácil meditar con los ojos cerrados, de tal forma que puede pre-grabar y volver a poner de nuevo el trayecto de un ejercicio en particular en el cual se encuentre trabajando, dejando suficiente tiempo entre cada paso. Alternativamente, puede pedirle a alguien que le lea el trayecto muy lentamente, de igual forma dejando suficiente tiempo entre cada paso, o podría memorizarse cada uno de los pasos antes de la meditación. El factor más importante del que hay que asegurarse es que usted se encuentre en un ambiente tranquilo y despejado, apto para meditar. A continuación le doy las instrucciones de cómo preparar el ambiente, limpiar su mente y relajar su cuerpo. Estas instrucciones deben seguirse regularmente y pronto le saldrán con naturalidad.

La práctica de la meditación le trae muchos beneficios:

∞ Físicos: la meditación fortalece el sistema inmunológico y ayuda a aumentar las habilidades naturales curativas. Ayuda a regular los niveles de presión arterial, mejora la circulación de la sangre y los niveles de energía, lo que ayudará a que se vea más saludable y joven. Igualmente ayuda a dar prioridad, a controlar y a organizar todas sus actividades.

∞ Mentales: por medio de la meditación se equilibran los hemisferios izquierdo y derecho del cerebro, promoviendo pensamientos positivos y dándole a usted un mayor control sobre sus pensamientos. Todo ello deriva en la creación y el mantenimiento de una paz mental duradera. La tranquilidad y claridad ayudan a mejorar la eficiencia y sus habilidades para enfrentarse con situaciones desafiantes.

∞ Emocionales: la meditación elimina el estrés, la angustia y la ansiedad, ayudándolo a crear autoestima y confianza, lo cual lo conduce a la felicidad y a la plenitud. Esto lo ayuda a mejorar sus relaciones, mientras que la calma y la paz le permiten amarse a sí mismo, a la vida y a todos los que lo rodean.

∞ Espirituales: la meditación conecta su alma con un nivel mayor de conciencia, lo anima a sentirse abierto a explorar lo desconocido y a obtener guía de los reinos angélicos y espirituales. Equilibra y limpia los centros de energía que se encuentran en el aura y promueve la paz interna y externa, llevándolo a un estado de consciencia plena e iluminada.

Preparándose para meditar

Tiempo

Es su decisión cuánto tiempo le desea dedicar a la meditación. Mientras más tiempo le dedique, más rápido se volverá parte de su rutina. Muchas otras actividades suelen ser más importante que la meditación. Es importante que entienda que dedicar de cinco a diez minutos meditando, son similares a algunas horas durmiendo.

Espacio

A pesar que en realidad usted no necesita un lugar sagrado para meditar, será de gran ayuda para lograr concentrarse y ser más sensible a la energía, si se encuentra en un espacio tranquilo y limpio. Con la práctica aprenderá naturalmente a desconectarse de los ruidos y distracciones externas, y a obtener y mantener su paz interior. Poner música suave de fondo, prender unos inciensos o velas, pueden ayudar a cambiar la energía del espacio instantáneamente. Asegúrese que la temperatura del cuarto es placentera y que no va a ser distraído por los demás.

Ejercicios de respiración

El aspecto más difícil de la meditación es lograr relajarse. Enfocándose en respiraciones profundas, uno deja de ponerle atención a sus pensamientos y permite que todo su cuerpo se relaje. Practique respirar lo más lento y profundo que pueda, mantenga la respiración en la medida en que sea cómodo para usted, y luego exhale lentamente por la nariz o la boca todo el aire, antes de volver a respirar. Es de gran ayuda visualizar que uno esta respirando energía positiva, como amor o paz, y que está expulsando la negativa y oscura energía del estrés y la tensión.

Relajamiento de su cuerpo

Un breve calentamiento físico ayudará a relajar sus músculos y lograr una meditación más cómoda. Comience sacudiendo sus brazos y piernas, rotando su cabeza de lado a lado y expulsando la tensión de sus hombros subiéndolos hasta sus oídos y bajándolos varias veces. Consiga una posición cómoda para sentarse, en la que su columna esté derecha y sus pies estén firmes en la tierra. En esta posición, es menos probable que se duerma cuando esté totalmente relajado. Si desea meditar boca abajo, coloque un *mat** y unas almohadas en el piso o la superficie dura que lo soporta. Comenzando por sus pies, tense los músculos por unos segundos y luego libere la tensión. Repita lo mismo a lo largo de todo su cuerpo: piernas, espalda, cintura, abdomen, pecho, brazos, hombros, cuello y cabeza. A medida que su cuerpo comience a relajarse, comenzará a sentir que se expande, como si de hecho dejara de estar en su cuerpo físico.

Relajando su mente

Permita que sus pensamientos deambulen por su mente durante un rato. Cuando se sienta preparado, repita en su mente: "Ahora dejo que mis pensamientos se vayan", hasta que se haya liberado de todo lo que pueda. Si tiene algunas cosas en su mente que no quieren desaparecer, acepte que lo único que quieren es ser reconocidas. Tenga una lista mental de las cosas que necesita resolver luego de su meditación. Ima-

---

* Pequeño tapete hecho de hule o algún tejido.

gine que a medida que admite cada una de éstas, serán guardadas en su archivo mental. Usted no podrá olvidarse de ellas hasta que no esté listo para resolverlas. A medida que su mente comienza a relajarse, usted llegará a un nivel de consciencia que se encuentra entre estar totalmente despierto y completamente dormido. Esto se llama estado alfa y desde aquí usted podrá sentir las sutiles energías de su aura, de los Chakras y de los ángeles.

Calmando sus emociones

Si se siente muy estresado, es mejor que continúe haciendo respiraciones profundas. Mientras lo hace sostenga entre sus manos o sobre su corazón, una piedra preciosa como un cuarzo rosa. Enfoque su atención en los latidos de su corazón, mientras deja que se vayan todas las emociones negativas que mantiene consigo. Visualice cómo son colocadas en un pote dorado frente a su corazón.

Conexión con la tierra

Coloque sus pies firmemente en el piso y visualice raíces saliendo de las plantas de sus pies, extendiéndose hasta el centro de la Tierra. Esto lo anclará durante cada meditación y evitará que se sienta mareado. Si se siente desbalanceado o tambaleante, significa que no esta anclado correctamente, por lo cual debe seguir imaginando sus pies conectados con la Tierra. Otro método es beber agua antes, durante y después de la meditación.

El viaje de la meditación

Ahora está listo para meditar y comenzar su viaje interior. Si lo desea, puede cerrar los ojos porque esto lo ayudará a desconectarse del mundo exterior. De igual forma, puede meditar con los ojos abiertos, enfocando su vista en un objeto en particular, como, por ejemplo, la llama de una vela o pequeñas figuras, flores o cristales. Los cristales de cuarzo rosa tienen cualidades relajantes y curadoras, e igualmente lo ayudan a conectarse con su corazón. Es una gran herramienta cuando meditamos y nos conectamos con los ángeles, ya que la frecuencia de la energía de los cristales es alta y similar a la de los ángeles. Cuando ha usado un cristal como éste por un tiempo, notará cómo empieza a crear una conexión con el mismo, con el tiempo el cristal llevará la huella, tanto de su energía como la de los ángeles. (Si quiere conectarse con el reino angelical mientras duerme, ponga el cristal debajo de su almohada y éste lo ayudará a tener un sueño tranquilo y reparador).

Es mejor probar meditar con los ojos cerrados y luego abiertos, de forma que logre identificar cuál de estas opciones es la mejor para usted. Cada meditación debe ser diferente. Cuando esté preparado para meditar, siguiendo los pasos previamente señalados, o bien grabe el viaje de la meditación o pídale a alguien que se lo lea. Recuerde hacer las pausas necesarias entre cada paso. No hay ninguna forma correcta o incorrecta para meditar, porque es algo personal e individual. Algunas personas meditan mientras caminan, conversan, cantan o escuchan música.

Poner música durante la meditación juega un papel fundamental para lograr que su mente logre enfocarse en algo y evitará que se desconcentre pensando en otras cosas. Adicionalmente, las vibraciones de algunos instrumentos lo ayudarán a lograr un estado de relajación profunda, por medio del cual podrá sentir las sutiles energías a su alrededor. Cuando escoja la música para meditar, es mejor optar por algo instrumental que carezca de canto. Los ejercicios prácticos en este libro le darán toda la guía que necesita. Escoja algo en que cada pieza dure un buen rato y use la función para repetir.

MEDITACIÓN: ENCONTRÁNDOSE CON SU ÁNGEL GUARDIÁN

PREPARACIÓN

- Preparación del lugar: limpie el espacio, ponga música suave, encienda una vela y agarre su cristal de meditación.

- Grabe o tenga a alguien que le lea la guía de meditación.
- Decida entre cerrar sus ojos o mantenerlos abiertos y enfocados en un objeto o en la llama de la vela.

RELAJACIÓN

- Relaje su cuerpo, corazón y mente haciendo respiraciones profundas. Aguante el aire y exhale. Repita de Repita a 10 veces.
- Visualice un rayo dorado de la energía de la luz de las estrellas de los ángeles viniendo hacia usted y abriéndole todos los Chakras como flores.
- Sienta cómo se expande su aura, mientras progresivamente siente menos su cuerpo físico.

ORACIÓN

Mi ángel guardián, gracias por guiarme, quererme y protegerme. Deseo conocerte durante esta meditación. Por favor acércate a mí y no te alejes nunca durante toda mi vida. Gracias de todo corazón.

EL VIAJE

- Concentre su atención en el Chakra del corazón y vea cómo se abren los pétalos verdes uno a uno hasta que se hayan transformado en una rosa rosada. Un hermoso camino rosado se extiende desde su corazón hacia el jardín del amor.
- Salga de su cuerpo físico y recorra ese camino rosado. Véase como flota a través de las nubes rosadas hasta que llegue al jardín lleno de rosas rosadas. Cuando llegue, llamé con la mente a su ángel guardián para que se coloque a su lado.
- A medida que su ángel guardián se aproxima desde las nubes rosadas para colocarse a su lado, verá caer del espacio pequeñas plumas blancas. Mientras su ángel se acerca, fíjese bien cómo es.
- Su ángel guardián le sonreirá y lo saludará calurosamente y le dirá su nombre. Dígale el primer nombre que se le venga a la mente. Sienta cómo su corazón se llena de emoción y de amor incondicional.
- Disfrute estar en presencia de su ángel guardián, que ahora le dará la

emoción de la libertad. Usted expresará su libertad al volar alto en las nubes y volver luego abajo, flotando a través de las flores. Sus energías están fusionándose, en la medida en que usted se está unificando por medio de esta experiencia.

- Antes de prepararse para la despedida, tenga una alegre e inspiradora conversación con su ángel guardián sobre la vida y sus próximos pasos. Camine por el jardín hasta que encuentre el camino rosado que lo lleva de vuelta a su corazón, y que, a través de la rosa rosada, lo devuelve a su cuerpo.

EL CIERRE

- Busque un escudo de luz protectora azul que se encuentra alrededor de su aura y de cada uno de sus siete Chakras.
- Dedique un momento de gratitud por esta experiencia curadora y pídale un deseo a su ángel guardián.
- Abra sus ojos y tome consciencia de su cuerpo físico. Mantenga la paz, el amor y la felicidad que ha experimentado.
- Dirija la energía de la luz de las estrellas de los ángeles hacia toda su vida, hacia sus seres queridos y hacia el resto del mundo.

PARTE III:

CONECTÁNDOSE Y COMUNICÁNDOSE CON LOS ÁNGELES

Los ángeles son atraídos a espacios tranquilos y ordenados. Su mundo externo es un reflejo de lo que sucede en el mundo interno de sus pensamientos y emociones. Si es estable, organizado y está feliz, esto se reflejará en el ambiente en que trabaja y vive.

Purifique los ambientes en los que se trabaja, eliminando el desorden. Esto ayudará a eliminar cualquier cosa negativa que pudo haber acumulado en el transcurso del tiempo. Mientras más basura física elimine, más serán las cosas que podrá eliminar de corazón y mente. Se sentirá mucho más ligero, más en control y más energético luego de que descarte los objetos que no necesita más, especialmente aquellos que guardan memorias negativas. Donar cosas a instituciones de caridad juega un gran papel en el proceso curativo, en la medida en que es una forma de liberarse de cosas a las que uno tiene apego. De igual forma estimula el balance saludable de dar y recibir, porque en la medida en que uno sale de las cosas viejas, está abriendo espacio para que nuevas lleguen. Antes de donar sus cosas a organizaciones caritativas, pídales a sus ángeles que las purifiquen.

Limpie profundamente el cuarto que ha decidido convertir en su santuario para los ángeles, abriendo las ventanas, permitiendo el acceso de aire y luz fresca. Ponga una música instrumental bonita, ya que ésta retiene la energía purificadora e inspiradora. Encienda un incienso para eliminar energías estancadas y sosteniéndolo, camine por el cuarto y propóngase purificarse. Si es posible, refresque la pintura de las paredes y compre unas cortinas y muebles ligeros. De igual forma, coloque una campana de viento o "armonizador sonoro": es un hermoso objeto para colocar en su cuarto, porque servirá para romper energías negativas y densas que se pueden acumular con el tiempo.

En su santuario de los ángeles construirá un altar angelical. Ésta será su capilla para los ángeles. Al crear un pequeño espacio en su santuario dedicado a los ángeles, la energía amorosa comenzará a acumularse y expandirse por toda su casa. Puede usar hasta una cajonera o un tocador para convertirlo en el altar. Decórelo con colores como rosado y lila, que representan la evolución amorosa y espiritual. Coloque en su altar de los ángeles los objetos que representan amor, como por ejemplo, fotos de seres queridos, piedras preciosas, figuritas de ángeles, aceites esenciales y flores. Los ángeles se conectan especialmente con cualquier cosa de esencia rosada, especialmente los cristales de cuarzo rosado. Los objetos en su altar, retendrán y vibrarán con la energía del amor, ayudando a aumentar la energía del cuarto y mejorar la conexión con los ángeles. Con tan sólo pasar un par de minutos en el lugar sagrado sentirá paz, amor y felicidad, en la medida que escuche la guía de los ángeles y reciba su poderes curadores.

La intuición

Es esencial tener la mente clara cuando uno intenta conectarse sus ángeles. Uno no puede hacer que la mente deje de pensar, sin embargo, uno puede controlar lo que está pensando. Las afirmaciones son positivas y lo ayudan a mantenerse enfocado. Si, por ejemplo, se repite a sí mismo: "yo soy la paz" o "yo soy el amor", eventualmente dejará de pensar en otras cosas. Tome su tiempo para este proceso y sea paciente con su mente. Si despejar la mente se convierte en un problema, enfóquese en la llama de la vela por unos segundos y haga respiraciones largas y profundas. A medida que va exhalando, visualice cómo sus pensamientos dejan su mente por medio de su Chakra de la corona, en la parte superior de su cabeza.

La intuición es un sentido natural con el cual nace la gente. Por medio de la práctica todos nosotros podemos desarrollar nuestra habilidad intuitiva latente. La intuición consiste en ir a ver, escuchar y sentir sus sentidos internos. La primera habilidad intuitiva es la clarividencia, también conocida como un "ver con claridad". Es la habilidad de obtener información usando el ojo de la mente, o tercer ojo. Al usar esta habilidad con regularidad y practicando las meditaciones presentadas en este libro, usted podrá percibir las energías sutiles a su alrededor, como los ángeles.

La segunda habilidad de la intuición es la clariaudiencia, también conocida como el "escuchar con claridad". Es la habilidad de sintonizar ondas de diferentes frecuencias. Al escuchar los mensajes de sus ángeles mediante los ejercicios que se encuentran en este libro, comenzará a distinguir entre su voz interna y la guía angelical que está recibiendo.

La tercera habilidad de la intuición es el clarisentido, también conocido como el "sentir con claridad". Ésta es la habilidad de sentir otras energías sutiles a medida que usted suba o baje la frecuencia de su propia energía por medio de la relajación o la meditación. Esto es experimentado muchas veces como tener un instinto o una corazonada sobre alguien o algo.

La práctica perfecciona cuando se trata de comunicarse con los ángeles. Elimine todas las dudas y confíe que está progresando. La meditación que presentamos a continuación ha sido diseñada para ayudarlo a ejercitar todas sus habilidades intuitivas.

MEDITACIÓN: CONECTÁNDOSE CON LOS ÁNGELES

PREPARACIÓN

- Preparación del lugar: limpie el espacio, ponga música suave, encienda una vela y agarre su cristal de meditación.
- Grabe o tenga a alguien que le lea la guía de meditación.
- Decida entre cerrar sus ojos o mantenerlos abiertos y enfocados en un objeto o la llama de la vela.

RELAJACIÓN

- Relaje su cuerpo, corazón y mente haciendo respiraciones profundas. Aguante el aire y exhale. Repita de 5 a 10 veces.
- Visualice un rayo dorado de la energía de la luz de las estrellas de los ángeles viniendo hacia usted y abriéndole todos los Chakras como flores.
- Sienta como se expande su aura, mientras progresivamente siente menos su cuerpo físico.

ORACIÓN

Ángeles de la intuición, por favor conéctense conmigo y ayúdenme a desarrollar mis habilidades intuitivas. Gracias.

EL VIAJE

- Concentre su atención en la hermosa rosa morada abriéndose en su frente, entre sus dos cejas. Mientras florece, verá salir un impresionante ojo morado viniendo a través, con una luz brillando por él.
- El ángel de la intuición está parado frente a usted. Tiene un aura de luz blanca, dorada y morada a su alrededor. El ángel ahora coloca luz dorada de la luz de las estrellas de los ángeles en su tercer ojo, disipando las nubes oscuras.
- Escuche las tres palabras que el ángel de la intuición le va a decir. Confíe en que lo que llega a su mente proviene del ángel y no de su mente.
- A los ángeles les encantan los instrumentos musicales como las arpas y algunas veces usan la energía del sonido para enviarle mensajes. Escuche la música relajante y paradisíaca que le tocan y confíe en que lo que escucha es un saludo personal del reino angelical para usted.
- Sienta la energía que ahora corre por todo su cuerpo. Note si hay algún cambio en la temperatura del cuarto o en su cuerpo. Sentirá una energía cálida y una sensación de hormigueo en su corazón.
- Cuando termine la experiencia, véase, escúchese y siéntase a usted mismo expresando su agradecimiento al ángel, transmitiéndole su felicidad y plenitud por haber logrado la conexión.

EL CIERRE

- Busque un escudo de luz protectora azul que se encuentra alrededor de su aura y de cada uno de sus siete Chakras.

- Dedique un momento de gratitud por esta experiencia y pídale un deseo a su ángel guardián.
- Abra sus ojos y tome consciencia de su cuerpo físico. Mantenga la paz, el amor y la felicidad que ha experimentado.
- Dirija la energía de la luz de las estrellas de los ángeles hacia toda su vida, hacia sus seres queridos y hacia el resto del mundo.

Canalización

La canalización es el arte de traer información de un reino a otro, por ejemplo, del reino angelical al reino de la Tierra. Otra forma de canalización es la transferencia de información entre su subconsciente mente creativa y su consciente mente lógica. Cuando estamos canalizando mensajes de los ángeles, la información entra por el Chakra de la corona en la parte superior de su cabeza, hacia sus oídos, para que pueda escuchar la información, hacia su garganta, para que pueda repetir la información, hacia su corazón, para que pueda sentir el mensaje, y hacia sus piernas, para que actúe.

Por medio de la oración, uno le habla a los ángeles; por medio de la meditación, uno los escucha. Mientras más le hable a los ángeles, más eficientes serán sus oraciones. En cada momento en que se comunica, su relación con ellos crece y sus energías comienzan a integrarse con la de ellos. Sin importar si decide comunicarse en voz alta o en su mente, los ángeles siempre lo escucharán. Confiese los secretos de su corazón a su ángel guardián, a un arcángel o a cualquier otro ángel y explíquele la situación con la cual necesita ayuda. Recuerde que los ángeles son mensajeros divinos. Ellos responderán a sus oraciones con el mejor y más grande bien para todos los involucrados.

La meditación es una herramienta que puede usar para tranquilizar su mente, permitiéndole escuchar la guía de los ángeles. Nuestra mente y nuestras vidas están usualmente tan ocupadas que no nos tomamos la oportunidad de hacer una pausa y relajarnos. Si lo hacemos, podríamos explorar lo desconocido o encontrar repuestas a nuestros problemas. Tomar la decisión de meditar un poco cada día lo ayudará a fortalecer su relación con los ángeles. La meditación no sólo ofrece beneficios positivos a su ser físico, sino también es el camino para comunicarse con su ángel guardián. Todo lo que experimenta por medio de la meditación, será guardado en su mente subconsciente y pequeños fragmentos de lo que ha experimentado se escurrirán hacia su mente consciente. Si puede recordar lo que ha experimentado durante la meditación cuando retorna a un estado de plena consciencia, es recomendable escribir todo lo que pueda en un diario.

Escritura creativa

La mejor forma de comunicarse con su ángel guardián valiéndose de la escritura, es comenzar por escribir sus emociones, para luego escribir sobre los retos a los que ha tenido que enfrentarse, y culminar pidiéndoles a los ángeles sus consejos y su guía. Cuando haya terminado de escribir, cierre sus ojos y visualice a su ángel guardián parado a su lado. Sienta cómo sus alas cobijan su cuerpo. Tan sólo con caer en cuenta de que los ángeles están en su espacio, aumentará su estado de consciencia y lo hará sentirse más positivo e inspirador. Los ángeles le comunicarán telepáticamente su mensaje amoroso. Escúchelos. Cuando se sienta listo para escribir, ponga el bolígrafo sobre el papel y permítale a las palabras fluir y a su mano moverse a lo largo de la página.

La velocidad de esta comunicación puede variar, así que tenga paciencia si la información fluye lentamente. Tenga cuidado de no pensar mucho, porque bloquea la energía. Hay veces que puede fluir muy rápido, y recibiendo mucha información por lo cual no podrá controlar su mano. Vaya con el movimiento y confíe en que esta información está siendo transmitida de un reino superior. Sabrá que no proviene de su mente consciente porque las palabras serán extremadamente positivas e inspiradoras. Las palabras no serán aquellas que usted usualmente diría a sí mismo. Los ángeles tienen una forma diferente de hablar, y en la mayoría de las veces comienzan diciendo: "Querido hijo" o "Querido amado".

El flujo de la escritura llegará naturalmente a un final. Si se da cuenta de que no puede hacer escritura angelical, la razón puede ser que se está enfocando demasiado en lo que va a suceder y su mente lógica y consciente está tomando control. Lo más importante a recordar cuando se intenta realizar escritura angelical es tener intención, confianza y fe.

Signos de los ángeles

Los ángeles vibran a una frecuencia diferente que nosotros en la Tierra, por lo que toma tiempo y esfuerzo conseguir señales físicas. Los ángeles tratarán de llegar a usted, disminuyendo su frecuencia en la medida en que usted aumente la suya para poder sentir su presencia. Los ángeles comprenden que a medida que la gente comienza a abrirse hacia el reino angelical, su mente lógica buscará una "prueba" o forma de validación. Con mucho amor los ángeles le darán signos de que pueden escuchar sus oraciones, pero le pedirán que no especifique qué tipo de prueba quiere.

Los ángeles son muy considerados y tomarán en cuenta los miedos que pueda tener acerca de usar sus habilidades intuitivas. Por ejemplo, ellos no aparecerán repentinamente en el ojo de su mente para asustarlo. Su comunicación comenzará con mensajes muy sutiles y, a medida que su intuición se desarrolle, los mensajes serán más claros y fuertes. Si le gusta que le hagan cosquillas, los ángeles lo sabrán y su signo será hacerle sentir cosquillas. Puede tomar desde unos pocos días hasta muchos años para que empiece a notar las señales, y para asegurarse de que son los ángeles quienes se las envían. Algunas de las señales angelicales más comunes son:

∞ Plumas blancas: pueden aparecer en lugares inusuales o caer en su camino mientras esté pensando en los ángeles o después de orarles.

∞ Estrellas brillantes: pueden ser de cualquier color, pero especialmente pueden aparecer como pequeños destellos de luz blanca. Brillarán muy rápido y quedarán grabadas en su mente por sólo unos cuantos segundos. No se preocupe si no puede verlas por mucho tiempo.

∞ Música y letras de canciones: son formas que los ángeles usan para llamar su atención cuando están tratando de darle un mensaje. Cuando escuche un tipo específico de música o canción que se conecta con su corazón, déle las gracias a su ángel.

∞ Gente: en situaciones de emergencia, pueden aparecer personas milagrosamente y ofrecerle su ayuda. Esto es un ejemplo de que los ángeles son canalizados verbalmente a través de otros.

∞ Milagros: ocurren en cada momento de su vida. Cada oración es escuchada y respondida de formas que pueden parecer poco probables o hasta imposibles, debido a las restricciones de tiempo y espacio de la Tierra. Los ángeles no sufren de estas mismas restricciones, por lo cual pueden conseguir soluciones a sus dificultades y responder a sus oraciones.

Lectura de cartas de los ángeles

La lectura de cartas es una excelente forma de responder a las preguntas que pueda tener. Le puede dar respuestas de cómo su pasado está influenciando su presente y cómo su presente podría influenciar su futuro. Si éste es el tipo de revelación que busca, la lectura de las cartas angelicales tomará la forma de tres cartas del pasado, presente y futuro, cada vez que se echan. Hay muchas otras formas de echar las cartas que pueden ser usadas y que hasta uno mismo puede crear.

Cuando se leen las cartas, es importante limpiar su aura de cualquier influencia externa y abrir sus Chakras para permitir que la sabiduría angelical fluya a través de sí mismo. Cierre los ojos por un corto tiempo y conéctese con su ángel guardián. Diga sus preguntas en voz clara y siga con una pequeña oración. Luego de mezclar las cartas, use su sentido intuitivo para sacar las cartas más relevantes para su pregunta. Su intuición también le dirá cuántas cartas se necesitan para responder su pregunta. Después de que tenga las cartas delante de sí, combine el mensaje que está escuchando de su ángel guardián con las imágenes y palabras de las cartas.

MEDITACIÓN: COMUNICÁNDOSE CON LOS ÁNGELES

PREPARACIÓN

- Preparación del lugar: limpie el espacio, ponga música suave, encienda una vela y agarre su cristal de meditación.
- Grabe o tenga a alguien que le lea la guía de meditación.
- Decida entre cerrar sus ojos o mantenerlos abiertos y enfocados en un objeto o en la llama de la vela.

RELAJACIÓN

- Relaje su cuerpo, corazón y mente haciendo respiraciones profundas. Aguante el aire y exhale. Repita de 5 a 10 veces.
- Visualice un rayo dorado de la energía de la luz de las estrellas de los ángeles viniendo hacia usted y abriéndole todos los siete Chakras como flores.
- Sienta cómo se expande su aura, mientras progresivamente siente menos su cuerpo físico.

ORACIÓN

Ángel de mi guarda, te pido que te conectes conmigo ahora. Por favor muéstrame cual es la mejor forma de comunicarme con el reino angelical y aumentar mis habilidades naturales intuitivas. Gracias, con amor y agradecimiento.

EL VIAJE

- Visualice al hermoso ángel de la comunicación con un halo azul sentado a su lado en su altar angelical. Repítase a sí mismo: "soy un clarividente," y recuerde relajar su cuerpo y mente.
- Escuche el mensaje inspirador del ángel de la comunicación sobre cómo comunicarse con los ángeles en el futuro. Sienta la energía angelical pasando por sus oídos y activando los Chakras de sus oídos.

Podrá escuchar palabras como "confianza" o "paciencia". Repítase a sí mismo: "soy clariaudiente".

- Sienta la energía que viene del ángel de la comunicación fluyendo por su corazón y expandiéndose por todo su cuerpo. Pregunte sobre cualquier cosa en su vida y sienta la respuesta en sus emociones. Repítase a sí mismo: "soy clarisintiente."

EL CIERRE

- Busque un escudo de luz protectora azul que se encuentra alrededor de su aura y de cada uno de sus siete auras.
- Dedique un momento de gratitud por esta experiencia y hágale un deseo a su ángel guardián.
- Abra sus ojos y caiga en cuenta de su cuerpo físico. Mantenga la paz, el amor y la felicidad que ha experimentado.
- Dirija la energía de la luz de las estrellas de los ángeles hacia toda su vida, hacia sus seres queridos y hacia el resto del mundo.

PARTE IV:

LOS ARCÁNGELES

El arcángel Miguel

El ángel guerrero:	"Aquel que es como Dios"
Palabras claves:	Protección, fortaleza, valentía
Chakra:	Garganta

Miguel es conocido como el "administrador" o "gerente" de los ángeles. Su papel es supervisar el mundo y actuar como un guerrero al desviar energías bajas y ofrecer protección. Valiéndose de una espada de energía, limpia los ambientes del hogar y el trabajo, sellándolos con la luz protectora angelical. Miguel trabaja de cerca con los obreros de la luz, quienes tienen como misión esparcir las energías angelicales por medio de la curación y la comunicación.

El arcángel Miguel, es conocido como el más grande de todos los ángeles a lo largo del mundo y en muchas religiones. Estos son los beneficios que trae a su cuerpo, mente, corazón y alma:

Cuerpo

∞ Fortalece la conexión entre el cuerpo, la mente, el corazón y el alma.

∞ Lo guía hacia cambios positivos en su estilo de vida para que logre ser más feliz.

∞ Lo protege y mantiene seguro en los ambientes de su casa y trabajo.

Mente

∞ Le limpia la mente de pensamientos desordenados y negativos.

∞ Lo ayuda a mantener pensamientos positivos por medio de afirmaciones.

∞ Lo ayuda a eliminar el estrés, las preocupaciones y la ansiedad de su mente.

Corazón

∞ Lo ayuda a cortar cabos negativos que ya no juegan ningún papel positivo en su vida.

∞ Le da valentía para decir la verdad sobre sus sentimientos.

∞ Le permite estar claro sobre lo que desea de cada relación.

Alma

∞ Para rechazar ataques psíquicos y liberar nexos espirituales.

∞ Para darle coraje para superar lecciones difíciles de la vida.

∞ Para inspirar y guiar a todos los obreros de la luz y a los ángeles curadores.

Mi experiencia con el arcángel Miguel

El arcángel Miguel se me apareció por primera vez durante una sesión de meditación y curación. En ese momento necesitaba de fortaleza y poder para superar una situación difícil de mi vida. Necesitaba estar en un lugar donde pudiera ser libre, a pesar de que me sentía restringida por muchos obstáculos difíciles en mi camino. Había leído que la presencia de Miguel era muy poderosa y que se especializaba en cortar cualquier cosa negativa alrededor o en nuestras vidas, usando su espada sagrada. Antes de la meditación, me propuse conectarme con su energía, eliminando todo tipo de expectativa sobre lo que vería o no vería. Recuerdo la oscuridad de mi mente, ya que tenía los ojos cerrados, y recuerdo cómo, cuando estaba cayendo en un estado de relajación profunda, comencé a ver algo inusual. Me enfoqué en lo que parecían destellos de luz azul muy lejos a la distancia. A medida que me fui enfocando en ellos, los destellos de luz formaron una bola giratoria que, en cuanto se iba acercando hacia mí, se hacía cada vez más grande. Dejó de crecer en el momento en el que alcanzó el tamaño de una pelota de tenis. Una energía azul emanaba de ella en la forma de miles de estrellas azules que se acercaban a mí, rodeando todo mi cuerpo. Mis ojos comenzaron a parpadear mientras la energía golpeaba mi cara. Se sentía increíble. Desde mi cara, se movió hacia mi garganta y literalmente sentí como si estuviera bebiendo energía. Sentía que mi garganta se expandía físicamente. A pesar de que no lo pude escuchar, supe y creí que ésta era la energía de Miguel, y que me estaba dando su sabiduría y confianza para hablar con la verdad.

En la actualidad, cuando llamo a Miguel para que intervenga en cualquier situación personal o durante una sesión de curación, él aparece en mi mente como un ángel muy grande, alto y buen mozo, con alas azules y doradas. Miguel me ha protegido muchas veces a mí y a muchas personas que conozco y amo. Recuerdo cuando una noche estaba caminado de regreso a casa, me topé con un grupo de gente borracha que estaba buscando pelea. Estaba muy asustada de su energía negativa y de inmediato llamé a Miguel para que me protegiera con su energía. Pude ver cómo él se encontraba energéticamente detrás de mí, cubriéndome con su manto azul. Tras un corto rato imaginándome esto, la atención del grupo se dispersó hacia otro lugar, moviéndose fuera de mi camino.

Yo le pido al arcángel Miguel con mucho amor y gratitud, que nos siga protegiendo de todos los peligros, que resguarde nuestras casas y a nuestros seres queridos, ya que él puede estar en todas partes simultáneamente. Por siempre le estaré agradecida por ayudarme a encontrar mi voz y poder decir mi verdad. Al hacer eso, he logrado superar mi timidez extrema y he logrado entender que, a pesar de que durante toda mi vida he tenido muchos problemas para comunicarme, pareciera que la comunicación –canalizar la sabiduría angelical – es mi herramienta más importante y el don que siempre estuve destinada a tener.

Mensaje del arcángel Miguel

Yo soy el guardián de tu Tierra y de sus habitantes. Yo superviso a los ángeles guardianes para asegurar que ellos están amorosamente y de buena gana cumpliendo con su propósito de guiar sus hermosas almas hacia la luz. Yo siempre estoy alrededor ayudando a limpiar la contaminación del planeta y aspirando la oscuridad. Tengo la esperanza de que muy pronto la luz, que está siendo otorgada a la humanidad en este momento, crezca más y más a medida que los hacemos avanzar por el camino hacia la Ascensión. Trabajo muy de cerca con muchos colegas de la jerarquía angelical y me encuentro a tu lado cuando nos pides ayuda. Nuestra misión divina es servir a nuestro creador supremo y nuestro placer divino es ver los resultados de tu felicidad y evolución. Eres tan poderoso como el universo que te contiene. Es el momento para que todos ustedes recuerden el poder individual que tienen, mientras juntan sus manos para disfrutar de la abundancia de sus deseos. Su vida es magnífica y la luz de su trabajo está propagando el amor y el gozo de su ser angelical.

El arcángel Rafael

El ángel curador:	"Dios sana"
Palabras claves:	Curación, intuición, integridad
Chakra:	Tercer ojo

El rol de Rafael es guiar y asistir a personas que se desenvuelven en profesiones de curación, como médicos, consejeros, facultativos y científicos. También ayuda a desarrollar los centros de intuición en el cuerpo. Estos son los beneficios que trae a su cuerpo, mente, corazón y alma:

Cuerpo

∞ Limpia bloqueos en el cuerpo angelical, aura y Chakras.

∞ Ayuda a sanar todas las dificultades físicas, mentales, emocionales y espirituales.

∞ Aumenta las habilidades naturales de intuición y canalización.

Mente

∞ Ayuda a eliminar los miedos de convertirse en un curador profesional.

∞ Ayuda a mantener una perspectiva positiva sobre su salud.

∞ Ayuda a usar afirmaciones positivas sobre sus habilidades curativas.

Corazón

∞ A sanar corazones rotos y cicatrizar heridas de relaciones pasadas.

∞ A perdonarse a sí mismo y a los demás.

∞ A esparcir amor en la vida de los demás.

Alma

∞ Para asistirlo con la recuperación del alma y que se sienta íntegro de nuevo.

∞ Para sentirse conectado espiritualmente y con los pies en la tierra.

∞ Para aumentar la consciencia del alma y canalizar la sabiduría angelical.

Mi experiencia con el arcángel Rafael

Este hermoso arcángel se apareció a mi lado cuando estaba dando una sesión de curación. En ese momento, no sabía sobre la luz de las estrellas de los ángeles, pero sí había leído sobre los arcángeles. Visualicé a Rafael con una túnica y una larga cabellera rizada. Sus manos están tan llenas de energía, y son tan delgadas y largas, que bastaría una de ellas para cubrir toda mi cabeza. El arcángel Rafael es un ángel de visión y de intuición. Él activó mi Chakra del tercer ojo para que pudiera ver intuitivamente la energía y su movimiento alrededor de nuestros cuerpos.

Mi experiencia con la apertura de este Chakra fue impresionante. Visualicé un hermoso ojo morado y sentí una sensación de estiramiento, como si toda mi frente su hubiera abierto. Mis ojos estaban pestañando velozmente, levemente rotados hacia arriba, mientras permanecían cerrados. A partir de ese momento, yo supe que mi clarividencia psíquica había aumentado y que mis sesiones de curación serían más efectivas. El arcángel Rafael me mostró que yo estaba en pleno control de mis capacidades psíquicas y que podía cerrar mi Chakra del tercer ojo cuando quisiera. Me tomó tiempo y práctica poder recordar conscientemente qué hacer. Pero actualmente, tan sólo con la intención de abrir o cerrar el Chakra, es más que suficiente para que suceda en unos cuantos segundos.

Mensaje del arcángel Rafael

La integridad proviene de la unidad. La aceptación viene de la gentileza. Sean muy gentiles con ustedes mismos, amados. Las cuerdas de su corazón son tocadas cuando siguen sus instintos hacia su felicidad. Ustedes son muy sabios, viejos seres en nuevos y jóvenes cuerpos, y los guiaremos para que recuerden su sabiduría. Dedíquense a ustedes mismos la promesa de que no dejarán pasar esta oportunidad sin lograr las misiones de sus almas. Tienen mucho que dar y ofrecerse los unos a los otros. Compartir es una práctica muy hermosa y siempre los llevará a crear más abundancia en sus vidas, no menos. Así como un todo, uno a uno abra sus mentes y corazones a la verdad del amor, para que el mundo se convierta en un mejor lugar donde vivir. Tomen las manos de sus vecinos, declaren el amor, no la guerra. Declaren la unidad, no la separación. Muestren aprecio por todos aquellos que se han atravesado en sus caminos, y hagan de maestros, enseñándoles. Yo soy el ángel de los viajes y amorosamente los voy a ayudar a avanzar y a explorar físicamente su bello mundo. Pídanme que proteja los planes de sus movimientos. Hasta que decidan llamar a la sutil y suave energía de sus seres de la luz, nosotros desearemos que reciban todo lo que desean.

El arcángel Chamuel

El ángel del amor:	"El que ve a Dios"
Palabras claves:	Amor incondicional, relaciones, paz
Chakra:	corazón

El rol de Chamuel es traer el principio de amor incondicional a la vida de las personas, de todas las formas y en todas las áreas de su vida. Las áreas principales son las relaciones, la familia, la profesión y la vida social. Chamuel nos ayuda a amarnos incondicionalmente a nosotros mismos y a proyectar ese amor en todas las áreas. De igual forma, trae confort y paz para aquellos que se encuentran en duelo por sus seres queridos fallecidos o relaciones fallidas y ayuda a las personas a salir adelante al atraer hacia ellos un alma gemela. Estos son los beneficios que trae a su cuerpo, mente, corazón y alma:

Cuerpo

∞ Sana problemas y enfermedades relacionadas al corazón, como por ejemplo: enfermedades cardíacas.

∞ Elimina la tensión y el estrés del cuerpo, trayendo paz interior.

∞ Lo guía a aceptarse incondicionalmente a sí mismo y a los demás.

Mente

∞ Elimina pensamientos negativos que crean estrés, culpa o vergüenza.

∞ Ayuda a mantener una perspectiva amorosa, en la vida, el amor y el romance.

∞ Lo asiste para comprender las creencias y patrones de los pensamientos de su pareja.

Corazón

∞ A eliminar bloqueos alrededor del amor incondicional a sí mismo y a los demás.

∞ Cura los corazones rotos, la soledad y traición al corazón.

∞ Fortalece la esperanza y la fe relacionadas con el amor incondicional.

Alma

∞ Para asistirlo con procesos de duelo por la perdida de seres queridos o parejas fallidas.

∞ Para atraer almas gemelas propiciando una sincronización divina entre ellas.

∞ Para entender el propósito de las almas y de toda relación de amor.

Mi experiencia con el arcángel Chamuel

Este hermoso arcángel está lleno de la energía rosada del amor incondicional, que irradia desde su aura. Él ayuda a aquellos que están en búsqueda de amor y romance y estará allí para consolar a aquellos que han perdido el amor. Yo estuve en ambas situaciones por muchos años. Cada vez que meditaba sobre el amor, podía ver sombras rosadas brillantes de la energía del amor incondicional arremolinándose a mi alrededor. Yo creo que ése era el arcángel que me guiaba hacia mis almas gemelas y me ayudaba a experimentar el amor verdadero. Yo veo a Chamuel como un ángel muy pacífico y sonriente rodeado de ángeles pequeños (cupidos y querubines). Cada momento que hay una llamada al romance, veo a Chamuel dirigiendo a estos ángeles del amor, para que intervengan en la vida romántica y amorosa de estas personas.

Mensaje del arcángel Chamuel

Amados, escucho sus súplicas por ser amados. Sean amor para sí mismos, amor para los demás o deseo de ser amados, yo comprendo y tengo mucha compasión. Es muy triste decir que hay una gran ausencia de amor en muchas vidas, por el espejismo que crea el miedo. El secreto de tener alguien que lo ame a uno en todas las formas, es poder amar sin miedo. No importa que haya sucedido en sus experiencias pasadas, o lo que hayan presenciado en las relaciones fracasadas de los demás, no permitan que el hábito de los pensamientos negativos los haga renunciar al amor. Cuando uno renuncia al amor, uno renuncia a sí mismo, en la medida en que uno es amor. Abran sus corazones para recibir sin sentirse culpables. Cuando la paz no esté presente, existen condiciones relativas a la pureza del amor. Los amo.

El arcángel Gabriel

El ángel mensajero:	"Dios es mi fortaleza"
Palabras claves:	Profesión, comunicación, propósito de vida, purificación
Chakra:	Sacro y Base

El rol de Gabriel es traer los mensajes del Cielo y ayudar a la gente a encontrar su llamado en la Tierra. Estos son los beneficios que trae a su cuerpo, mente, corazón y alma:

Cuerpo

∞ Purifica el cuerpo físico de todas las toxinas.

∞ Ayuda a eliminar bloqueos relativos a la sexualidad.

∞ Ayuda a expresar la sexualidad, identidad y creatividad.

Mente

∞ Purifica la mente de pensamientos impuros.

∞ Ayuda con el liderazgo y el uso de poder.

∞ Ayuda con los cambios de carreras y los períodos de transición.

Corazón

∞ Purifica el corazón de emociones amargas.

∞ Abre el corazón a las posibilidades y los milagros de la vida.

∞ Ayuda a resolver los conflictos entre miembros de la familia.

Alma

∞ Ayuda a comunicarse con las guías emocionales, almas de familiares y niños en espíritu.

∞ Para aumentar las habilidades de canalización a través de la escritura creativa, hablando y leyendo las cartas.

∞ Para despertar la misión de su vida y el propósito de su alma.

Mi experiencia con el arcángel Gabriel

Este hermoso arcángel jugó un papel fundamental en el proceso de escritura de este libro. Escribir libros, al igual que cualquier otro proyecto creativo, toma mucho tiempo y requiere de mucha paciencia, organización y enfoque. El arcángel Gabriel es un arcángel creativo y me ayudó a equilibrar muchos proyectos y compromisos de trabajo, por medio de la priorización de mi tiempo y energía con mayor eficiencia. Me recordaba constantemente que antes de canalizar información, tenía que establecer un escenario paradisiaco y tener el estado mental correcto. Algunas veces cuando me sentía bloqueada para escribir, él se sentaba a mi lado, llevándome a una profunda meditación para permitir que la luz de las estrellas de los ángeles fluyera y me limpiara. Esto siempre funcionó perfectamente y me sentía inspirada para seguir escribiendo.

Mensaje del arcángel Gabriel

Todos ustedes son escritores y tienen historias que contar que serán inspiración para sus compañeros, amigos, y el resto del mundo. Si tan sólo se tomaran el tiempo para apreciar el hermoso camino de desarrollo personal que han recorrido y las múltiples oportunidades doradas que se les han ido presentando. La curación les permite expresar su divinidad de cualquier forma. Sea a través de una danza, del arte, por medio de la escritura o del diseño, cada persona tiene un talento único para compartir con el resto del mundo. Vean lo bueno en todo el mundo y estimúlense los unos a los otros a tener confianza y creer en sus habilidades. La vida es para vivirla y para vivirla hay que explorarla, y la exploración viene de la pasión. Sigan sus pasiones, y no tengan miedo de traerlas a su vida y a sus profesiones. La pasión lleva a la abundancia, en la medida en que la gente crea en lo que uno hace cuando uno también cree en ello. Los trabajos mundanos le absorben la fuerza vital del cuerpo, la mente, el corazón y el alma, dejándolo no solamente vacío, sino también abatido. Esto, en el futuro, produce arrepentimiento, lo cual a su vez crea una perspectiva negativa sobre sí mismo y sobre su vida. El cambio es una manera de avanzar. Pídanle a sus guías angelicales tomar los pasos necesarios, los riesgos y las acciones para seguir sus sueños y convertirlos en realidad. Bendiciones y amor de su mensajero.

MEDITACIÓN: VISITANDO EL SANTUARIO DE LOS ARCÁNGELES

PREPARACIÓN

- Preparación del lugar: limpie el espacio, ponga música suave, encienda una vela y agarre su cristal de meditación.
- Grabe o tenga a alguien que le lea la guía de meditación.

- Decida entre cerrar sus ojos o mantenerlos abiertos y enfocados en un objeto o en la llama de la vela.

RELAJACIÓN

- Relaje su cuerpo, corazón y mente haciendo respiraciones profundas. Aguante el aire y exhale. Repita de 5 a 10 veces.
- Visualice un rayo dorado de la energía de la luz de las estrellas de los ángeles viniendo hacia usted y abriéndole todos los siete Chakras como flores.
- Sienta cómo se expande su aura, mientras progresivamente siente menos su cuerpo físico.

EL VIAJE

- Está a punto de comenzar un viaje más allá de su espacio en el cual conocerá a los arcángeles.
- Visualice su alma subiendo por encima de su cuerpo y aumentado de tamaño lo suficientemente como para poder contenerlo adentro. Hay una fuerte cuerda plateada unida entre su alma y su cuerpo físico, el cual lo mantendrá siempre conectado con la Tierra.
- A medida que asciende más y más alto, pasa el sol, las estrellas, el universo, y el reino espiritual, hasta llegar al reino angelical. Usted sabrá que ha llegado cuando se sienta flotando en las nubes y su corazón sienta mucho amor y gozo.
- El arcángel Miguel lo saluda desde un hermoso cuarto de vibrantes y variadas sombras azules. Lo ve parado allí dentro como el guardaespaldas del reino angelical, a pesar de que está estrechamente conectado con la Tierra. Él lo invita a su santuario y comienza a eliminar sus ataduras negativas usando su larga espada de energía. Sienta cómo le da fortaleza y valentía para superar sus miedos a conectarse con los ángeles. Continúe ascendiendo luego de despedirse de Miguel.
- El santuario del arcángel Rafael es de color verde esmeralda. Parece un cuarto de curación con un sofá terapéutico y música angelical suave sonando de fondo. Lo saluda y lo invita a recostarse en su sofá

curador. Sienta cómo lo ducha con la luz de las estrellas de los ángeles uniendo su cuerpo, mente, corazón y alma, para que pueda sentir una completa integridad. Continúe el ascenso luego de despedirse de Rafael.

- El santuario del arcángel Chamuel es de color rosado. Burbujas de corazones y ángeles bebes flotan en el interior. Es abordado por este ángel, que lo invita a jugar con los pequeños. Las sensaciones de bailar y de ser juguetón traen mucho gozo y alegría a su corazón. Él ahora le dice que deje su seriedad y que disfrute de su niño interno consintiéndose a sí mismo gozosamente. Ahora es tan libre como un ángel y podrá tomar consigo la sensación de paz y armonía por el resto del camino. Continúe ascendiendo más alto, luego de despedirse de Chamuel.

- El santuario del arcángel Gabriel es dorado y tiene muchos pasos que lo llevarán hacia la iluminación de su cuerpo, mente, corazón y alma. Luego de flotar muy alto, llega a dos puertas doradas. Estas puertas se abren y es recibido por Gabriel. Se da cuenta de que sostiene un cuerno, el cual se usa para darle un mensaje hermoso del creador y darle los sonidos de la sabiduría divina. Él lo guía ahora hasta llegar a dos nuevas puertas doradas. Mientras estas se abren, se le muestra el verdadero propósito de su vida y la manera de usar su creatividad en su profesión.

- Los otros arcángeles se les unen ahora para desearle bien en su vida. Ahora usted les entrega agradecimiento por las energías guiadoras y curadoras que darán a su vida a partir de ese momento.

- Véase a sí mismo en una estrella muy grande y viaje de regreso a su cuerpo, pasando por todos los santuarios y reinos, por las estrellas y descendiendo de regreso en la Tierra, de regreso en su cuerpo a través del Chakra corona.

EL CIERRE

- Busque un escudo de luz protectora azul que se encuentra alrededor de su aura y de cada una de sus siete auras.

- Dedique un momento de gratitud por esta experiencia y hágale un deseo a su ángel guardián.
- Abra sus ojos y tome consciencia de su cuerpo físico. Mantenga la paz, el amor y la felicidad que ha experimentado.
- Dirija la energía de la luz de las estrellas de los ángeles hacia toda su vida, hacia sus seres queridos y hacia el resto del mundo.

PARTE V:

CURACIÓN DE LOS ÁNGELES PARA EL CUERPO

Este capítulo cubrirá algunos de los retos físicos a los que las personas se enfrentan a lo largo de la vida, especialmente con respecto a su salud y bienestar. Encontrará una breve descripción del problema y de la forma en que usualmente es causado. Los consejos que presentaré a continuación fueron canalizados directamente de los ángeles y le ofrecerán una perspectiva completamente diferente sobre la situación en cuestión. Al final de cada sección, encontrará una meditación de curación de los ángeles, por la cual comenzará a liberar los bloqueos en sus niveles energéticos. El ejercicio práctico le dará una idea de cuál acción debe tomar, y le ofrecerá afirmaciones a la mente que lo ayudarán a propiciar la curación mediante la modificación de sus patrones hacia lo positivo.

El estado natural del cuerpo es funcionar correctamente, con todos los sistemas trabajando en sincronización los unos con los otros. Su cuerpo es el templo de su alma, la jaula de su corazón y el vehículo de su mente. Su salud y bienestar dependen del balance de su mente, corazón y alma. En la curación de los ángeles, creemos que el cuerpo físico actúa como un espejo de sus pensamientos y emociones, y refleja cualquier cosa que no esté trabajando correctamente, haciendo que usted caiga en cuenta del problema, para que pueda resolverlo. Cuando comienza a tomar control de su mundo interno, este brillará hacia el mundo exterior a través del su cuerpo físico, dándole mayores niveles de energía, alegría y buena salud. La curación de los ángeles ofrece soluciones a los problemas físicos que está experimentando por medio de tratamientos directos a las causas originales.

Al nivel del alma, como parte del camino de la vida, hay veces que habrá escogido enfrentarse a ciertas enfermedades o problemas de salud, para vencerlos por medio de su fuerza de voluntad y su valentía. Cuando estos retos se presentan, las personas aprenden a tener mayor aprecio por la vida y por las pequeñas oportunidades para sentir amor, alegría y buena salud. Los ángeles guardianes le pedirán que analice más a fondo sus síntomas físicos y que cambie del enfoque negativo al positivo. Todo lo que tiene consigo y a su alrededor es una forma de energía y la energía negativa tiene una mayor tendencia a formarse y manifestarse en su cuerpo por medio de dolores, desórdenes y enfermedades. Su cuerpo angelical está conformado por todo su ser, incluyendo su anatomía física. Todo está interconectado, por lo que cuando algo está fuera de balance, todo lo demás se verá afectado.

Por medio de la curación de los ángeles, uno puede usar la luz de las estrellas para transformar la energía negativa retenida en el cuerpo, en lugar de esconderla o ignorarla. La energía se mantiene en la forma en que ella es hasta que uno decida transformarla en alguna otra forma que sea de mayor beneficio para su bienestar. El pensamiento positivo es una gran forma de comenzar a curarse; sin embargo, a pesar de que tendrá influencias positivas, esto no tratará o curará los problemas físicos desde la raíz, desde la verdadera causa de sus síntomas físicos. Por ejemplo, si usted sufre de estrés y se manifiesta en su cuerpo a través de migrañas, usted puede temporalmente sanar estos síntomas con pastillas, sin embargo, la próxima vez que algo le active el estrés, la migraña regresará. Aprender a eliminar las causas de su estrés y a controlar sus emociones lo curará para siempre de la migraña. La curación de los ángeles le da el soporte, la energía y el enfoque para encontrar los patrones recurrentes y eliminarlos por medio del uso de la curación, transformación y purificación de la energía de las estrellas de los ángeles.

Los ángeles también lo ayudarán a tener paciencia durante el proceso de curación. En el reino de la Tierra, vivimos en un mundo de dualidad: lo positivo no puede convivir con lo negativo. Sin embargo, en el reino angelical, solo existe una forma pura de energía: el amor. A pesar de que nos encontramos en cuerpos físicos, los ángeles creen que el amor puede curar cualquier problema y sanar cualquier dolor. Necesitamos por comenzar por amar nuestro cuerpo, por cesar de castigarlo y aprender a no tomar ventaja de la máquina inteligente que conduce a nuestra mente, corazón y alma. Estamos bendecidos de tantas maneras por tener todas estas funciones milagrosas trabajando en perfecto orden para darnos la vida. Un cuerpo sano proviene de una mente, alma y corazón sanos. Hay que conectarse y reconocer cada uno de los órganos, huesos, sistemas, funciones y cualquier otra parte de nuestra anatomía física y dirigir el amor hacia ellos mientras visualizamos la luz dorada de las estrellas de los ángeles brillando a través de ellos y revitalizándolos.

La curación de los ángeles es una terapia complementaria para las condiciones médicas. Tome tiempo para amar su cuerpo por dentro y por fuera con agradecimiento puro, es la medicina de los ángeles para tener una salud y un bienestar duraderos.

Enfermedades

Enfermedad

"Estar enfermo" es lo opuesto a estar bien. La causa de una enfermedad puede ser un bloqueo magnético que frena el flujo natural de la energía de la fuerza vital. Un desbalance del cuerpo angelical causado por la negatividad, puede manifestarse también por medio de una enfermedad. Los efectos de ésta serán percibidos por medio de muchos síntomas diferentes. Los ángeles limpiarán estos bloqueos por medio de la energía de la luz de las estrellas de los ángeles, para que su cuerpo pueda restaurar su flujo natural de energía, maximizando la eficiencia del sistema inmunológico. De igual forma restablecerán la armonía y la paz en todos los niveles de su existencia. Existen muchas formas de diagnosticar una enfermedad que tienen varios nombres y síntomas. Sin enfocarse mucho en el diagnóstico clínico, los ángeles lo guiarán y le curarán las causas de la enfermedad, que pueden encontrarse en cualquier nivel.

Malestares

El cuerpo físico experimenta dolor cuando existe energía estancada dentro de su cuerpo angelical. Cuando los Chakras se trancan, la energía de su fuerza vital no puede fluir con facilidad, causando tensión en el cuerpo. Muchas personas usan analgésicos para aliviar el dolor, haciendo que el consumo de estos se convierta en parte de su rutina. Los ángeles le enviarán la energía de la luz de las estrellas al área de malestar por medio del Chakra correspondiente, para limpiar los bloqueos que están causando el acumulamiento de energía en esa área. La causa de su dolor puede encontrarse en alguna otra parte de su cuerpo angelical, como en las creencias negativas en el cuerpo mental, en la acumulación de emociones negativas en el cuerpo emocional o en un karma que se encuentre en el cuerpo espiritual. La curación de los ángeles lo ayudará a curar las causas y los efectos de su malestar.

Desorden

Algunos desórdenes se manifiestan en el cuerpo debido a ausencia de orden en el mundo interior. Un desorden en particular que los ángeles lo pueden ayudar a comprender es el desorden obsesivo compulsivo. Durante la curación de los ángeles, estos lo llevarán a reconocer sus obsesiones y las causas de estas. Las compulsiones son acciones que se llevan a cabo como resultado de las obsesiones; son consecuencia de los desórdenes. Con la ayuda de los ángeles, podrá identificar los miedos subyacentes y las creencias negativas que causan su desorden obsesivo compulsivo. Con la energía de la luz de las estrellas de los ángeles, estos pueden ser transformados en positividad. Esto irá rompiendo gradualmente los patrones enfermizos del comportamiento y los rituales de las acciones compulsivas. Durante la meditación, su ángel le dará confianza para superar sus desórdenes.

Curación a distancia

Como los ángeles existen en un reino que no está limitado por nuestras restricciones físicas, ellos pueden estar en muchos lugares al mismo tiempo. Si usted sabe de alguien que necesita de la curación de los ángeles, le puede pedir a los ángeles que le canalicen la energía de la luz de las estrellas de los ángeles y la dirijan con su consciencia hacia esta persona, situación o lugar donde sea necesitada. Para mejorar esta técnica curadora, puede escoger entrar en un estado meditativo, en donde las ondas de su cerebro sean llevadas a un estado alfa, permitiéndole sentir el paso de la energía curadora por su cuerpo y luego viajando por el universo hacia donde es necesitada. Visualizar los ángeles alrededor de la persona en necesidad y llenar su espacio con la energía dorada de la luz de las estrellas de los ángeles, fortalecerá el proceso curador. Es beneficioso organizar cierto tiempo con la persona a quien le dirige la curación de los ángeles, para que ellos puedan prepararse y estar suficientemente relajados para poder recibir la energía.

Dependencia

Las adicciones son ansias de reconectarse con su alma. Existe un profundo anhelo en nosotros de sentir y vivir en un estado de felicidad absoluta, de rechazar cualquier cosa negativa de nuestra realidad, y esto únicamente se puede conseguir por medio de un estado mental alterado y de un cambio de la energía interna del cuerpo. La meditación es una forma positiva y saludable de alcanzar este estado extático, porque lo conecta con su alma sin hacerle daño de ninguna forma. Cualquier forma de comportamiento autodestructivo llevado al exceso con el objetivo de alterar el estado de su consciencia, sólo creará temporalmente el estado de felicidad absoluta necesaria. Es una forma de adormecer el dolor que existe por la desconexión entre su cuerpo, mente, corazón y alma.

Cualquier sentimiento de placer que se haya alcanzado mediante una adicción es guardada en su mente subconsciente como una memoria positiva. Esto crea un programa mental que le repite a usted que la adicción es buena para su bienestar y que le está trayendo muchos beneficios. Estos programas luego se convierten en patrones de comportamiento, o hábitos, y harán que eventualmente se cree un desbalance de sus Chakras, que puede debilitar su aura y manifestarse como una enfermedad en su cuerpo.

La curación de los ángeles puede ser usada para tratar causas de adicciones que se encuentran profundamente enraizadas. Como el motivo detrás de cualquier adicción es lograr un estado alterado de consciencia, la práctica de la meditación eliminará lentamente la necesidad de cualquier sustancia adictiva, ya que a través de ella también se logra un estado alterado de consciencia. Durante la meditación, su ángel guardián se conectará con su alma, una conexión esencial para la curación y transformación. Cuando uno está conectado con su alma, mejorará la conexión entre su cuerpo emocional y su cuerpo mental; y se sentirá íntegro, confiado de que está siendo apoyado en sus esfuerzos por superar las adicciones. Hará un viaje interno para identificar los programas mentales que están enviando las señales, a través de su sistema nervioso a su cuerpo, haciéndolo creer que necesita esa sustancia.

Su ángel guardián reparará y fortalecerá todo su cuerpo angelical, de tal forma que sea lo suficientemente fuerte para superar su adicción. Cuando esté listo para enfrentar la verdad, las causas de su adicción y los efectos curadores de su adicción, su ángel guardián lo ayudará a traer las energías negativas a la superficie para eliminarlas permanentemente. Los ángeles lo ayudarán a observar sus comportamientos adictivos, sin juzgarlo de ninguna forma. Al observar sus pensamientos, emociones y acciones, usted podrá saber que cada uno es un resultado de sus recuerdos pasados. En ese momento estará en la capacidad de cambiarlos, por su fuerza de voluntad, en algo positivo para su presente. Al hacer esto, se estará liberando de la negatividad y estará creando salud y bienestar para el futuro.

MEDITACIÓN DE LA CURACIÓN DE LOS ÁNGELES A LAS ENFERMEDADES

UN SECRETO DE LOS ANGELES:

"La enfermedad es una ilusión. La vitalidad es tu realidad".

CHAKRA DE LA CORONA

La luz de las estrellas de los ángeles entra en su cuerpo angelical por medio de una hermosa rosa blanca que se encuentra en encima de su cuerpo físico. Verá una estrella plateada brillando en el centro de su Chakra de la corona y conectándose con su alma. Su ángel guardián le pedirá que coloque las palmas de sus manos hacia arriba y que las sostenga un poquito por encima de su cuerpo. La energía curadora de la luz de las estrellas de los ángeles le llenará las palmas y usted sentirá un calor y un cosquilleo en sus manos.

CHAKRA DEL TERCER OJO

La luz de las estrellas de los ángeles viaja hacia la rosa morada que se encuentra entre sus dos ojos y hacia el interior de su mente. Ahora comienza a eliminar el bloqueo que podía tener en su intuición. Su ángel guardián le enseña cómo realizar una revisión intuitiva a todo su cuerpo angelical, comenzando por su cuerpo físico. La energía de la luz de las estrellas desciende de su Chakra de la corona y entra en su Chakra del tercer ojo, activando su visión intuitiva de rayos x. Comenzando por su pie y lentamente ascendiendo a lo largo de su cuerpo, usted puede ver más allá de la superficie de su cuerpo. Analizando a profundidad cada órgano, trate de ubicar cualquier área oscura o densa.

CHAKRA DE LA GARGANTA

La luz de las estrellas de los ángeles desciende hacia la rosa azul que se encuentra en la garganta y que se extiende hacia sus oídos. Pídale a su ángel guardián que lo ayude a comunicarse con su cuerpo para que intuitivamente pueda comprender qué está faltando o que no está funcionando correctamente. Amorosamente hable con cada uno de sus órganos, miembros o cualquier otra parte de su cuerpo individualmente. Ahora déle las gracias a cada una de las partes de su cuerpo, incluyendo los sistemas nervioso, inmunológico, digestivo y endocrino, por servirlo y a su columna por sostenerlo.

CHAKRA DEL CORAZÓN

La luz de las estrellas de los ángeles sigue su descenso hacia una rosa verde que se encuentra en su corazón y, a medida que florea, usted puede ver cómo se va poniendo rosada. Su ángel de la guarda le lleva sus palmas hacia cada uno de los Chakras, comenzando por el Chakra de la corona, permitiendo que la acumulación de energía curadora sea canalizada hacia su cuerpo. Intuitivamente manténgase en cada Chakra el tiempo que sea necesario. Luego coloque sus palmas en las áreas más oscuras de su cuerpo, que ubicó por medio del ejercicio de revisión. Vea cómo la dorada luz de las estrellas de los ángeles circula al interior de todo su cuerpo, como lo hace su sangre, purificando todas sus células, órganos, músculos y huesos.

CHAKRA DEL PLEXO SOLAR

La luz de las estrellas de los ángeles entra por la rosa amarilla al interior del área de su estómago, el núcleo de su ser. Enseguida se extiende hacia sus cuerpos emocional, mental y espiritual, limpiando y purificando todos los pensamientos y emociones relacionados con su bienestar. Su ángel guardián ahora fortalecerá y unirá su cuerpo, mente, corazón y alma.

CHAKRA SACRO

La luz de las estrellas de los ángeles llega a una rosa anaranjada que se encuentra debajo de su ombligo y que activa sus habilidades creativas. Vea al hermoso arcángel Rafael parado a su lado colocando sus manos de energía curadora sobre su Chakra de la corona, canalizando luz verde esmeralda a través de su cuerpo, la cual ahora se junta con la dorada luz de las estrellas de los ángeles. Su energía curadora lo alivia de todos los desórdenes, enfermedades y malestares de su cuerpo. Déle gracias al arcángel Rafael mientras lo trae de regreso a la Tierra y elimina todos los excesos de energía de su alrededor.

CHAKRA DE LA RAÍZ

La luz de las estrellas de los ángeles alcanza la rosa roja en la base de su columna. Su ángel guardián hace que sus manos se junten en posición de oración, lo cual hace que cese el flujo de la luz de las estrellas de los ángeles a través de ellos. Le dice una oración a su ángel guardián, recompensándolo por su salud y bienestar, y el de sus seres queridos. Observa el polvo blanco de los ángeles ahora cayendo desde el cielo y eliminando las impurezas de la Tierra.

Historia de éxito

Hattie me buscó para que le curara un trastorno de la tiroides por medio de la curación de los ángeles. Durante su meditación, los ángeles le explicaron que ella había reprimido sus pensamientos y sentimientos a lo largo de su vida porque tenía miedo a la confrontación. Ella escogió esconder los sentimientos más profundos y tristes dentro de ella, en lugar de liberarlos al decir la verdad. Esto había tenido un impacto negativo y había creado un bloqueo en su Chakra de la garganta, el cual afecta a su tiroides y todo su sistema nervioso. En la medida que comenzó a recibir la energía curadora y esta comenzó a fluir por su cuerpo y sus Chakras, el arcángel Miguel le dio la energía del coraje para decir todo lo que tenía reprimido dentro de sí, especialmente aquellos que le causaban rabia o le hacían daño. Al principio le costó dejarlas salir, sin embargo, continuó hablando sobre las injusticias que sentía que habían cometido contra ella, sobre sus remordimientos, sobre sus culpas y muchas otras cosas. Eventualmente su confianza creció, en la medida en que comenzó a ver gente durante sus meditaciones y estas personas escuchaban lo que tenía que decir. Inclusive pudo escuchar personas disculpándose y pidiéndole que las perdonara. Durante esta etapa de la curación de los ángeles, todas las barreras de la comunicación habían sido derribadas, ayudando a que su tiroides se balanceara y sanara.

Problemas de peso

Emociones

Los ángeles dicen que las emociones son guardadas en el plexo solar, en el área del estómago. Ésta es el área de su poder y control interno. Aquellos que tienen un mecanismo de control saludable y balanceado son los que son capaces de mantener controlado su peso, sus creencias y expectativas positivas. Aquellos que están consumidos por sentimientos negativos como la culpa, la rabia y la baja autoestima, tendrán problemas con fluctuaciones de peso. Muchas personas hacen de todo para perder peso, e inclusive si lo logran, pueden volver a ganar peso de nuevo. Dándose cuenta de las dificultades en términos energéticos, la persona puede sufrir de una programación o creencias negativas subyacentes. Es por ello que esto necesita ser abordado y reprogramado para poder prevenir cambios de peso indeseados. Es el Chakra de la garganta el que controla las funciones de la tiroides, por medio de la cual se equilibra el metabolismo. Cuando no se dejan salir las emociones a través del Chakra de la garganta, éste se daña y se tranca, teniendo un impacto negativo en el balance del metabolismo. Cuando uno comienza a comunicarse y deja salir todas esas energías negativas acumuladas dentro de su cuerpo, los Chakras de la garganta y del plexo solar trabajarán juntos para regularlo y ayudarlo a mantener su peso ideal.

Peso ideal

Es importante saber cuál es su peso ideal, para enfocarse en estar en ese peso y poder creer que en realidad puede alcanzarlo y mantenerlo.

Si no puede visualizarse en su peso ideal y más bien se enfoca en las adversidades para conseguirlo, atraerá más adversidades. Su mente estará desconcentrada y su subconsciente no podrá dirigirlo hacia lo que es bueno para usted, aceptando cualquier creencia como si fuera real, hasta que decida reemplazar estas creencias. Cuando comience a enfocarse en su peso deseado y crea que ya ha llegado allí, sus ángeles lo ayudarán a cambiar su comportamiento para lograr ese fin y lo ayudarán a eliminar ciertos hábitos alimenticios y ciertos alimentos de su dieta, ayudándolo de igual forma a lograr un equilibrio entre sus Chakras y a sanar su cuerpo angelical. Todo lo que usted es exteriormente es un reflejo de lo que usted es internamente. Así pues, se aplica la regla de que cuando usted esta tratando de perder peso es porque está cambiando su mundo interior.

La rabia

Cuando uno siente rabia, sus instintos naturales son querer culpar a alguien por algo. Si uno sabe quién o qué le está causando la rabia, uno tiene unas cuantas opciones. Una es enfrentar, otra es castigar y, por último, existe la posibilidad de tragarse esa rabia. Puede que no sea posible, o que no sea fácil enfrentarse o castigar a alguien, por lo cual lo más probable es que le toque tragársela y seguir adelante. La rabia es muy negativa porque es una frecuencia de baja energía y no desaparece a pesar de ser ignorada, sino que queda recubierta.

El hogar de todas las emociones basadas en el miedo es el área del estómago, que es controlada por el Chakra del plexo solar y que es el área de su poder interior. La única forma en que puede esconder estas emociones es por medio de la comida, y al hacer esto, literalmente está alimentando su rabia. Esto se convierte en un hábito y su mente subconsciente comienza a creer que ésa es la forma saludable de controlar sus emociones negativas. Desafortunadamente, cuando esto se vuelve parte de la programación de su mente, el patrón creado se vuelve muy difícil de romper, a menos de que usted caiga en cuenta de que esta reprimiendo la rabia por medio de la comida. Puede que esté haciendo ejercicio, comiendo comida saludable, haciendo dieta y consciente-mente tratando de perder peso, sin embargo, hasta que no satisfaga la rabia acumulada dentro de sí mismo, usted continuará castigándose inconscientemente con actitudes destructivas.

La curación de los ángeles lo ayudará a encontrar y liberarse de la rabia y los programas de comportamiento que están profundamente enraizados en su mente subconsciente, para así poder liberarse de la miseria interna que crece dentro de usted. Los ángeles lo ayudarán a expulsar esa energía de forma segura, sin sentir la necesidad de auto castigarse o de castigar a aquellos que considera ser los causantes de su rabia. La rabia subsume sus células en la irritación y se expande por su cuerpo como fuego. La energía de la luz de las estrellas de los ángeles apaga ese fuego por medio de su suave y refrescante luz. Si no es cons-ciente del motivo de su rabia, por medio de una profunda meditación, los ángeles le pueden ayudar a identificar esa causa para poder libe-rarse de ella, sin importar cuándo o por qué fue originalmente creada.

Vacío

Puede sentirse abandonado por aquellos a quién ama, por su alma o por su creador. En un nivel más profundo, puede sentir un vacío que está desesperadamente tratando de llenar. La comodidad o comer en exceso pueden ser algunos de los métodos autodestructivos que puede usar para liberarse de este sentimiento de vacío. A largo plazo esto le causará culpa. Se sentirá culpable, primero por comer más de lo que en realidad necesita, y luego por no preocuparse por su cuerpo. Estos sentimientos también quedan atrapados dentro de usted y cons-tantemente quedan encubiertos o son negados. Los ángeles lo quieren ayudar a llenar ese vacío con amor a sí mismo y lo quieren ayudar a convertir esa energía de la culpa en energía de paz. Ellos también quie-ren recordarle que todo lo que usted busca se encuentra en realidad dentro de uno mismo. Así se dará cuenta de que el vacío es una ilusión, muchas veces causadas por andar comparando su vida con la de otras personas o con lo que la sociedad espera que usted haya logrado.

Protección

El exceso de peso es una forma de protección que usted ha creado subconscientemente. Es importante que descubra por qué necesitaba sentirse protegido y cuándo comenzó a sentir esta necesidad. Los ángeles lo ayudarán a recordar las experiencias que causaron que necesitara sentirse protegido. Las personas que tienen sobrepeso desde muy temprana edad, son en realidad muy sensibles y sienten que necesitan protegerse espiritualmente en este mundo. A medida que van creciendo, puede que se burlen de ellos por su sobrepeso, por lo que comienzan a necesitar una protección emocional. Estas personas crecieron con rabia y resentimiento hacia los demás, como si ellos tuvieran que hacer un mayor esfuerzo por pertenecer al grupo. Como consecuencia, pueden tener inseguridades y desequilibrios en la confianza. La curación de los ángeles le permite regresar en el tiempo y transformar todas las memorias y patrones, al igual que la necesidad de protección, y convertirla en energía positiva, rompiendo los patrones que se encuentran dentro de su mente subconsciente. Esto se reflejará en su cuerpo físico y en su vida a medida que la confianza en sí mismo comience a crecer.

MEDITACIÓN PARA OBTENER CURACIÓN DE LOS ÁNGELES A LOS PROBLEMAS DE PESO

EL SECRETO DE LOS ANGELES:

"Mentes tercas crean pesos tercos; emoción en exceso significa peso en exceso".

CHAKRA DE LA CORONA

La luz de las estrellas de los ángeles entra en su cuerpo angelical por medio de una hermosa rosa blanca que se encuentra en encima de su cuerpo físico. Verá una estrella plateada brillando en el centro de su Chakra de la corona y conectándose con su alma. Su ángel guardián lo ayuda a identificar sus creencias negativas sobre su peso. A medida que llegan a su consciencia, piense profundamente hasta que encuentre la programación negativa relacionada a la perdida de peso. Ésta puede ser: "perder peso es imposible", o "muchos miembros de mi familia tienen sobrepeso". Cuando consiga la o las programaciones negativas, vea cómo la energía de la luz de las estrellas de los ángeles se cuela hasta el núcleo, transformándola o transformándolas en afirmaciones positivas como: "puedo alcanzar y mantener mi peso ideal sin mayor esfuerzo".

CHAKRA DEL TERCER OJO

La luz de las estrellas de los ángeles viaja hacia la rosa morada que se encuentra entre sus dos ojos y hacia su mente. Comienza por eliminar el bloqueo que podía tener en su intuición. Su ángel guardián le abre su tercer ojo intuitivo, y comienza a revisar su cuerpo emocional para encontrar dónde se encuentran aglomeradas todas las emociones negativas en su cuerpo físico. Mientras revisa su cuerpo angelical, observe cómo la luz de las estrellas de los ángeles rompe las emociones en pequeñas partículas en todas las áreas dentro su cuerpo físico que las emociones negativas habían obstruido. Mientras se disuelven, puede observar cómo disminuye su exceso de peso. La luz de las estrellas de los ángeles ahora sella su cuerpo físico, de tal forma que no vuelva a ganar peso más nunca.

CHAKRA DE LA GARGANTA

La luz de las estrellas de los ángeles desciende hacia la rosa azul que se encuentra en la garganta y que se extiende hacia sus oídos. Su ángel guardián le pide que mire en lo más profundo de este Chakra para acceder a todo lo que está bloqueado y que usted no ha tenido la oportunidad de comunicar. Comienza a hablar, expulsando todo lo que tenía guardado en esta área. A pesar de que no tiene mucho sentido para usted, únicamente permita que los sentimientos reprimidos sean los comunicados. Cuando todo haya sido expulsado, ubique su glándula tiroidea, que es la parte física de su Chakra de la garganta en su cuerpo físico. Note qué tan oscura y débil se ha convertido a través de los años en los cuales ha reprimido todas sus emociones. Vea la dorada luz de las estrellas de los ángeles corriendo y energizando la glándula a medida que comienza a funcionar adecuadamente. Luego fíjese en la hermosa corriente de químicos que comienzan a salir y que parecen gotas de agua pura saliendo de su tiroides y corriendo por todo su cuerpo para regular su metabolismo.

CHAKRA DEL CORAZÓN

La luz de las estrellas de los ángeles sigue su descenso hacia una rosa verde que se encuentra en su corazón. A medida que florea, puede ver cómo se va convirtiendo en una rosa rosada. Su ángel guardián le pide que vea dentro de su corazón y se dé cuenta si siente un vacío. Vea la luz de las estrellas de los ángeles llenando el vacío de su corazón con el amor incondicional de los ángeles. Siéntase motivado para lograr su meta de bajar de peso y crea con todo su corazón que los ángeles, en lugar de juzgarlo, lo apoyan a lo largo de todo este recorrido.

CHAKRA DEL PLEXO SOLAR

La luz de las estrellas de los ángeles entra por la rosa amarilla que se encuentra en el área de su estómago, que es el núcleo de su ser. Su ángel guardián trae a la superficie todos los sentimientos que le causan rabia. Antes de que pueda sentir cómo la rabia lo quema y lo irrita, dese cuenta cómo su ángel guardián los expulsa de su cuerpo, lavándolo con una luz dorada y refrescante. Vea cómo cada nexo oscuro y negativo que lo ataba a personas, lugares o situaciones que le causaban rabia han sido cortados por la poderosa espada del arcángel Miguel. Sienta cómo la energía curadora verde del arcángel Rafael es canalizada hacia su estómago, por su plexo solar, hasta disolver cualquier rastro de rabia. Agradézcales a estos arcángeles por sus energías curadoras.

CHAKRA SACRO

La luz de las estrellas de los ángeles llega a una rosa anaranjada que se encuentra debajo de su ombligo y que activa sus habilidades creativas. Su ángel guardián le permite caer en cuenta de cualquier culpa que pueda tener atrapada dentro de su cuerpo. Haga una lista de todo por lo que usted se puede sentir culpable, sin caer en mucho detalle. Vea cómo estos incidentes son eliminados uno a uno por su ángel guardián, que los transforma en inocencia, antes de devolverlos a su Chakra sacro. La energía de la inocencia libera todos recuerdos que lo hacen sentir culpable, permitiendo que pueda usar su energía creativa en algo mucho más beneficioso. Pídale a su ángel guardián que permita que el sentimiento de perdón fluya por usted, mientras se perdona a sí mismo y es perdonado, a nivel del alma, por aquellos de quienes necesita ser perdonado.

CHAKRA DE LA RAÍZ

La luz de las estrellas de los ángeles alcanza la rosa roja en la base de su columna. Su ángel guardián le pide que se vea a sí mismo en su peso ideal, viéndose y sintiéndose extraordinariamente. Siéntase emocionado por su nueva salud y rutina de ejercicios, mientras su ángel guardián lo motiva a crear una nueva forma de vivir a partir de este momento. Sienta que su relación con la comida es ahora saludable y la relación entre su cuerpo, mente, corazón y alma es muy positiva y balanceada. Repita la afirmación: "Estoy en mi peso ideal y perfecto."

Historia de éxito

Gaby me buscó para que le ayudara a resolver sus problemas de peso por medio de la curación de los ángeles. Durante su meditación, los ángeles me mostraron que ella estaba albergando rabia en su cuerpo y que necesitaba sentirse protegida, por lo cual intencionalmente ganaba peso para sentirse física y emocionalmente más fuerte. La energía curadora comenzaba a fluir por su cuerpo pero se quedaba estancada en el área de su estómago. Su Chakra del plexo solar era negro y pequeño en lugar de ser de color dorado y exudar la energía del poder, la estabilidad y la confianza. Cuando le pregunté a Gaby cómo se sentía, me respondió: "Muy mareada y caliente." La ayudé a acceder a las emociones negativas que se habían acumulado en su interior y a regresarla a su pasado. Inmediatamente ella cayó en cuenta de que había estado reprimiendo la rabia desde una experiencia traumática que tuvo tres años antes en el trabajo, una experiencia que la había llevado a un estado de depresión muy fuerte. Ella había sido físicamente atacada por un cliente y también había sido atacada emocionalmente por su jefe, que se había burlado de ella por algunos años y luego le había pedido que no denunciara a su atacante y que se olvidara de eso. Estos episodios habían destruido su confianza y autoestima. Los ángeles le explicaron que esto había sido un patrón que ella había repetido a lo largo de su vida desde su niñez, por lo cual ella se sentía insuficiente y atacada. Luego de liberar todas esas emociones, patrones y memorias negativas, Gaby recuperó su poder interior. Le pedí que se viera como una persona atractiva que tenía el control de su vida y de sus patrones alimenticios. Casi de inmediato, logró cambiar su estilo de vida y comenzó a perder peso.

Atractivo

Apariencia

Cuando uno comienza a canalizar la energía de los ángeles, suceden muchos cambios en su apariencia, tanto visibles como en términos de energía. El campo de energía que rodea su cuerpo físico comienza a ser más brillante y más atractivo a los demás, a pesar de que no pueda ver ningún cambio. La energía de la luz de las estrellas de los ángeles trabaja desde adentro y se refleja a través de sus ojos, por lo que podrá ver el mundo desde una perspectiva de puro amor. Su ángel guardián estará usualmente a su lado, listo para envolverlo con sus alas cuando necesite ser protegido. Para tener un brillo natural y atractivo, pídale a su ángel guardián que se ponga más cerca de su cuerpo para que canalice su luz dorada a través de usted. Esto será muy curador para usted, ya que transformará toda la energía negativa y oscura que se encuentra en su cuerpo angelical en luz y energía positiva, y, al hacer esto, lo convertirá en un ser más atractivo.

La sonrisa

Los ángeles dicen que la cara de las personas es un reflejo de su corazón y que el sonreír es la expresión de las emociones amorosas del corazón. Cuando los ángeles abren su corazón al amor, las vibraciones del amor entran en cada célula y órgano de su cuerpo físico. Su risa es el mayor activo que posee para atraer a los demás y crear una buena impresión. Sonreír reduce los niveles de estrés y libera las hormonas de la alegría. Cuando uno sonríe a otra persona, eso automáticamente los eleva. Cuando uno sonríe a otra persona, uno crea una conexión de corazón a corazón y lo ayuda a reconocer sus cualidades de cariño. Una sonrisa no cuesta nada y, sin embargo, puede llegar muy lejos: el universo reacciona hacia usted con amor, trayéndole muchas oportunidades fantásticas – ¡al igual que muchas cosas gratis y buenas ofertas de compra! Una sonrisa es una forma muy efectiva de esparcir el amor de los ángeles y la recompensa del reino angelical es magnífica.

Gracia

Los ángeles son portadores de la energía de la gracia. Cuando usted se conecta y canaliza a los ángeles, uno comienza a exudar la suave energía de la elegancia. La belleza real y natural es de larga duración y creará una impresión inolvidable en los demás. Permitir que su personalidad natural, cariñosa y amorosa brille, atrae inmediatamente a los demás. Cuando uno camina con la gracia, irradiando la luz de los ángeles a través de sus ojos y expresando el amor que se encuentra en su corazón a través de su sonrisa, uno elimina todas las pretensiones. Cuando uno vive como una persona auténtica y bella es más probable que atraiga la atención de la gente, que sea conocido por su integridad angelical y que tenga la reputación de ser una bella persona.

Energía

La atracción no proviene de sí misma. Cuando uno es aceptado en la sociedad, uno siente un sentido de pertenencia, por lo cual no crea barreras a la hora de interactuar con los demás. Es importante tener o trabajar por tener altos niveles de autoestima, auto-aceptación y dignidad. Dependiendo de los valores y prioridades de cada uno, al alcanzar este estado de ánimo usted transmitirá energía al mundo en el que vive a través del modo en el que se presente a sí mismo y el mundo le devolverá la misma cualidad de energía a su vida. Los ángeles saben y nos dicen que ser bellos internamente es definitivamente la forma más permanente y económica de ser bellos externamente.

Estilo

Tener un estilo único de apariencia y carácter es una expresión de su energía creativa. De igual forma envía el mensaje que uno tiene confianza y la confianza es una de las cualidades más atractivas que uno puede poseer. Establecer una tendencia que inspira a los demás de forma positiva lo puede ayudar a ganar el respeto de los otros. Los ángeles lo ayudarán a encontrar un estilo único y a expresarse por medio de la forma de vestirse, la decoración de su casa, o de la forma en que aborda su trabajo. Así como su mundo interno se refleja en su mundo externo, su mundo externo se refleja en su interno. Cuando uno se ve bien, se siente bien; y cuando uno se siente bien, se ve bien.

MEDITACIÓN PARA OBTENER CURACIÓN DE LOS ÁNGELES PARA SER MÁS ATRACTIVO

EL SECRETO DE LOS ANGELES:

"La belleza sagrada de su alma brilla por sus ojos".

CHAKRA DE LA CORONA

La luz de las estrellas de los ángeles entra en su cuerpo angelical por medio de una hermosa rosa blanca que se encuentra encima de su cuerpo físico. Verá una estrella plateada brillando en el centro de su Chakra de la corona y conectándose con su alma. Su ángel guardián lo ayudará a encontrar y conectarse con su belleza interna.

CHAKRA DEL TERCER OJO

La luz de las estrellas de los ángeles viaja hacia la rosa morada que se encuentra entre sus dos ojos y hacia su mente. Comienza por eliminar el bloqueo que podía tener en su intuición. Su ángel guardián lo guía hacia un dorado templo sagrado en donde se sienta en su trono. La belleza de su alma brilla a través de sus ojos para llenar el templo con una blanca luz brillante.

CHAKRA DE LA GARGANTA

La luz de las estrellas de los ángeles desciende hacia la rosa azul que se encuentra en la garganta y que se extiende hacia sus oídos. Su ángel guardián le pide que repita las palabras: "ahora brilla la belleza de mi alma en mi vida". Vea la luz curadora que se extiende hacia el mundo, conectándose con la belleza interna del alma de los demás. A medida que los demás son tocados por la belleza de su alma, comienzan a despertar y a amar a sus ángeles guardianes.

CHAKRA DEL CORAZÓN

La luz de las estrellas de los ángeles sigue su descenso hacia una rosa verde que se encuentra en su corazón y, a medida que florea, puede ver cómo se va convirtiendo en una rosa rosada. Su ángel guardián ahora le agradece por tener la bondad de mostrar al mundo la belleza y le coloca el amor eterno en su corazón. Ahora encuentra en su corazón la fuerza para perdonar a aquellos que no han visto o no han apreciado su belleza interna y el amor de su ángel guardián en el pasado.

CHAKRA DEL PLEXO SOLAR

La luz de las estrellas de los ángeles entra por la rosa amarilla que se encuentra en el área de su estómago, que es el núcleo de su ser. Su ángel de la guarda ahora endereza y alarga su columna, la cual al mismo tiempo se alinea con sus Chakras. Vea y sienta cómo esto mejora su postura, dejando salir la pesadez de sus hombros.

CHAKRA SACRO

La luz de las estrellas de los ángeles llega a una rosa anaranjada que se encuentra debajo de su ombligo y que activa sus habilidades crea-

tivas. Su ángel guardián lo ayuda a reconocer su sexualidad y le transforma todos sus pensamientos negativos sobre poder, posición social y género, en positivos. Sienta cómo el Chakra sacro es limpiado de toda la culpa y pena, y vea la hermosa rosa naranja floreciendo y brillando en su cuerpo, lista para conectarse en una relación amorosa y para experimentar el poder del sagrado amor como placer.

CHAKRA DE LA RAÍZ

La luz de las estrellas de lo ángeles alcanza la rosa roja en la base de su columna. Su ángel guardián lo guía de nuevo hacia el templo dorado y hacia su cuerpo. Se está sintiendo joven y se ve radiante. La alegría de su corazón brilla a través de su sonrisa y la belleza de su alma resplandece en sus ojos. Cada persona con la que está en contacto, notará su atractivo natural y se sentirá llamado hacia su energía contagiosa. A medida que esparce la belleza de su alma hacia el universo, se comunica con los demás a nivel del alma, en lugar de a nivel del ego, por lo cual también despierta la belleza en ellos.

Historia de éxito

Durante mi infancia, al igual que mucha gente, me comparaba con los demás y sentía que no era lo suficientemente guapa ni atractiva. Sufrí de problemas en la piel por mucho tiempo, lo cual me hacía sentir aún peor. Cuando descubrí la curación de los ángeles, les pedí a los ángeles que me ayudaran a sentirme cómoda en mi cuerpo. Mi ángel de la guarda me enseñó que las irritaciones interiores y la baja autoestima se estaban manifestando en mi cuerpo. Durante mis meditaciones, sentía que la luz curadora que entraba en cada una de las células de mi cuerpo limpiaba mi piel mientras apagaba el fuego que había debajo de ella. Comencé a sentirme natural de nuevo y no sentía la necesidad de usar maquillaje para esconder mi verdadera identidad. A medida que pasó el tiempo, comencé a tratarme mejor a mí misma, y a cuidar mi piel. Las irritaciones desaparecieron solas y, con el tiempo, las arrugas se borraron también. De igual forma me di cuenta de que durante ciertas fases de mi depresión, era propensa a los accidente y quemaba mi piel accidentalmente. Por medio de la curación de los ángeles, aprendí que esto era una forma de castigarme, demostrándome que no me quería a mí misma.

Letargo

Cansancio

Los ángeles se dan cuenta de que las personas nunca tienen suficiente tiempo para completar toda su faena diaria, para cumplir con sus responsabilidades, y mucho menos para compartir tiempo de calidad con las personas que merecen su atención. De esa forma, las personas terminan quemándose y sintiéndose aletargados, lo cual lleva a una vida enfermiza. La vida en la Tierra se mueve a tal velocidad, que las personas tratan de mantenerse al día con todo lo que está sucediendo. Los momentos para relajarse o las vacaciones no deben verse como lujos, más bien, deben ser una parte vital de la vida y uno no debe sentirse culpable por ello. Los ángeles pueden devolverle a su vida la vitalidad natural que le permitirá poder disfrutar de cada momento. Ellos lo llevarán hacia un estado en el que se sentirá más energético, más juguetón y en el que podrá inspirar a los demás irradiando una actitud positiva al igual que vibras de felicidad.

Baja energía

Una de las formas más rápidas de levantar su energía es tomando regularmente recesos de cinco minutos para orar a los ángeles curadores, sin importar dónde se encuentre. Al cerrar sus ojos y enfocar su atención en el estado interior de su ser, usted podrá controlar su ritmo cardíaco, serenar la actividad mental y descansar su cuerpo a medida que se reconecta con su alma. Meditaciones mayores a veinte o treinta minutos diarios aumentarán sus niveles naturales de energía, debido a que eliminan la energía densa que se encuentra en su campo energético generándole pesadez. Estar inactivo también disminuye sus niveles de energía, por lo cual los ángeles lo ayudarán a tener un estilo de vida más activo y balanceado. Caminatas por la naturaleza son muy curadoras para el cuerpo, la mente, el corazón y el alma, ya que le permiten conectarse con los ángeles de la naturaleza y hablar con ellos sobre todo lo que genera un peso en su vida.

Agotamiento

Los ángeles entienden que la gente se atiborra de demasiadas cosas en su vida cotidiana, que sufre de estrés si siente que no podrá lograr todas sus metas, haciendo que se sienta metal y físicamente agotada. Esto perjudica la salud y el bienestar y hace que su cuerpo se apague cuando no puede enfrentar la presión que tiene delante. De igual forma tiene un impacto negativo en las emociones y puede hacerle sentir frustración y rabia. A nivel mental, el agotamiento puede quitarle claridad y motivación, y puede hacerlo perder el enfoque para conseguir felicidad en todos sus niveles. La técnica de los ángeles curadores, como la meditación, la relajación y los ejercicios de respiración profunda, contribuyen a sanar el agotamiento y aumentar los niveles de energía física. Los ángeles lo ayudarán a evaluar la cantidad de tareas que va a asumir a diario y lo ayudarán a delegar, eliminar y priorizar adecuadamente. Los ángeles lo ayudarán de igual forma a cambiar sus hábitos alimenticios y lo incentivarán a beber más agua, actividad muy purificadora y energizante que elimina las toxinas de su cuerpo.

Sentirse consumido

Si algunas personas, lugares o situaciones absorben su energía, es porque están rodeados de oscuridad y energía negativa, por lo cual le están quitando su luz y su energía positiva. A pesar de que muchas personas inconscientemente se dedican a absorberle felicidad y paz, en realidad, a nivel de su alma se encuentran clamando por ser curados.

Energéticamente, creamos nexos o conexiones invisibles pero fuertes entre nosotros y cualquier cosa que entra en contacto con nosotros. Se forman nexos entre uno y las demás personas, lugares, trabajos, hogares, situaciones o países, y cuando estas conexiones son saludables, la energía pura del amor fluye alrededor, trayendo felicidad. Sin embargo, cuando estos nexos son malsanos, la energía negativa comienza a fluir a través de esas conexiones entrando en su cuerpo angelical. Los ángeles le mostrarán cuales son sus nexos o patrones negativos durante sus sesiones de intuición y meditación. Ellos están en capacidad de aspirar toda la energía negativa derramada en su cuerpo angelical de fuentes externas y lo llenarán con la pura energía de la luz de las estrellas de los ángeles, para purificar todos los rastros de oscuridad antes de fortalecerlo y protegerlo de situaciones similares en el futuro.

MEDITACIÓN PARA OBTENER CURACIÓN DE LOS ÁNGELES AL LETARGO

EL SECRETO DE LOS ANGELES:

"Cuando uno está muy cansado significa que uno se ha esforzado demasiado".

CHAKRA DE LA CORONA

La luz de las estrellas de los ángeles entra en su cuerpo angelical por medio de una hermosa rosa blanca que se encuentra encima de su cuerpo físico. Ve una estrella plateada brillando en el centro de su Chakra de la corona y conectándose con su alma. Su ángel guardián lo ayuda a respirar de la energizante luz de las estrellas de los ángeles en lo profundo de su mente para luego dejar que todos sus pensamientos salgan cuando expulsa el aire. Repita tres veces.

CHAKRA DEL TERCER OJO

La luz de las estrellas de los ángeles viaja hacia la rosa morada que se encuentra entre sus dos ojos y hacia su mente. Comienza por eliminar el bloqueo que pueda tener en su intuición. Su ángel guardián carga su cuerpo cansado hacia un paraíso hermoso en donde hay playas de blancas arenas, cielos azules totalmente despejados y una hermosa hamaca entre dos palmeras para que se repose en ella. Mientras se recuesta, meciéndose lentamente mientras mira hacia el cielo, siente cómo la luz del sol alcanza su cuerpo re-energizándolo.

CHAKRA DE LA GARGANTA

La luz de las estrellas de los ángeles desciende hacia la rosa azul que se encuentra en la garganta y que se extiende hacia sus oídos. Su ángel guardián retrocede un paso para dejarlo solo con su pensamiento, mientras alcanza un estado más profundo de relajación, dejando que todo su cuerpo se relaje por algunos momentos. Repita la afirmación: "estoy completamente relajado."

CHAKRA DEL CORAZÓN

La luz de las estrellas de los ángeles sigue su descenso hacia una rosa verde que se encuentra en su corazón y, a medida que florea, puede ver cómo se va convirtiendo en una rosa rosada. Su ángel guardián permite que otros dos ángeles curadores se adelanten, para que se coloquen a cada lado de su cuerpo, el cual sigue recostado y tranquilamente relajado en la hamaca. Estos ángeles ahora envían hacia su cuerpo energías curadoras de múltiples colores, que lo alimentan, lo rehidratan y reponen su interior. De igual forma, eliminan la tensión que hay en sus músculos y canalizan un bálsamo calmante para su cuerpo cansado.

CHAKRA DEL PLEXO SOLAR

La luz de las estrellas de los ángeles entra por la rosa amarilla que se encuentra en el área de su estómago y que es el núcleo de su ser. Mientras se preparan para irse, agradézcales a los dos ángeles por sus curaciones. Use su intuición para ver alrededor de y en su cuerpo angelical, para localizar cualquier nexo negativo con personas o situaciones que puedan estarle absorbiendo su energía a diario. Vea cómo la dorada luz de las estrellas de los ángeles disuelve todos estos nexos negativos para su mayor y mejor bienestar, y para que estos no se vuelvan a crear nunca más sin su consentimiento.

CHAKRA SACRO

La luz de las estrellas de los ángeles llega a una rosa anaranjada que se encuentra debajo de su ombligo y que activa sus habilidades creativas. Háblele a su ángel guardián sobre los cambios que estará realizando en su rutina diaria para reducir los síntomas del letargo y fatiga, y así aumentar sus niveles de energía. Su ángel guardián se asegurará de que rompa los patrones que se han convertido en rutina de su día y le mostrará muchos atajos, técnicas para delegar y habilidades organizativas.

CHAKRA DE LA RAÍZ

La luz de las estrellas de los ángeles alcanza la rosa roja en la base de su columna. Su ángel guardián lo lleva de regreso desde su hamaca en el hermoso y relajante paraíso, hasta su cuerpo, en donde continúa sintiendo serenidad a lo largo de todo el día y los siguientes. Cuando se sienta agotado y piense que necesita vacaciones, usted será llevado de nuevo a este paraíso en la compañía de su ángel guardián.

Historia de éxito

Elaine recibió curación de los ángeles por síndrome de fatiga crónica. Durante sus meditaciones, los ángeles me mostraron que ella se sentía cansada de darles tanto de sí misma a los demás y no sentirse apreciada. Como esto tenía sentido para Elaine, ella comenzó a explicarme que en su vida profesional había sido muy exitosa, trabajando como asistente personal del director de una firma de abogados. Sin embargo, con el paso del tiempo, ella se comenzó a sentir físicamente agotada y su cuerpo simplemente se apagó. Cuando la energía curadora comenzó a fluir por ella, comenzó a ser obvio que la energía de su fuerza vital estaba extremadamente baja, la energía de los Chakras se había bloqueado y ella estaba consumida por el miedo a enfrentarse a la rutina diaria, ya que no tenía más energía que ofrecer. Después de que el arcángel Rafael transformó su energía negativa, ella comenzó a sentir esperanza de nuevo y le pareció fácil luchar por aquello que le interesaba para su desarrollo personal, para poder recuperar su vida y poder vencer los síntomas del síndrome de fatiga crónica.

Sueño y viaje astral

Tiempo y espacio

Como lo he mencionado previamente, los ángeles existen en una dimensión diferente a la nuestra, por lo cual ellos no están limitados por
el tiempo y el espacio. La energía amorosa y curadora de los ángeles
puede ser dirigida a través del tiempo, retrocediendo toda una línea
ancestral para curar a todos los miembros de una familia, curando en
el presente o adelantándose hacia futuras generaciones. El amor de
ellos es constante, así como el de su ángel guardián, quien permanecerá con usted todo el tiempo y quien conoce sobre su destino. En la
medida en que logre aumentar la frecuencia de su energía y expandir
su consciencia, estará más consciente de la presencia de los ángeles con
usted en la Tierra. Únicamente existe un velo muy delgado separando
los dos reinos, por lo que los ángeles flotan entre el reino angelical y el
reino terrestre fácilmente. Ellos también pueden traerle cosas a su vida
física mucho más rápido de lo que su limitada mente consciente puede
imaginarse, ya que están en capacidad de manipular energía.

Viaje astral

Si ha tenido la experiencia de que su consciencia deje su cuerpo físico
por un período corto de tiempo, usted ha experimentado un viaje astral (también conocido como experiencia fuera del cuerpo) entre los
diferentes reinos que existen. Su ángel guardián se encargará que un
hilo plateado esté amarrado a su cuerpo físico y que pueda regresar
completamente dentro de su cuerpo después de sus viajes. Con sus
ojos cerrados, sus sentidos son mucho más afilados y su visión es más

creativa, por lo cual podría parecer que en realidad está viviendo un momento real. No hay limitaciones físicas cuando uno está en un viaje astral, por lo cual la velocidad, el tiempo y el espacio no existen. Uno puede retroceder en el tiempo o viajar al futuro. Uno puede hacer viajes astrales mientras medita o cuando está durmiendo, inclusive cuando está soñando despierto. Lo único que necesita es enfocarse en su intención de viajar más allá de su dimensión física. Durante la curación de los ángeles, el viaje astral puede ser usado para curar a distancia a los demás, para conseguir objetos perdidos, para conectarse con otras almas y para visitar el reino angelical. Existen muchos niveles en el reino angelical que puede explorar y de los cuales puede aprender muchas cosas.

Viaje real

Cuando uno está viajando con su cuerpo físico, los ángeles, cuando usted los llame, lo protegerán de cualquier accidente. Sólo pídales a los ángeles que le envíen la energía angelical de la luz de las estrellas durante todo su trayecto, ellos conseguirán formas de vencer todos los obstáculos y prevenir accidentes. El arcángel Rafael es el ángel de los viajes y él lo protegerá durante todos ellos, cuidándolo a usted, a su familia, a su equipaje y a los vehículos en los que viaja. Si se llegase a perder durante el camino, este ángel le susurrará en la mente las soluciones para que pueda tomar las medidas adecuadas y regresar al trayecto correcto. Milagros como el tanque de gasolina lleno o personas apareciendo en la vía cuando se daña el carro en caminos pocos transitados, son siempre servicios amorosos de los ángeles. Cuando uno escucha o ve cualquier accidente, pídales a los ángeles que cariñosamente les envíen energía curadora a todos aquellos afectados y que alivien a cualquier persona lesionada. Uno le puede pedir a su ángel guardián que le haga el camino lo más tranquilo posible, para mantener la calma y la seguridad.

Desplazamientos

Existe una inmensa acumulación de energía densa y negativa en muchos de los sistemas de transporte público, especialmente cuando se viaja debajo de la tierra. Esta negatividad está formada por el estrés diario de millones de personas y por las almas que pasan traumáticamente a través de accidentes. El ambiente no es limpiado por el flujo de aire fresco, por lo que los pasajeros están respirando energía estancada que entra a sus cuerpos. Desplazarse durante las horas pico en las grandes ciudades es muy agotador y absorbente, y puede crear un comienzo negativo a cada día. Una consciencia colectiva de estrés, de apuro, de pánico o de rabia por los retardos, es absorbida por su mente subconsciente afectando su ánimo antes de que haya comenzado su trabajo. A medida que uno se vuelve más sensible a las sutiles energías a su alrededor por medio de la curación de los ángeles, uno puede absorber la negatividad cuando se está desplazando. Si llama a los ángeles, ellos pueden ayudarlo de muchas maneras. Primero, ellos colocarán un escudo alrededor de su cuerpo angelical para protegerlo de que absorba energía negativa. De igual forma, dirigirán la luz de las estrellas de los ángeles para que limpie y rompa las acumulaciones de energía negativa. Si los ángeles son llamados a diario por muchas personas que se desplazan, habrá una acumulación de luz curadora dirigida hacia la oscuridad que causa que la energía muchos de los trabajadores de la ciudad se agote. Los ángeles transformarán el estrés de los pasajeros en paz y clama, y traerán orden a su trayecto. Un subproducto de esto sería que los problemas sufridos por millones de personas a diario, sean reducidos.

Sueño

Cuando uno está durmiendo, su alma puede visitar diferentes reinos y conectarse con otras almas. Uno tiene el poder de escoger a dónde quiere ir antes de dormirse. Uno de los lugares a dónde va su alma es al reino espiritual, para ahí discutir cuáles son los próximos pasos de su vida y entender cómo enfrentarse a ciertas situaciones; en este momento es que usted recibe las premoniciones del futuro. Estas premoniciones son frecuentemente referidas como sueños psíquicos y, cuando el incidente sucede en el reino físico, existe la sensación de un *déjà vu*. Si su misión en la vida se relaciona con enseñar a los demás, en especial sobre cosas espirituales, su alma va a una escuela espiritual a aprender guías de alto nivel, para que uno pueda pasarle su conocimiento a los estudiantes. A medida que uno practica la curación de los ángeles en los demás, como un practicante o profesor, conexiones y nexos son creados entre usted y sus clientes o estudiantes. Mientras está dormido, uno puede enviarles sus poderes curadores a los demás por medio del viaje astral para conectarse con ellos a nivel del alma. La razón por la cual muchas personas comentan que soñaron con sus facultativos o maestros, se debe a estas conexiones espirituales.

El insomnio es causado comúnmente por los miedos subyacentes que mantienen la mente activa. Al llamar a todos los ángeles a su lado antes de dormirse, será guiado por ellos hacia una meditación que lo mantendrá conectado con su energía angelical, transformando el estrés o tensión que se encuentra en su cuerpo físico y despejando su mente para que pueda obtener un sueño reparador. Ubicar un pedazo de cristal de cuarzo rosado debajo de su almohada, lo protegerá de energías bajas y mantendrá a los ángeles a su alrededor mientras duerme.

MEDITACIÓN PARA OBTENER CURACIÓN DE LOS ÁNGELES PARA LOS VIAJES

EL SECRETO DE LOS ANGELES:

"Su consciencia sigue a sus intenciones".

CHAKRA DE LA CORONA

La luz de las estrellas de los ángeles entra en su cuerpo angelical por medio de una hermosa rosa blanca que se encuentra encima de su cuerpo físico. Verá una estrella plateada brillando en el centro de su Chakra de la corona y conectándose con su alma. Mientras se prepara para ir a un viaje astral, su ángel guardián le coloca una capa protectora de energía dorada de la luz de las estrellas de los ángeles alrededor de su cuerpo angelical. Visualícese saliendo de su cuerpo físico con un hilo plateado conectado entre su cuerpo físico y su cuerpo angelical. Comienza a flotar hacia arriba, con su ángel guardián a su lado. A medida que asciende a las alturas, puede observar abajo las bellezas naturales de la Tierra. Antes de irse completamente del reino de la Tierra, siente toda la energía que se ha acumulado dentro del cuerpo de energía de la Tierra, el cual rodea al planeta de la misma forma que su aura rodea su cuerpo físico. Comuníquese con la Tierra desde la altura para comprender por qué llora y cómo puede contribuir para crear un mejor lugar en el cual vivir. Observe la apariencia de esta energía, su color, densidad, vitalidad y trate de discernir si le está causando alguna angustia a la Tierra.

CHAKRA DEL TERCER OJO

La luz de las estrellas de los ángeles viaja hacia la rosa morada que se encuentra entre sus dos ojos y hacia su mente. Comienza por eliminar los bloqueos que pueda tener en su intuición. Ahora entra en el primer nivel del hermoso reino angelical. Éste es el hogar de los ángeles guardianes y de muchos otros ángeles —aquellos quienes se encuentran más cercanos a los humanos. Estos ángeles provienen de diferentes categorías como los ángeles del conocimiento, de la intuición, de la comunicación, del amor, del poder, de la creatividad y de la seguridad. Todos estos ángeles comparten el propósito de curar a los humanos ayudándolos a resolver asuntos específicos y a transformar sus vidas. Tómese el tiempo para hablar con estos ángeles sobre sus retos o para aprender del conocimiento divino. Fíjese que ellos siempre se conectan con usted durante sus meditaciones curadoras angelicales, para aumentar los beneficios que recibe. Estos amorosos ángeles se convertirán en sus compañeros y lo ayudarán con cualquier cosa que necesite en cualquier momento de su vida, en la medida en que sus intenciones sean puras y sienta gratitud por su ayuda.

CHAKRA DE LA GARGANTA

La luz de las estrellas de los ángeles desciende hacia la rosa azul que se encuentra en la garganta y que se extiende hacia sus oídos. En el momento en que usted y su ángel guardián están listos para seguir el recorrido, la burbuja que los contiene asciende más y más alto, pasando muchas luces espaciales coloridas e inusuales. Ahora se encuentra entrando el segundo nivel del reino angelical. Éste es el hogar de los arcángeles, por lo cual saluda al todo poderoso arcángel Miguel. Él se comunica con usted para hablarle acerca de su valentía y le agradece por ser canalizador de la energía curadora de los ángeles. Él le presenta a los otros arcángeles y usted les dedica un rato comunicándose con ellos individualmente. Ahora entra al tercer nivel del reino angelical. Éste es el hogar del principado, los ángeles que supervisan y ayudan a grupos en su conjunto, como a las organizaciones, a las ciudades y a los países. Pídale a estos ángeles que envíen curación a nuestros gobiernos, sistemas financieros, y que canalicen energía positiva en aquellos países que se encuentran en guerra. Agradézcales a estos ángeles por su ayuda.

CHAKRA DEL CORAZÓN

La luz de las estrellas de los ángeles sigue su descenso hacia una rosa verde que se encuentra en su corazón y, a medida que florea, puede ver cómo se va convirtiendo en una rosa rosada. Ahora está entrando al hogar de los poderes, los cuales son conocidos como los guardianes de todos los registros relacionados con la humanidad. Los ángeles de la vida, la muerte y el renacimiento pertenecen a este grupo. Ellos protegen a todas las almas de las fuerzas negativas y son profesores y estudiantes. Ellos poseen la inteligencia de la astronomía y la geometría sagrada. Ahora usted entra en el quinto nivel del reino angelical. Éste es el hogar de las virtudes, los ángeles de los milagros y las grandes bendiciones. Estos también son conocidos como los "brillantes" o los "relucientes", ya que canalizan enormes cantidades de luz divina hacia nuestro mundo.

CHAKRA DEL PLEXO SOLAR

La luz de las estrellas de los ángeles entra por la rosa amarilla que se encuentra en el área de su estómago, el núcleo de su ser. Ahora usted entra en el sexto nivel del reino angelical. Éste es el hogar de los *dominios*, los ángeles responsables por la enseñanza y desarrollo de los demás ángeles. Ahora entra en el séptimo nivel del reino angelical. Éste es el hogar de los tronos, de los ángeles de los planetas. Estos ángeles sostienen el trono de Dios y deciden cómo serán comunicadas sus decisiones. Son los jueces del karma individual y del karma de diferentes sociedades.

CHAKRA SACRO

La luz de las estrellas de los ángeles llega a una rosa anaranjada que se encuentra debajo de su ombligo y que activa sus habilidades creativas. Ahora entra al octavo nivel del reino angelical. Éste es el hogar de los querubines, los guardianes de la luz que emana el sol, la luna y las estrellas. Ellos son algunos de los ángeles más poderosos y se encuentran muy cerca de Dios. Sus responsabilidades incluyen mantener los registros del Cielo. Usted entra en el noveno nivel del reino angelical. Éste es el hogar de los ángeles de mayor rango, los serafines. Ellos son los seres más evolucionados y los que se encuentran más cerca de Dios, ya que rodean su trono. Ellos controlan el movimiento de los planetas, las estrellas y el Cielo usando el sonido.

CHAKRA DE LA RAÍZ

La luz de las estrellas de los ángeles alcanza la rosa roja en la base de su columna. Su ángel guardián lo conduce de vuelta al reino de la Tierra, tras haber ha explorado los nueve niveles del reino angelical. Antes de regresar a su cuerpo, puede visitar cualquier parte del mundo que usted desee. Aproveche esta oportunidad para visitar el reino de los delfines para que le den serenidad y paz, conéctese con el reino de las hadas para recibir alegría y diversión, o conéctese con el reino de los unicornios por su antiguo conocimiento. Cuando esté listo, vea y sienta cómo regresa a su propio cuerpo físico, mientras su energía se enfoca en los latidos de su corazón y en sus alrededores físicos. Tome unas respiraciones profundas, ponga sus pies firmemente sobre el piso mientras el exceso de energía fluye hacia la tierra, creando las raíces que lo mantendrán conectado a ella.

Historia de éxito

Meera buscó la curación de los ángeles porque tenía dificultades para dormir. Durante sus meditaciones, los ángeles me dijeron que ella tenía una mente extremadamente activa y que era muy difícil para ella desconectarse, especialmente en las noches, mientras se recostaba y seguía despierta pensando sobre cualquier problema que estuviera enfrentando. Los ángeles le pidieron que llevara a cabo una simple técnica de visualización por medio de la cual, en su mente, ella vería un círculo dividido en secciones, cada uno representando un área de su vida, como su hogar, relaciones personales, finanzas y trabajo. Le pedí que ubicara sus pensamientos en las secciones apropiadas, como si los estuviera archivando afuera, en un lugar en el que, si ella quería, siempre podría recuperarlos. Los ángeles querían que ella sintiera que estaba liberándose de pensamientos angustiosos o retos que tenía entre sus manos. Mientras la energía curadora comenzó a fluir por su mente, ella comenzó a eliminar todos los pensamientos innecesarios que estaban abarrotando su mente. Esto hizo que Meera sintiera que tenía el control, logrando organizarse y quitándose un peso de encima. Luego, se le pidió que pensara en su cuarto y se imaginara tratando de dormir. Mientras ella fluía en una profunda meditación, yo le pedí que sintiera que en los alrededores de su cuarto había una energía estancada y densa que evitaba que pudiera dormir adecuadamente. Ella describió su cuarto como un lugar desordenado con ropa debajo de su cama y armarios muy llenos, por lo que necesitaba limpiarlo, especialmente de aquellas cosas que pertenecían a su última pareja. Después de sus meditaciones curadoras, Meera se sintió inspirada a organizar su mente, su cuarto y el espacio en el que vivía. El arcángel Gabriel fue invocado para purificar su vida y Meera recibió una meditación que debía seguir cada noche antes de dormir. Esto la ayudó a resolver el problema para dormir y le sirvió luego para habilidades curativas y para la meditación.

Depresión

Rindiéndose

La depresión consigue la forma de entrar al cuerpo físico causando que uno deje de luchar. Esto crea bajos niveles de ánimo, dejando a la persona que la sufre con muy poca energía para enfrentarse a la vida. Esta enfermedad destruye el autoestima y la confianza, principalmente porque aquellos que la sufren están consumidos por sentimientos de fracaso. Los ángeles lo ayudarán a recuperar la esperanza para superar la depresión y renovar los ánimos por la vida, abriéndole los ojos a perspectivas más altas. Los ángeles dicen que muchas veces las depresiones son ruegos por una "pausa" para hacer una introspección.

Supresión

La depresión proviene de algo que está suprimido dentro de uno en lugar de ser expresado. Como el cuerpo está directamente conectado con la mente, el corazón y el alma, la depresión puede manifestarse a cualquier nivel y de cualquier forma, e inclusive uno puede no saber por qué. La curación de los ángeles curará la causa de la depresión, al igual que sus síntomas, lo cual evitará que se repitan. Durante la meditación, uno se dirige hacia su interior, conectándose con sus emociones y pensamientos. Luego, por medio de la intuición y guía de su ángel guardián, podrá ver a mayor profundidad dentro de sí y así reconocer aquello que está creando esos pensamientos y emociones.

Propósito

Como todos los retos que tenemos que enfrentar, la depresión tiene un propósito mayor. Ella nos ofrece la oportunidad para interrumpir los hábitos actuales de nuestra vida. Nos ofrece la posibilidad de reconstruir nuestra vida cuando ha colapsado y de reconstruirla de tal forma que nos funcione, en lugar de seguir viviendo de la forma en que nos han dicho o enseñado a vivir fuentes externas a nosotros. La depresión provoca una transición. Todo en la vida tiene un ciclo que comienza y termina, y si eso no sucediera así, no existiría la posibilidad de cambiar para alcanzar la felicidad. Los ángeles saben que cuando uno está enfrentando periodos de transición voluntarios o involuntarios de su vida, uno se siente inseguro. El miedo entra sigilosamente a quitarle todo su poder y control. Esto crea estragos en su cuerpo y se convierte en demasiado trabajo como para resolverlo solo. Los ángeles quieren enseñarle cómo aceptar el cambio. Ellos lo tranquilizarán y le mostrarán todo lo bueno que viene con el cambio que está por suceder en su vida. Ellos no quieren verlo más viviendo una vida con la cual no está satisfecho, porque ellos quieren que use todo su potencial y creatividad. Los ángeles lo arroparán con sus alas y lo consolarán, para luego llevarlo hacia la nueva fase de su vida. Haga espacio para su nueva vida, eliminando todos los nexos negativos, viejos y pasados de moda.

Sin energía

Cuando la energía de su fuerza vital fluye a través de su cuerpo angelical, sin interferencias ni bloqueos, esto crea vitalidad y bienestar. Si la energía no puede fluir y se estanca en un Chakra o en un área de su cuerpo angelical, esta energía comienza a acumularse, afectando eventualmente a sus cuerpos mental y emocional. Esto hace que su cuerpo físico se sienta pesado y que, subsecuentemente, vaya más lento. También lo conduce a una frustración de la mente y una acumulación de emociones suficientes como para llevarlo a explotar en cualquier momento. Los ángeles le canalizarán la energía de la luz de las estrellas de los ángeles a través de todos sus Chakras y a través de todo su cuerpo, para eliminar todos los estancamientos. Ellos se concentrarán principalmente en su Chakra de la garganta, para permitirle expresar sus sentimientos claramente. Inclusive si para usted no tiene sentido en ese momento, será muy bueno liberar toda esa energía acumulada que está bloqueando el flujo de energía de su fuerza vital. Después de la curación de los ángeles, puede que se sienta lloroso, pero en realidad esto es una buena señal. Llorar es también una forma de liberar energía, especialmente emocional. Luego de que las emociones salgan de su sistema, se abrirá un nuevo espacio para ser llenado con alegría y gozo.

MEDITACIÓN PARA OBTENER CURACIÓN DE LOS ÁNGELES PARA LA DEPRESIÓN

EL SECRETO DE LOS ANGELES:

"La represión causa depresión;
la liberación genera alivio".

CHAKRA DE LA CORONA

La luz de las estrellas de los ángeles entra en su cuerpo angelical por medio de una hermosa rosa blanca que se encuentra encima de su cuerpo físico. Puede sentir que toma un poco más de tiempo en abrirse su Chakra de la corona y en comenzar a recibir la energía curadora. Su ángel guardián pacientemente espera a su lado hasta que esté listo para curar su depresión. Verá una estrella plateada brillando en el centro de su Chakra de la corona y conectándose con su alma.

CHAKRA DEL TERCER OJO

La luz de las estrellas de los ángeles viaja hacia la rosa morada que se encuentra entre sus dos ojos y hacia su mente. Comienza por eliminar el bloqueo que tiene su intuición. Su ángel guardián le abre el tercer ojo para que intuitivamente pueda ver dentro de su cuerpo. Note los efectos que su humor tiene en su cuerpo angelical. ¿Qué puede ver cuando ve hacia adentro? Frecuentemente, la depresión causa oscuridad y fragilidad, y hace que sus Chakras se cierren, por lo cual la energía de la fuerza vital no puede fluir libremente y darle vitalidad. Visualice cómo la energía de la luz de las estrellas de los ángeles entra en estas áreas, llevando su cuerpo energético de regreso a su estado normal.

CHAKRA DE LA GARGANTA

La luz de las estrellas de los ángeles desciende hacia la rosa azul que se encuentra en la garganta y que se extiende hacia sus oídos. Su ángel guardián ahora le pide que piense sobre aquello que está reprimiendo. Hable en voz alta o en su mente sobre qué forma de energía no está dejando salir y por qué. Cuando identifique esta energía, pídale a su ángel guardián que intervenga y lo ayude a liberar los pensamientos y emociones que le causan la depresión. Su ángel guardián le asegurará que han sido eliminados y se sentirá reconfortado con su compresión, compasión y amor.

CHAKRA DEL CORAZÓN

La luz de las estrellas de los ángeles sigue su descenso hacia una rosa verde que se encuentra en su corazón y, a medida que florea, puede ver cómo se va convirtiendo en una rosa rosada. Su ángel guardián ahora se conecta profundamente con su corazón, despertando su gozo por la vida. Vea el gozo como una luz multicolor que corre desde su corazón hacia todas las demás áreas de su cuerpo, limpiando todos los bloqueos y permitiendo que la energía de la fuerza vital continúe fluyendo sin problema a través de su cuerpo. Mientras esto sucede, vea y sienta ese hermoso químico que está siendo producido en su cerebro. Este químico es la serotonina; parece un conjunto de pequeñas gotas de agua que caen para dirigirse a cada una de las células, tejidos y órganos de su cuerpo.

CHAKRA DEL PLEXO SOLAR

La luz de las estrellas de los ángeles entra por la rosa amarilla que se encuentra en el área de su estómago, el núcleo de su ser. Su ángel guardián le pide que tome tres respiraciones profundas hacia adentro y hacia afuera, y que posteriormente se relaje para absorber las energías del gozo y la alegría provenientes de la serotonina. Tras haber hecho esto, sienta cómo los sentimientos negativos como la soledad, la devaluación, la tristeza y la envidia son transformados por la dorada luz de las estrellas de los ángeles en fortaleza y confianza. Su ángel guardián lo reconecta con su verdadero ser espiritual, que es paz, amor y gozo.

CHAKRA SACRO

La luz de las estrellas de los ángeles llega a una rosa anaranjada que se encuentra debajo de su ombligo y que activa sus habilidades creativas. Su ángel guardián le recuerda que usted está en control de su vida, incluyendo sus sentimientos, humores, acciones y pensamientos. Toda amargura y culpa es disuelta, mientras recuerda todas las cosas buenas que puede crear en su vida. Visualice qué le gustaría tener en su vida ahora para evitar que la depresión vuelva. Comience con un plan de acción en su mente y use sus habilidades creativas naturales, en conjunto con la curación de los ángeles, para curar todos los bloqueos que evitan convertir esto en realidad.

CHAKRA DE LA RAÍZ

La luz de las estrellas de los ángeles alcanza la rosa roja en la base de su columna. Su ángel guardián atrae su atención de nuevo hacia su cuerpo angelical. Mientras revisa todos sus cuerpos energéticos, le canaliza una porción extra de dorada luz astral de los ángeles hacia las áreas vulnerables. Su ángel guardián pone una capa protectora alrededor del borde de su cuerpo angelical, para evitar que factores externos puedan causarle cualquier forma de depresión de nuevo. Siéntase listo para hacer cambios en su mundo externo, ahora que se siente mejor consigo mismo. Podrá ver que su ángel guardián ha eliminado todo el dolor de su cuerpo, llevándolo hacia un lugar mejor.

Historia de éxito

Ángela sufría de depresión, antes, durante y después de su divorcio. Ella sufría de ataques de pánico y lloraba todo el día, lo cual afectaba su salud y no le permitía comer o dormir bien. Estaba desesperada por conseguir la fortaleza física, emocional y mental para no permitir que su distanciada pareja se aprovechara de ella durante el proceso de divorcio. Durante su meditación, Ángela fue llevada al reino angelical para ser curada y rejuvenecida. Conoció a su ángel guardián, a quién pudo ver, escuchar y sentir claramente. Esta conexión la capacitó en todos los niveles para sentir que ella tenía la fortaleza de superar su depresión y cambiar su vida para bien después de tantos años de sufrimiento. Ella vio a su ángel guardián trabajando en compañía de sus familiares en el mundo espiritual. Esto le dio a Ángela la fe para defender lo suyo, sabiendo que era apoyada por los ángeles. En unos días, ella comenzó el proceso de divorcio de su abusivo e infiel esposo. Sus emociones estaban más controladas y ella sabía que siempre podía recurrir a los ángeles para la curación y la guía a lo largo del camino, con la confianza de que ellos estaban a su lado. Ella comenzó a comer mejor y gradualmente comenzó a reducir y luego dejar de tomar medicamentos para la depresión.

Sensualidad

Unión tántrica

El Tantra es una técnica usada para explorar la sensualidad. Propicia la auto-transformación por medio del autoconocimiento, el cual luego crea una sensación de liberación. El propósito de combinar el tantra con la curación de los ángeles, es para unir el cuerpo, la mente, el corazón y el alma. Es el arte de apreciar todos los sentidos para poder conectarse más allá del reino físico. Éste intensifica el placer que uno siente hacia la vida en todos los niveles de su ser. Por medio de su sensualidad, usted descubrirá el gozo y honrará a su cuerpo físico por todo lo que le ofrece. En las relaciones, la fusión de dos cuerpos es en realidad la fusión de dos almas. Los ángeles quieren que aumente su sensibilidad para que pueda disfrutar de las alegrías de su vida, porque usted se lo merece. Déle todas sus inhibiciones a los ángeles para que pueda disfrutar plenamente expresando su divina feminidad o masculinidad sin sentirse cohibido. Esto lo llevará a aumentar su confianza, felicidad, autoestima, en la medida en que empiece a creer que tales alegrías son posibles y que usted se merece vivir las experiencias. Conectarse con otras personas a través de sus ojos, las ventanas del alma, profundiza el entendimiento entre ustedes, ya que les permite ver más allá de lo exterior. La pasión entre dos almas enciende la energía de la fuerza vital que corre a través del cuerpo angelical, aumentando la salud y vitalidad, y liberando todas las hormonas que permiten crear balance y felicidad. Lo mejor de todo es que por este proceso, usted secretará feromonas que los harán muy atractivos a su pareja desde muchas perspectivas.

Unión sagrada

Cuando dos almas se unen, estas se comunican en su propio lenguaje: el del amor divino. Palabras, pensamientos y acciones no tienen el poder de controlar el resultado de esta sagrada unión. Es el momento de la vida cuando usted sabe que lo que está sucediendo no es un mero encuentro fortuito con una persona en particular, sino, sin lugar a duda, el comienzo de algo que estaba destinado a suceder. No importa cuánto se esté conectado en el sentido físico, luego de la unión sagrada, sus almas jamás se olvidan. Una unión sagrada con un miembro de su familia o alma gemela le mostrará la forma más elevada de amor puro y usted se preocupará por esa persona de todas las formas. Sin embargo, una unión sagrada con la otra mitad de su alma, conocida como alma gemela, ¡lo impresionará tanto que lo volverá loco de la felicidad!

El propósito de este encuentro no es formar una relación romántica y un matrimonio que dure para siempre, sino alcanzar el propósito más alto, oculto detrás de esta unión, de servir a la humanidad al conectar a dos individuos y hacerlos descubrir su misión sagrada en esta vida. Los ángeles juegan un papel importante en reunir estas dos almas y ayudarlas en el trayecto de separación, cuando a cada uno le toque seguir solo su propio camino. El dolor de la separación puede ser tan fuerte como el duelo, a pesar de que cada persona encontrará consuelo en el trabajo de completar el propósito de su vida.

El amor inmenso entre estas almas puede ser destructivo y puede tener el poder de demoler completamente toda la estructura de su vida hasta ese momento. Esta es otra razón importante para las uniones sagradas: que uno pueda reconstruir su vida de acuerdo con el verdadero camino de su vida. Los ángeles lloran cuando ven la aflicción causada por la separación de uniones sagradas, sin embargo, ellos asegurarán que los dos individuos sean premiados de la mejor forma.

Obstrucciones

Los ángeles están en capacidad de ayudarlo a liberar todo tipo de obstrucciones en su mente subconsciente en relación con su sexualidad. Estas obstrucciones pueden haberse establecido a una temprana edad; por ejemplo, le pueden haber dicho que las relaciones íntimas son malas o que se aprovecharán de usted o lo juzgarán por expresar su sexualidad libremente. No importa de dónde se originen las obstrucciones negativas o miedos, los ángeles las eliminarán, dejando únicamente sentimientos positivos y guiándolos hacia una liberación saludable. Al eliminar las obstrucciones de la mente, sus nuevos pensamientos positivos serán reflejados en sus emociones y sus emociones estarán expresadas en sus acciones. La curación de los ángeles le da la oportunidad de un nuevo comienzo y una nueva vida, sin importar cuales sean sus experiencias previas. Usted encontrará un balance entre sus cualidades femeninas y masculinas; esto se notará y atraerá a una pareja igualmente equilibrada y satisfecha a entrar en su vida.

MEDITACIÓN PARA OBTENER CURACIÓN DE LOS ÁNGELES PARA LA SENSUALIDAD

EL SECRETO DE LOS ANGELES:

"Sensibilidad crea sensualidad; sensualidad se expresa a través de la sexualidad".

CHAKRA DE LA CORONA

La luz de las estrellas de los ángeles entra en su cuerpo angelical por medio de una hermosa rosa blanca que se encuentra encima de su cuerpo físico. Verá una estrella plateada brillando en el centro de su Chakra de la corona y conectándose con su alma. Su ángel guardián ahora lo lleva a expandir su consciencia más allá de los reinos físicos. Abre su mente a una nueva forma de experimentar los placeres de la vida y ve la energía de la luz de las estrellas de los ángeles corriendo por su sistema nervioso, limpiando y mejorando su sensibilidad de la mejor forma.

CHAKRA DEL TERCER OJO

La luz de las estrellas de los ángeles viaja hacia la rosa morada que se encuentra entre sus dos ojos y hacia su mente. Comienza por eliminar el bloqueo de su intuición. Su ángel guardián ahora le muestra cómo sus cinco sentidos: olfato, oído, gusto, vista y tacto son purificados con la energía de la luz de las estrellas de los ángeles. Desde ahora, véase a sí mismo como una persona sensual, capaz de sentir y expresar el placer en todos los niveles de su ser.

CHAKRA DE LA GARGANTA

La luz de las estrellas de los ángeles desciende hacia la rosa azul que se encuentra en la garganta y que se extiende hacia sus oídos. Ahora su ángel guardián le pide que se conecte con su sexualidad y hable sobre las obstrucciones que tiene para expresar efectivamente su sexualidad. Hable sobre sus creencias sobre la sexualidad y sobre qué puede estar restringiendo o impidiendo que se exprese. Hable sobre cómo su sexualidad ha sido retratada por su cultura y su sociedad y déle todo lo negativo a su ángel guardián, para que pueda ser transformada. Igualmente entréguele a su ángel guardián todos sus miedos a ser juzgado erróneamente por los demás.

CHAKRA DEL CORAZÓN

La luz de las estrellas de los ángeles sigue su descenso hacia una rosa verde que se encuentra en su corazón y, a medida que florea, puede ver cómo se va convirtiendo en una rosa rosada. Ahora su ángel guardián le pregunta si siente las energías de su lado femenino y su lado masculino balanceadas en su corazón. Desde su corazón, envía hacia el universo el mensaje de que está listo para experimentar la unión sagrada con su alma gemela. Vea una corriente de vapor de energía rosada brillando desde su Chakra del corazón, atrayendo todas las experiencias de gran placer de regreso a su vida.

CHAKRA DEL PLEXO SOLAR

La luz de las estrellas de los ángeles entra por la rosa amarilla que se encuentra en el área de su estómago, el núcleo de su ser. Ahora su ángel guardián le permite sentirse completamente bello y cómodo consigo mismo. El divino poder femenino y masculino viene desde arriba, curando todas las obstrucciones alrededor, usando su sensualidad, encanto y atracción de forma muy poderosa.

CHAKRA SACRO

La luz de las estrellas de los ángeles llega a una rosa anaranjada que se encuentra debajo de su ombligo y que activa sus habilidades creativas. Su ángel guardián envía más luz de las estrellas de los ángeles hacia su área reproductiva, transformando los recuerdos negativos, miedos y traumas guardados en esta zona. Usando imaginación creativa, visualícese a sí mismo viéndose, sintiéndose y siendo naturalmente sexy. Véase expresando su sensualidad y feminidad o masculinidad a través del baile, arte, drama o por medio de cualquier otra forma creativa.

CHAKRA DE LA RAÍZ

La luz de las estrellas de los ángeles alcanza la rosa roja en la base de su columna. Ahora su ángel guardián lo hace caer en cuenta de su cuerpo físico. Mientras intuitivamente revisa todos sus Chakras, le envía más luz de las estrellas de los ángeles hacia las áreas oscuras que necesitan ser curadas, de tal forma que pueda liberar todas las tensiones. Vea todos sus Chakras brillando con diferentes colores y enviando vibras sagradas femeninas o masculinas para atraer la unión sagrada con un alma gemela. Mientras comienza a ver una estrella que brilla acercarse hacia usted, comprende que está a punto de conectarse con su alma gemela en un nivel superior. Ahora vea cómo esa estrella se funde con su alma, con la estrella que se encuentra en su Chakra de la corona. Esta fusión ilumina todo su cuerpo angelical y despierta en su corazón su misión sagrada en la Tierra. Disfrute este estado de gozo hasta que se vuelvan a encontrar.

Historia de éxito

Sam buscó la curación de los ángeles para superar sus sentimientos de baja autoestima luego de varias relaciones fallidas. Él pensaba que nunca conseguiría el amor, en especial si no tenía ningún tipo de amor por sí mismo. Él se conectó con los ángeles al asistir a unos talleres sobre la curación de los ángeles. Sintió al arcángel Chamuel a su alrededor, rodeándolo con su pequeños querubines de amor. Para su meditación, yo le canalicé un consejo de su ángel guardián, el arcángel Chamuel y los ángeles del amor. Le dijeron que lo primero que tenía que hacer para conseguir el amor verdadero era reconectarse con su verdadero ser. Yo le transmití el mensaje de que asistiera a clases de Tantra; estuvo impresionado de que se lo mencionara, porque había recibido señales, mensajes e inclusive invitaciones para explorar el Tantra. Se fue a su casa sintiéndose muy bien e inspirado y, al día siguiente, se inscribió en un curso privado de retiro tántrico, en donde se conectó con alguien en un nivel muy especial, y con quién comenzó luego a salir. Los ángeles del amor lo ayudaron a reconectarse con su propia sensualidad, lo cual luego le permitió conseguir el amor con otra persona.

Ejercicios prácticos con el arcángel Rafael
(Canalizando luz verde esmeralda para curar el cuerpo)

Enfermedad

Para curarte, necesitas energía saludable y amor. Mi luz verde esmeralda está disponible para todo su planeta y contiene la esencia de la energía curadora entrelazada con el amor. Para curar a alguien que tiene un dolor, pídale que se acueste, mientras usted está parado o arrodillado a su lado. Coloque sus manos viendo hacia arriba y pídame que esté a su lado diciendo estas palabras: "arcángel Rafael, por favor ven a mi lado y llena mi cuerpo con tu luz verde esmeralda. Guíame para poder canalizarla hacia el cuerpo de (nombre de la persona) para que pueda ser curada de su enfermedad, desorden y malestar. Muchas gracias."

Primero imagínese sus Chakras floreando en la medida que son regados por la luz verde y luego coloque sus manos justo encima de la cabeza de la persona y vea cómo la energía fluye, abriéndole todos los Chakras y curando todo el dolor de su cuerpo. Cuando esto termine, barra con sus manos el aura de la otra persona y pídale que se conecte con la tierra, sentándose derecho y bebiendo agua, mientras usted hace lo mismo.

Problemas de peso

La cantidad de peso en exceso en su cuerpo físico es un reflejo del exceso de peso de su cuerpo emocional. Piense qué es aquello a lo que sus energías se están aferrando. ¿Le asusta dejarlas ir porque no podrá reconocerse sin ellas? Antes de que ningún programa de pérdida de peso pueda trabajar eficientemente en su cuerpo físico, debe evaluar y cambiar la energía de sus cuerpos mental, emocional y espiritual, para que cualquier resultado que se manifieste en el cuerpo físico pueda mantenerse. Evalúe sus pensamientos, sentimientos y acciones en relación a los recuerdos recurrentes que carga con usted: ansiedad, negligencia, culpa, exasperación y remordimiento. Todos ellos, en conjunto, producen rabia, que es una de las principales causas de las fluctuaciones de peso. Aquellos que tienen sobrepeso es porque cargan un exceso de energía innecesaria. Aquellos que están bajos de peso es porque no tienen nada de energía, porque la rabia se transformó en odio dentro de ellos mismos. Libere la rabia que lleva adentro y su peso se equilibrará naturalmente. Pida guía y motivación para ejercitarse frecuentemente y elimine todos los apegos y patrones que necesitan ser eliminados para que se pueda formar rutinas positivas. Toma 40 días romper los hábitos y patrones, así que pida perseverancia para estos días.

Atractivo

La singularidad de cada individuo hace que el mundo sea un lugar hermoso. Esta belleza consiste en desempeñar su parte, agregando un toque creativo a su personalidad y al modo en que se presenta a los demás. Ser conformista es ser conservador, ser creativo es ser constructivo. Cuando algo es fácil, es genuino y natural en su forma más pura. La cualidad más atractiva que uno puede poseer en todos los niveles físico, mental, emocional y espiritual es la pureza. Esta cualidad hace que los otros den lo mejor de sí mismos y que el mundo sea un lugar mejor para vivir, lo que termina por atraer más pureza de regreso a su vida. Si existe algo que cree que no lo hace atractivo es porque no pertenece a su estado natural. *Canalice la luz verde esmeralda hacia esta zona y cúrelo con la energía saludable y el amor. Haga una limpieza de su armario y diseñe una nueva forma de vestirse, escogiendo ciertos colores que representen su carácter y personalidad. Practique el siguiente ejercicio cada vez que se acerque a un grupo de personas: llene su aura con la dorada luz de las estrellas de los ángeles para que pueda emanar amor a través de sus ojos y su sonrisa. Fíjese cuántas atenciones y saludos recibirá.*

Letargo

Para aumentar su energía rápidamente, frote sus manos la una con la otra por un breve momento hasta que se calienten. Cierre los ojos y coloque las palmas sobre cada ojo, permitiendo que el calor y la energía entren en sus ojos. Puede sentir un cosquilleo y una sensación calurosa entrando por sus ojos y hacia su cuerpo. Al mismo tiempo, tome una respiración profunda, lentamente hacia dentro y hacia fuera, y pídales a los ángeles que le aumenten los niveles de energía a lo largo del día. Pase más tiempo en la naturaleza, especialmente si usted pasa mucho tiempo trabajando en un ambiente estresante de ciudad. Conéctese con los árboles, las plantas y, si es posible, pase un rato en el sol y siéntase más energizado y vivo.

Sueño y viaje astral

Si está teniendo problemas para dormir, ponga una música de meditación, acuéstese sobre su espalda y llamé a los ángeles del sueño para que lo pongan a dormir profundamente al limpiar por completo su mente y enviarle calurosas y relajantes ondas de energía a través de su cuerpo. Coloque un pedazo de cristal de cuarzo rosa o una piedra preciosa debajo de su almohada para ayudarlo a conectarse con el reino angelical mientras duerme. Pídame a mí, su arcángel viajero, para que lo vigile durante el trayecto desde el principio hasta el final, eliminando los obstáculos, retrasos y problemas que pueden suceder, haciendo de su camino algo seguro, bendecido y libre de estrés. Si se llega a perder, pida direcciones y guía, y cuando otras personas aparezcan mágicamente, sabrá que han sido enviados por el reino angelical para asistirlo.

Depresión

La depresión es sentirse que uno se está hundiendo. Llámame para canalizarte la luz verde esmeralda hacia tu cuerpo y levantarte el ánimo de nuevo. La curación será direccionada hacia tu pasado, comenzando desde tu presente, año por año hacia tu pubertad, infancia y, si es necesario, hacia vidas previas. Después de que conscientemente hayas logrado liberar todas las memorias dolorosas y negativas, vuelve a tu presente, con las memorias de tu pasado curadas, y comienza un nuevo capítulo de tu vida a partir de hoy. Cierra tus ojos e imagina la felicidad corriendo por todo tu cuerpo y extendiéndose hacia el futuro, preparando el camino de la brillante vida que tienes por delante. Entrégales a los ángeles las situaciones que están causando depresión en tu vida, escribe una nota explicativa de tu situación y coloca esta nota en una cajita o tela verde, acompañada de una fotografía de la persona que te puede estar causando la depresión en tu vida, para que la curación tome lugar. En este momento ya no depende de ti, sino de los ángeles.

Sensualidad

Practique el uso de sus cualidades femeninas y masculinas en su día a día y aprenderá a experimentar un placer exacerbado en cada momento. Tome clases de baile o algo similar que le permitan expresar su sensualidad y representen su identidad de una forma bella y única. Fortalezca las conexiones con su pareja pasando momentos de intimidad mirándose a los ojos. Repita diariamente esta oración para que pueda experimentar la sagrada unión con su alma gemela: "querido arcángel Rafael, ángel de las reuniones, te pido que me guíes hacia una unión muy especial y sagrada con mi alma gemela, para mi mayor crecimiento y evolución espiritual. ¡Gracias!"

PARTE VI:

CURACIÓN DE LOS ÁNGELES PARA LA MENTE

Esta sección cubrirá los principales retos mentales que las personas tienen que enfrentar a lo largo de su vida, especialmente con respecto a su trabajo y creatividad. Habrá una breve descripción del problema que tienen que enfrentar las personas y una explicación de sus causas. Los consejos que digo han sido directamente canalizados de los ángeles, ya que ellos tienen una perspectiva totalmente diferente sobre las situaciones que enfrentamos en nuestra vida. Luego de que cada dificultad haya sido discutida, habrá una meditación de los ángeles curadores; realizar estas meditaciones comenzará a eliminar los bloqueos de los niveles energéticos. Los ejercicios prácticos proporcionan ideas de acciones a realizar y afirmaciones para que su mente aumente su curación al cambiar los patrones de su pensamiento hacia algo positivo.

La mente está compuesta por la mente subconsciente y la mente consciente. Piense que la subconsciente es como un software de computadora que corre todos sus programas mentales – sus recuerdos, creencias, miedos, patrones de pensamiento y todo lo que uno percibe por medio de los sentidos físicos. La mente subconsciente puede considerarse también como su mente creativa. En ésta se depositan sus habilidades y talentos naturales e inherentes, incluso aquellos que usted no sabe que posee.

A nivel físico, es responsable de funciones automáticas como el control de la respiración, los reflejos y el funcionamiento de los órganos. A nivel espiritual, funciona como su intuición y como un modo para acceder a lo desconocido, tal como el reino angelical o el espiritual. A nivel emocional, es responsable de disparar sus emociones para alertarlo acerca de algo y liberar los químicos necesarios en su cuerpo.

La mente subconsciente no puede discernir entre qué es positivo y qué es negativo. Simplemente almacena información hasta que de alguna forma pueda servir para algún propósito en su vida. Ya que estos programas son subliminales u ocultos, ellos pueden controlar su comportamiento y sus acciones más allá de sus intenciones conscientes. Por medio de la técnica y meditaciones de la curación de los ángeles, podrá acceder a su mente subconsciente para poder reconocer cualquier programa negativo y hacer los cambios necesarios; esto tendrá un impacto positivo en sus acciones y, por consecuencia, en toda su vida.

Puede imaginarse su mente consciente como el *hardware* de una computadora. Su atención, lógica y razonamiento provienen de esta parte de la mente. La mente consciente no está despierta todo el tiempo, como lo está la mente subconsciente. La mente consciente necesita tiempo para procesar toda la información nueva que va absorbiendo durante el día. Dormir es muy importante porque le permite recuperarse para funcionar adecuadamente. Luego que la mente consciente ha procesado la información, la mayor parte de ésta es transferida y almacenada en la mente subconsciente.

A nivel físico, la mente consciente es responsable de dar instrucciones a su cuerpo para que pueda desempeñar los actos físicos, como por ejemplo, manejar. A nivel espiritual, juega un papel en el procesamiento de instrucciones para ayudarlo a abrirse a la espiritualidad, a través de la relajación y por medio del aprendizaje de técnicas de meditación. A nivel emocional, produce las sensaciones que percibimos e identificamos como emociones.

Cuando alteramos nuestra consciencia por medio de la curación de los ángeles, ambos hemisferios del cerebro (izquierdo y derecho) se sincronizan. Esto permite que la mente se relaje y se armonice, lo cual derivará en una mejora de su conexión con los ángeles y de su consciencia sobre ellos. De igual forma le ayudará a concentrarse, a enfocarse, a usar su imaginación y a sentir la luz de las estrellas de los ángeles.

El trabajo es un intercambio de dar y recibir. Para muchas personas, trabajar se ha convertido en algo monótono y se resienten porque dan demasiado de sí mismos, de su tiempo y de sus vidas para sobrevivir. Los ángeles quieren ayudarlo a conseguir de nuevo el equilibrio en la Tierra, igualando la abundancia financiera a lo largo del mundo haciendo que la gente use sus habilidades creativas para crear trabajos que los hagan felices.

La curación de los ángeles permite y ayuda a cada persona a encontrar sus habilidades latentes y ocultas para usarlas para el trabajo. El factor más grande y más importante a recordar es que, cuando se trabaja con pasión, uno naturalmente irradia un amor y una felicidad que atraen, sin esfuerzo, a clientes y empleados a su trabajo. Ofrezca un servicio que los otros necesitan, a través del amor. En este momento de la vida, lo que la gente más necesita es esperanza, dirección, amor y seguridad. Si uno puede usar su imaginación creativa, uno puede lograr crear una diferencia de mayor escala para el mundo, además de que uno logra el éxito inmediato cuando hace las cosas con amor. Ofrezca un lugar lleno de trabajo, lleno de alegría y propósito, para que las personas pongan toda su pasión en su trabajo y consigan más negocios y abundancia. Imagínese una compañía con empleados energéticos y entusiastas, que no compiten entre ellos, sino que se motivan los unos a los otros para lograr el éxito. Uno no necesita gastar o cobrar millones para ser exitoso, uno lo que necesita es alcanzar a tocar la vida y los corazones de millones de personas. Si actualmente trabaja en una compañía en la que no se siente apreciado, revise la misión de esta compañía. ¿Cuáles son sus metas? ¿En dónde usan ellos su creatividad? A través de la curación de los ángeles, cambiará la forma en que piensa, aprovechando su mente creativa para eliminar miedos innecesarios y bloqueos que lo detienen. Conviértase en un empleado del universo, convierta a los ángeles en sus colegas y al mundo en sus clientes. Si todos usaran su creatividad y tuvieran las intenciones de traer amor a sus vidas, el mundo se equilibraría y el sentimiento de que hay que trabajar para sobrevivir se acabaría. Tome de vuelta sus poderes y ame a lo que se dedica en la vida.

Pensamiento positivo

Programación

La programación mental sucede dentro del *software* de su mente, la mente subconsciente, la cual no puede comprobar si cada programación es positiva o negativa. Estas programaciones son las que activan las emociones, por lo cual, si son negativas, lo harán sentir negativamente sobre sí mismo o sobre su situación. La programación mental también determina sus acciones y comportamiento. Estos programas están profundamente escondidos, por lo que no se puede acceder a ellos por medio de la lógica. Cuando usted se comporta de una forma específica que sabe que no lo está ayudando y que le está causando infelicidad, es porque está bajo la influencia de una programación negativa. Cuando altere su consciencia por medio de la relajación profunda de la meditación, los ángeles lo ayudarán a acceder y a cambiar estos programas negativos. Estos programas deber ser cambiados a nivel energético, en lugar de simplemente cubrir lo negativo. Un ejemplo de un programa negativo puede ser: "La felicidad es muy difícil de obtener." Los ángeles cambiarán este patrón de pensamiento por uno más positivo, como por ejemplo: "La felicidad es un derecho de todos." Así comenzará a creer que merece ser feliz al igual que todos los demás. Cuando crea esto, sus pensamientos con relación a la felicidad serán mucho más positivos y sus acciones y emociones reflejarán esta creencia.

Creencias

Las programaciones generan creencias y las creencias generan pensamientos. Su sistema de creencias está formado por todo lo que ha aprendido de las experiencias de su vida, de sus vidas anteriores, de la consciencia de grupo y de todo lo que su mente consciente percibe como real. Sus creencias son afirmaciones que comienzan con: "yo soy", "yo tengo", "yo creo", etc.... Dependiendo en cuán limitante, negativo o miedoso sea su sistema de creencias, usted actuará de acuerdo con el sistema correspondiente, por lo que tendrá emociones y situaciones que reflejarán estas creencias. Un ejemplo de creencias limitadas sería: "nunca seré feliz". Los ángeles quieren que usted sepa que es su derecho divino ser feliz en el presente y no cuando haya logrado todas sus metas en algún momento futuro. Durante la curación de los ángeles, los ángeles transformarán todos sus pensamientos negativos en: "soy feliz como siempre." Transformar su sistema de creencias tendrá un enorme impacto en su paz interna, su alegría y su éxito.

Pensamientos

Los pensamientos negativos sobre sí mismo, su vida o los demás, tienen frecuencias energéticas muy bajas que, o bien son retenidas dentro de su cuerpo angelical, o bien son dirigidas hacia su vida, las personas y las situaciones. Cuando quedan retenidas dentro de su persona, tienden a acumularse y convertirse en su forma natural de pensar. Desafortunadamente, el pensamiento negativo es una forma de sabotear cualquier potencial para lograr el éxito en cualquier área de su vida, e impacta de igual forma en su bienestar físico, emocional y espiritual. Los ángeles le darán su ayuda para que se percate de sus patrones de pensamiento negativo y lo guiarán para que conscientemente tome control de su mente. El pensamiento positivo puede parecer algo fuera de lo ordinario o inclusive falso cuando uno apenas comienza a cambiar la forma de pensar. Esto es porque hay un conflicto entre las creencias de su mente subconsciente y lo que su mente consciente está tratando de creer. Un pensamiento positivo como "hoy todo el mundo va a estar alegre" influirá en la frecuencia energética de su cuerpo angelical, que a su vez enviará señales y vibraciones hacia el mundo externo, creando, de esta manera, un ambiente alegre.

MEDITACIÓN CURATIVA DE LOS ÁNGELES PARA TENER UN PENSAMIENTO POSITIVO

EL SECRETO DE LOS ANGELES:

"Enmiende la manera en la que piensa para que aquello sobre lo que piensa sea enmendado".

CHAKRA DE LA CORONA

La luz de las estrellas de los ángeles entra en su cuerpo angelical por medio de una hermosa rosa blanca que se encuentra encima de su cuerpo físico. Vea el brillo plateado de una estrella en el centro de su Chakra de la corona y conéctese con su alma. Su ángel guardián ahora lo guía para tomar consciencia de sus pensamientos. Tome un momento para observar sus patrones de pensamiento y escuche sus diálogos interiores. No intente controlar lo que sucede, simplemente déjelo ser. Cada pensamiento deja su mente y se esparce en el aire como burbujas.

CHAKRA DEL TERCER OJO

La luz de las estrellas de los ángeles viaja hacia la rosa morada que se encuentra entre sus dos ojos y hacia su mente. Comienza por eliminar el bloqueo que tiene su intuición. Su ángel guardián ahora le muestra una nube conformada por todos los pensamientos que están siendo procesados por su mente. Entre más piense, más grande será la nube. Percátese de cuán brillante o cuán opaca es la nube, dependiendo de cuán negativos o positivos sean sus pensamientos. Gradualmente ve que esta nube se divide en dos partes:

una parte oscura con todos los pensamientos negativos y una brillante con todos los positivos. Vea la diferencia en tamaño y en densidad de las dos nubes que ahora se levantan sobre usted.

CHAKRA DE LA GARGANTA

La luz de las estrellas de los ángeles desciende hacia la rosa azul que se encuentra en la garganta y que se extiende hacia sus oídos. Ahora, su ángel guardián le pide que diga qué piensa sobre eso que ve, ya sea en voz alta o en su mente. ¿Cómo lo hace sentir la nube oscura? ¿Le sorprende la cantidad de pensamientos negativos que tiene acumulados? ¿Realmente son necesarios estos pensamientos? ¿En qué área de su vida tiene más pensamientos negativos? ¿Qué o quiénes lo influyen negativamente?

CHAKRA DEL CORAZÓN

La luz de las estrellas de los ángeles sigue su descenso hacia una rosa verde que se encuentra en su corazón y, a medida que florea, puede ver cómo se va convirtiendo en una rosa rosada. Ahora, su ángel guardián le pide que sienta la responsabilidad de haber creado esa nube oscura y tome control sobre ella. Ahora que ha adquirido una forma definida de existencia, ésta debe ser dirigida hacia algún lado o transformada en luz. Ahora siente un amor incondicional que viene de su corazón y se dirige hacia la nube oscura hasta que ésta se disipa por completo.

CHAKRA DEL PLEXO SOLAR

La luz de las estrellas de los ángeles entra por la rosa amarilla que se encuentra en el área de su estómago, el núcleo de su ser. Su ángel guardián le muestra una lista de planes en relación con el área de su vida que le presenta más retos. En cuanto se percate de la presencia de un plan negativo, cerciórese de que el plan sea reescrito y restablecido en su mente con palabras adecuadas. Cambie los patrones que se encuentran a la base del principio "El pensamiento negativo es parte de mi vida" por patrones que sustenten el principio "El pensamiento positivo propicia mi bienestar".

CHAKRA SACRO

La luz de las estrellas de los ángeles llega a una rosa anaranjada que se encuentra debajo de su ombligo y que activa sus habilidades creativas. Su ángel guardián ahora conduce su conciencia de vuelta a la nube de pensamientos positivos. Usando su energía creativa, dirija esta nube hacia el universo y vea que actúa como un imán, adhiriéndose a situaciones, personas, lugares o objetos de naturaleza positiva y trayéndolos al lugar en el que se encuentra.

CHAKRA DE LA RAÍZ

La luz de las estrellas de los ángeles alcanza la rosa roja en la base de su columna. Visualice que se encuentra en su estado más positivo y crea que ha logrado manifestar en su realidad exactamente lo que, desde una óptica positiva, considera que usted merece. Vea que está viviendo, respirando, sintiendo y sumergiéndose en sus deseos. Su mente subconsciente cree que su visualización es de hecho su realidad; así que entre más pensamientos positivos tenga en torno a esta situación, más emociones positivas tendrá y más alto estará elevando sus frecuencias energéticas para atraer situaciones positivas hacia su vida. Repita la afirmación: "Yo elijo sólo tener pensamientos positivos".

Historia de éxito

Helena fue curada por los ángeles para cambiar su estado mental y sus patrones de pensamiento. Ella había crecido en una familia en la cual, desafortunadamente, tenían la tendencia de siempre pensar en lo peor. Ella se dio cuenta de que era demasiado difícil relajar y enfocar su mente durante la meditación. Los ángeles le explicaron que estaba sobre-analizando todo y, por lo tanto, indispuesta a obtener claridad y concentración. Helena se sentía extremadamente frustrada porque cada vez que intentaba meditar, su mente se paseaba en diferentes direcciones y luego se quedaba dormida. Sin embargo, como era muy sensible a la energía sobre ella, no tenía problema para reconocer cuando su ángel guardián estaba allí tratando de ayudarla. Le dieron un ejercicio para limpiar su mente que debía realizar cada noche. Ella tenía que sostener en su mano o poner debajo de su almohada un cristal claro de cuarzo mientras cerraba sus ojos y visualizaba sus pensamientos pasando muy rápido, como si fueran autos atravesando su mente. Tenía que ver sus pensamientos pasando con celeridad por su mente para después logar calmarlos por medio de su interacción y enfoque. A medida que bajaban de velocidad, sus pensamientos cada vez eran menos y menos hasta que únicamente veía el pensamiento que quería conservar. Éste podía ser cualquier pensamiento o afirmación positiva que encontrara en su mente y pudiera repetir una y otra vez. Esta técnica se la entregó su ángel guardián para ayudarla a aumentar su relajamiento y habilidades para la meditación. Helena lo consideró de gran ayuda y lo practicaba todas las noches. Esto cambió su forma de pensar y, como resultado, ella atrae más situaciones positivas, obteniendo unos resultados que nunca antes había logrado.

Superando los miedos

¿Qué es el miedo?

El miedo hace que su cuerpo, mente, corazón y alma no puedan expresar completamente su amor. La represión del amor genera rabia y frustración porque uno no está consiguiendo ser feliz. Los ángeles pueden ver sus miedos a través de sus ojos, que en verdad son la ventana de su alma. Ellos le insistirán que enfrente y se libere de sus miedos para que pueda sentirse libre. El sentimiento que necesita para lograr este objetivo es la confianza. Sin importar si su miedo está profundamente incrustado en su subconsciente o si usted está en plena consciencia de su existencia, éste seguirá apareciendo como una obstrucción en su vida hasta que sea curado. La curación de los ángeles le permitirá tomar control de todos sus miedos asegurándole que contará con el apoyo y estímulo de su ángel guardián. Al mismo tiempo estará protegido cuando les pida que intervengan para eliminarlos. Cuando esté en el proceso de curar sus miedos, los ángeles lo guiarán por el mejor camino para comprender dónde, cuándo, por qué y cómo fueron creados sus miedos. Únicamente cuando comprenda completamente el origen de sus miedos podrá liberarse de ellos.

Las influencias

Los ángeles saben que nuestras vidas están fuertemente influenciadas e inclusive controladas por el miedo. La energía del miedo crea una ausencia de control dentro de uno mismo, que después se infiltra en el resto de su vida. En el mundo hay tanta competencia por el control, que para obtenerlo se busca debilitar a los demás sembrando el miedo a través de las consecuencias que podrían desencadenarse si uno no siguiera un determinado camino. Al recuperar sus poderes, al afirmar que uno está preparado para tomar el control de su vida, uno emite energía y vibraciones hacia el mundo externo. Los ángeles quieren que uno siga la profunda sabiduría que habita en uno mismo y que no se deje influenciar por la negatividad del mundo externo. De esta forma, uno está influenciando positivamente el mundo externo y está en capacidad de crear la vida que uno desea sin las limitaciones que le impone el miedo.

Miedos ocultos

Algunos de los miedos están profundamente escondidos en la mente subconsciente y se presentan únicamente cuando se disparan ciertas emociones. Este tipo de miedo es creado por eventos traumáticos o eventos que han ocurrido en un momento específico y han dejado una marca en su cuerpo emocional. Un ejemplo de un miedo oculto puede ser el miedo de ser juzgado por los demás. Esto puede haber dejado una cicatriz emocional que ha tenido un impacto negativo en su confianza y en la forma en que percibe a los demás. A pesar de que se puede haber olvidado de los detalles del incidente, los recuerdos de éste siguen presentes dentro de usted. A nivel consciente uno puede creer que no le importa lo que piense la gente de usted. Sin embargo, el miedo a ser juzgado que se encuentra enraizado en lo más profundo de usted evitará que avance y, mientras no identifique su causa, no podrá tomar las acciones necesarias para mejorar su vida, evitando su desarrollo personal.

Curando los miedos

Por medio de la curación de los ángeles, uno puede fácilmente encontrar, enfrentar y liberar todos los miedos que lo alejan de su felicidad. Si está consciente de su miedo y se siente listo para dejarlo ir, los ángeles lo llevarán en un viaje a su interior para identificar el aspecto del amor que le está faltando. El miedo es una ilusión creada por la ausencia de amor. Los ángeles lo llevarán a llenar ese vacío dentro de usted, ayudándolo a sentirse íntegro y fortalecido para enfrentar y eliminar sus miedos. Por ejemplo, si tiene miedo a volar, puede que tenga una gran ausencia de control energético. Fíjese en todas las áreas de su vida que le falta controlar. Para poder enfrentar su miedo a volar, por ejemplo, los ángeles podrían ayudarlo a reconectarse con su poder interior y convertir toda la energía negativa causada por el miedo en control, confianza, paz y cualquier otra cosa que le pueda faltar.

MEDITACIÓN CURATIVA DE LOS ÁNGELES PARA SUPERAR LOS MIEDOS

EL SECRETO DE LOS ANGELES:

"La oscura luz del miedo desaparece cuando la luz del amor aparece".

CHAKRA DE LA CORONA

La luz de las estrellas de los ángeles entra en su cuerpo angelical por medio de una hermosa rosa blanca que se encuentra encima de su cuerpo físico. Vea el brillo plateado de una estrella en el centro de su Chakra de la corona y se conecta con su alma. Su ángel guardián cubre su cuerpo con sus alas consolándolo y apoyándolo mientras usted se prepara para sanar su miedo.

CHAKRA DEL TERCER OJO

La luz de las estrellas de los ángeles viaja hacia la rosa morada que se encuentra entre sus dos ojos y hacia su mente. Comienza por eliminar el bloqueo que tiene su intuición. Su ángel guardián le pide que piense en sus miedos y en cómo lo detienen en la vida. Repítase a sí mismo: "¿si enfrento a mi miedo, qué sucedería? ¿Qué es lo peor que podría suceder?", hasta que logre visualizar el peor de los escenarios.

Se dará cuenta de que ninguno de esos escenarios sucederá en realidad, sino que su mente lo ha condicionado a pensar que sí sucederán. Vea la dorada luz de las estrellas de los ángeles fluyendo a través de todas las creencias negativas hasta que logre destruir el programa negativo que los está creando.

CHAKRA DE LA GARGANTA

La luz de las estrellas de los ángeles desciende hacia la rosa azul que se encuentra en la garganta y que se extiende hacia sus oídos. Ahora, su ángel guardián le pide que haga memoria de su pasado hasta que consiga la situación que le causa el miedo. Puede ser una situación que vivió en su propia vida, que presenció en la vida de otra persona o cualquier otro factor externo. Si intuitivamente siente que este miedo puede ser originado por algo de alguna vida pasada, véase a sí mismo regresando en el tiempo, más allá del momento en que fue concebido. Luego de que ubique este momento, vea cómo todos los aspectos negativos de esta situación son transformados y curados.

CHAKRA DEL CORAZÓN

La luz de las estrellas de los ángeles sigue su descenso hacia una rosa verde que se encuentra en su corazón y, a medida que florea, puede ver cómo se va convirtiendo en una rosa rosada. Ahora, su ángel guardián le pide que se sienta los efectos de este miedo en su cuerpo y en su corazón. A medida que siente los efectos de este miedo desarrollándose en su corazón y en su mente, la luz de las estrellas de los ángeles comienza a fluir dentro de usted, calmando sus nervios y liberando su tensión.

CHAKRA DEL PLEXO SOLAR

La luz de las estrellas de los ángeles entra por la rosa amarilla que se encuentra en el área de su estómago, el núcleo de su ser. Su ángel guardián le muestra su poder interior, el cual es una esfera dorada brillando en el centro de su Chakra del plexo solar. Vea y sienta esta sólida bola de poder expandiéndose dentro de usted, dándole la confianza y fortaleza que necesita para enfrentar y liberar sus miedos. Ahora llegue hasta la raíz de su miedo y escúchese a sí mismo como una persona capaz de tomar el control de la situación física, mental y emocional, y capaz de resistir firmemente los embates del miedo.

CHAKRA SACRO

La luz de las estrellas de los ángeles llega a una rosa anaranjada que se encuentra debajo de su ombligo y que activa sus habilidades creativas. Su ángel guardián ahora lo lleva a utilizar su energía creativa para que vea que todo saldrá perfectamente y para visualizarse a sí mismo viviendo una vida sin ese miedo que lo detiene. Pregúntele a su ángel guardián por guía y ayuda para enfrentarse a cualquier obstáculo o dudas que puedan aparecer en su camino, o cuando sienta que el miedo regresa.

CHAKRA DE LA RAÍZ

La luz de las estrellas de los ángeles alcanza la rosa roja en la base de su columna. Repita en su mente la afirmación: "Ahora avanzo sin que ningún miedo me detenga." Véase en el futuro próximo viviendo su vida sin las restricciones que su viejo miedo le generaba en la vida.

Historia de éxito

Jackie buscó la ayuda de la curación de los ángeles par superar su miedo a volar. Durante su meditación, los ángeles le hicieron preguntas para profundizar en el origen de este miedo. Jackie no había tenido siempre este miedo, ya que había podido viajar en avión durante toda su adolescencia, haciendo viajes al extranjero durante sus vacaciones. Su miedo había comenzado luego de una experiencia traumática en su vida que hizo que se sintiera impotente e insegura. Desde entonces, comenzó a ser obsesiva y controladora. Los ángeles le explicaron que cada vez que se enfrentaba a una situación en la cual ella no podía tener todo el control, recuerdos negativos invadían su mente, afectando sus emociones y su bienestar corporal. Ella estuvo de acuerdo con eso y recordó que había sufrido leves de ataques de pánico en los que era capaz de arremeter contra otras personas para protegerse a sí misma. La energía curadora comenzó a fluir por su cuerpo, mente, corazón y alma, transformando todas las asociaciones negativas relacionadas con el poder y el control. Esto le permitió retroceder unos pasos y confiar en que estaba protegida. A pesar de que Jackie necesitó unas sesiones antes de poder volver a volar, su comportamiento obsesivo, controlador y agresivo cambió casi de inmediato.

Desarrollando una profesión exitosa

Infelicidad

Puede tener pensamientos negativos sobre su profesión. Esto se puede deber a que no se encuentra usando la totalidad de sus habilidades y talentos. Cuando uno no se está expresando en lo que uno es mejor, uno se siente mentalmente suprimido y físicamente atrapado, por lo cual le es difícil disfrutar su trabajo y mucho menos podrá ser exitoso. Cuando uno trabaja en lo que más le gusta, naturalmente le gustará su trabajo. La pasión viene del amor y el éxito viene de la pasión. Los ángeles pueden ayudarlo a crear armonía en su profesión actual, inclusive cuando se sienta infeliz. Esto le dará la energía que necesita para mantenerlo funcionando hasta que esté listo para avanzar hacia una carrera que se adapte más a usted. Es más probable sea feliz y exitoso en un campo que entiende y en el que cree, en lugar de estar en uno en el que no se siente valorado. Sus pensamientos y emociones interiores brillan en su vida. Los otros, incluyendo a sus colegas y jefes, perciben la energía negativa, por lo que reaccionarán de acuerdo a ésta. Cuando uno es apasionado con su trabajo, esto se reflejará en sus solicitudes, entrevistas y evaluaciones. El secreto real de la felicidad y la realización personal es ser apasionado, o, por lo menos, estar en paz en cada momento. No existe ninguna regla que diga que uno no puede explorar su profesión de preferencia mientras se encuentra en otra profesión. Uno tendrá que equilibrar su tiempo y energía eficientemente, en especial si uno tiene otros compromisos, siempre y cuando valga la pena la inversión. Mientras uno está construyendo su conocimiento, experiencia y reputación, uno está poniendo las bases para poder hacer la transición. Uno no le es útil a su jefe si está infeliz y, de igual forma, tampoco está logrando ser exitoso.

Transición

Será llevado a tomar un salto de fe en el momento adecuado. No tiene mucho sentido dejar una compañía para irse a otra si se sigue manteniendo en el campo de trabajo en el cual no quiere seguir. Existe una noción errónea de que las personas son las que lo llevan a uno a salirse de un empleo, mas que el trabajo mismo. Si logra cambiar la forma en que piensa y comprende que la gente en realidad está reaccionando a las vibraciones que uno les está enviando, podrá ver que este concepto es erróneo. Si se mueve a un nuevo lugar de trabajo, para hacer el mismo trabajo que no encaja con sus habilidades creativas, usted no enviará vibración alegre y eventualmente sus nuevos colegas reaccionarán hacia usted con la misma actitud que sus viejos colegas. Esta clase de transición es una evasión y lo único que logrará es atrasar el proceso de transición de profesión que necesita.

A través de la curación de los ángeles, logrará ubicar los miedos y las creencias limitantes que lo detienen para hacer su transición hacia el campo seleccionado. La mayoría de las veces, este será el miedo a la inseguridad financiera o el miedo al cambio. La curación de los ángeles le dará la oportunidad de observar y resolver esta mentalidad negativa de la forma más positiva posible. Después de que éstas hayan sido curadas y transformadas en positividad, su frecuencia energética aumentará y proyectará diferentes vibraciones hacia su lugar de trabajo actual. En lugar de sentirse suprimido o atrapado, comenzará a sentirse más en control de su vida y más esperanzado, y comenzará a creer que es usted quien han tomado las decisiones que lo llevaron al éxito sin depender en lo que los otros determinan que es bueno para usted. Cuando explore las posibilidades de trabajar para sí mismo en lugar de trabajar para los demás, su instinto natural será darle al trabajo toda su atención y mucha energía positiva, y canalizar su pasión para hacerlo triunfar. Cuando uno tiene una mentalidad positiva, uno puede pensar cómo hacer razonablemente el proceso de transición entre profesiones, hacia una que le permita expresar sus habilidades creativas y en la que podría sobresalir al estar completamente comprometido con su trabajo.

Seguridad

Los ángeles comprenden la necesidad de seguridad financiera, por lo que nunca lo llevarán a tomar acciones drásticas o fuera de la realidad antes de pensarlas bien. Su transición de la infelicidad hacia la felicidad en su profesión, puede comenzar inmediatamente, tan pronto cambie la forma en que ve las cosas. Mientras se encuentre en una profesión que no lo estimula de la mejor manera, busque oportunidades para trabajar en sus debilidades. Pídale todos los días a su ángel guardián que le dé paciencia mientras se encuentra en el proceso de transición y que guíe cada uno de sus pasos a lo largo del camino. Sus ángeles no permitirán que tome esta decisión hasta que sea su momento divino, es decir, hasta que esté alineado con el plan de su vida. Muchas personas tienen miedos sobre la seguridad y comparten la creencia de que los trabajos creativos o independientes pueden no ser tan seguros y exitosos como trabajar de "nueve a cinco" para una organización grande y bien establecida. Esta creencia parecería ser lógica, sin embargo por lo general está basada en el miedo y, en muchos casos, envuelve un sacrificio de su propia felicidad, su sentido de libertad y sus logros personales.

Retos

Cualquier reto profesional al que tenga que enfrentarse en el presente, es un vehículo hacia su desarrollo y crecimiento personal. Lograr obtener este nivel de crecimiento y desarrollo es necesario para poder triunfar en la profesión de su preferencia. Los retos suelen suceder cuando uno se encuentra en un ambiente que no coincide con la frecuencia de su energía. Por ejemplo, su llamado puede ser el de ayudar o enseñar a las personas, sin embargo, su trabajo actual puede ser contradictorio con sus valores. Esto creará un choque con su ser interno que se manifestará eternamente, principalmente a través del conflicto con sus compañeros de trabajo o sus clientes. La mejor forma de manejar esta situación es cambiar el enfoque, dejando de ser la víctima y siendo más bien el aprendiz, lo cual le permitirá formarse sobre la gente y sobre la interacción con ellos. Si uno siente que choca con las personas en el trabajo, a pesar de que se haya cambiado de compañía un par de veces, es muy probable que sus programas mentales están establecidos en base a recuerdos del trato que recibió en el pasado y el miedo a que esto se repita.

Valores

Cada persona tiene un grupo único de valores que son organizados según las prioridades del individuo, dependiendo de sus creencias y experiencia de vida. Los valores lo motivarán e influirán a actuar de acuerdo con ellos, ya que son normas que definen cómo uno escoge vivir. Las relaciones con los demás son determinadas por sus valores y, a pesar de que otros individuos nunca tendrán el mismo grupo de valores ni le asignarán el mismo orden de importancia, para que las relaciones tengan sustancia es esencial que ambos compartan el respeto por los demás como uno de sus valores. En el trabajo, puede existir una gran diferencia de valores con los demás colegas. Algunos pondrán la recompensa financiera como su primera prioridad, mientras que otros le darán mayor importancia a los logros y crecimiento personal, o el impresionar a los demás, o el uso de sus habilidades, o la interacción con la gente, o inclusive pueden ver el trabajo como un descanso de las presiones de la vida familiar. Los choques de valores son un factor fundamental de la infelicidad en el trabajo. Pídale a su ángel que lo ayude a crear una lista de sus diferentes valores para la vida, las diferentes relaciones y el trabajo. Sea honesto. Cuando haya completado la lista, revise cómo vive su vida, las dinámicas de sus relaciones y su profesión. ¿Cuadran con su lista o está traicionando sus valores? Ésta es la forma de medir su verdadera felicidad, y en términos de trabajo, de encontrar cuál profesión o área de trabajo es la que mejor cuadra con usted.

Cambio

Para poder cambiar su mundo exterior, primero tiene que cambiar su mundo interior. Si quiere cambiar su vida, necesita cambiarse a sí mismo. El cambio puede darle un poco de miedo si ha estado en la misma situación por bastante tiempo. A veces es más fácil seguir la corriente o quedarse en la zona de confort, que hacer un gran cambio para mejorar su vida. Si está preparado para moverse del estado en donde se encuentra a un lugar mejor, es importante tener bien claro el objetivo que desea obtener antes de que los ángeles lo guíen a lo largo del camino. Cualquier cosa en la que se enfoque es lo que logrará, por lo cual, si no tiene claridad, su dirección no estará clara, resultando en una confusión que después se manifestará como frustración. La acumulación de la frustración crea estrés. Si les pide ayuda, los ángeles le mostrarán la mejor dirección a tomar y el mejor momento para tomarla. Cualquier obstáculo puede ser superado cuando uno comienza a tomar acciones.

MEDITACIÓN CURATIVA DE LOS ÁNGELES PARA TENER UNA VIDA PROFESIONAL EXITOSA

EL SECRETO DE LOS ÁNGELES:

"Trabaja con amor y amarás trabajar".

CHAKRA DE LA CORONA

La luz de las estrellas de los ángeles entra en su cuerpo angelical por medio de una hermosa rosa blanca que se encuentra encima de su cuerpo físico. Vea el brillo plateado de una estrella en el centro de su Chakra de la corona que se conecta con su alma. Su ángel guardián le pide que piense en su profesión actual. Observe sus pensamientos y creencias negativas, así como las programaciones relacionadas con el trabajo, y vea cómo forman una nube negra encima de su cuerpo. Ahora, su ángel guardián transforma esa nube negra y negativa usando la energía de la luz de las estrellas hasta que desaparece por completo.

CHAKRA DEL TERCER OJO

La luz de las estrellas de los ángeles viaja hacia la rosa morada que se encuentra entre sus dos ojos y hacia su mente. Comienza por eliminar el bloqueo que tiene su intuición. Su ángel guardián le muestra una visión de usted en su trabajo, vista desde la perspectiva de otra persona. Analice su apariencia, su comportamiento, su lenguaje corporal, su comunicación y su aura. Con esta oportunidad de verse a sí mismo, dese cuenta de qué puede hacer para mejorar. Usando su intuición, vea cómo reaccionan sus colegas a lo que hace y qué percepción tienen de usted. ¿Es usted una persona accesible o, por el contrario, hay unas barreras que lo frenan para lograr una comunicación efectiva?

CHAKRA DE LA GARGANTA

La luz de las estrellas de los ángeles desciende hacia la rosa azul que se encuentra en la garganta y que se extiende hacia sus oídos. Ahora, comunique sus observaciones a su ángel guardián y pídale su ayuda para cambiar su forma de actuar que no le gusta. Al evaluar sus debilidades, uno podrá cambiar los malos hábitos y patrones que se añaden o causan infelicidad en su lugar de trabajo.

CHAKRA DEL CORAZÓN

La luz de las estrellas de los ángeles sigue su descenso hacia una rosa verde que se encuentra en su corazón y, a medida que florea, puede ver cómo se va convirtiendo en una rosa rosada. Ahora, su ángel guardián le pide ser completamente sincero sobre su profesión. A medida que profundiza en su corazón, adivina qué tan infeliz es en una escala del 1 al 10, siendo 10 lo más infeliz. ¿Cómo puede contrarrestar esta infelicidad? ¿Qué le está haciendo falta? Ahora sienta esta energía positiva llenando su corazón y esparciéndose por todo su cuerpo angelical.

CHAKRA DEL PLEXO SOLAR

La luz de las estrellas de los ángeles entra por la rosa amarilla que se encuentra en el área de su estómago, el núcleo de su ser. Su ángel guardián dirige la luz de las estrellas de los ángeles hacia su lugar de trabajo actual, transformando toda la energía negativa en el edificio y limpiando las conexiones negativas entre usted y sus colegas. Conéctese con su poder interno para que lo ayude durante la transición profesional, si considera que éste es el camino correcto que debe tomar. Si no es el momento adecuado para realizar este cambio, su ángel guardián le dará las energías de la paciencia y la tolerancia para que pueda usar su tiempo en su lugar de trabajo actual de forma eficiente. Esto significa que debe trabajar en sus debilidades y sacar un aprendizaje de cada situación con la que se tropiece.

CHAKRA SACRO

La luz de las estrellas de los ángeles llega a una rosa anaranjada que se encuentra debajo de su ombligo y que activa sus habilidades creativas. Ahora, su ángel guardián le muestra cómo puede alcanzar la felicidad en su vida laboral, en lugar de estar infeliz. A medida que se conecta con su energía creativa, le serán mostrados sus habilidades y talentos naturales, los cuales deben ser usados en conjunto con su profesión. Puede que estén ocultos en alguna parte profunda que no ha explorado hasta ahora. Vea cómo reaparecen y pida ayuda para descubrir cuál es la mejor forma de desarrollar sus habilidades y conocimientos.

CHAKRA DE LA RAÍZ

La luz de las estrellas de los ángeles alcanza la rosa roja en la base de su columna. Imagínese que está trabajando en lo que siempre ha querido, en donde es totalmente libre de controlar su éxito y es muy respetado en su campo de trabajo. Por sobresalir en su posición, se transforma en ídolo para muchas personas que lo buscan y ven como fuente de inspiración. Por sentirse agradecido por el trayecto que ha recorrido hasta este momento, es premiado con abundante éxito, riqueza y felicidad.

Historia de éxito

Luego de terminar mis estudios, estaba insegura sobre qué carrera seguir. No sentía pasión por nada en ese momento y no me interesaba seguir mis estudios en ningún campo en particular. Siguiendo los consejos de mi familia, decidí entrar en el sector financiero, ya que parecía ofrecer tanto seguridad económica, como un lugar respetable para trabajar. Comencé en el *call-center* de una compañía financiera, de donde logré pasar a trabajar en una sucursal bancaria, para luego trabajar en banca corporativa y de inversión. Cada nueva posición contribuyó a mi desarrollo personal y me permitió hacer nuevos amigos y conocer personas nuevas que cambiaron mi vida, inspirándome de forma extraordinaria. Sin embargo, por mucho tiempo nunca me sentí estable y, luego de haber trabajado dos años aproximadamente en cada compañía, sentí que me quería mover a otro trabajo. A medida que fui desarrollando mi personalidad y logré conseguir mi verdadera identidad, me di cuenta que el campo en el que me encontraba trabajando, no me complementaba y que no estaba alineado con mi verdad. Mientras continuaba enfrentándome a mi rutina laboral, que involucraba días largos y estresantes, comencé a estudiar en la noche y los fines de semana para calificar como practicante de terapias curadoras. Luego de tres años terminé mis estudios y comencé a dar clases y trabajar medio tiempo, mientras mantenía mi otro trabajo tiempo completo. Sorprendentemente, hacer mi trabajo de curación durante las noches luego de un día estresante en el banco, me energizaba. Para suavizar mi transición entre profesiones y no poner en riesgo mi seguridad financiera, trabajé muy duro durante años para crear una cartera de clientes y construir mi reputación. Únicamente, luego de haber logrado esto, sentí que era el momento adecuado para dejar el sector financiero y dedicarme a la curación tiempo completo. Durante este viaje fui guiada, apoyada y curada por los ángeles. Sin ellos la transformación de mi profesión y de mi vida hubiese sido imposible.

Creatividad

Co-creador

Uno tiene la poderosa energía de la creación dentro de uno. Por consiguiente, usted es un co-creador y no hay nada que uno no pueda crear en su vida. Cuando uno decide hacer cambios en su vida, uno puede aprovechar esta energía creativa y usarla sabiamente, con la guía de su intuición y de los ángeles para crear el cambio que desea. La curación de los ángeles le ofrece la oportunidad de eliminar toda la negatividad dentro y a su alrededor, para que pueda tener confianza en sus propios poderes y en sus habilidades creativas. No importa cuál es su rol en la vida, usted es igual de importante que cualquier otra persona y puede generar cambios al nivel que usted desee, sin importar si únicamente está cambiando su vida para bien o influenciando a millones de otras personas por medio de su creatividad, habilidades y talentos. Aquellos que son el centro de atención están conscientes de sus habilidades y están usándolas para su propio beneficio. Por su parte, ellos están contribuyendo con entretenimiento, conocimiento, belleza y muchos otros factores positivos influyendo millones de vidas.

Expresión creativa

Los ángeles pueden ayudarlo a conseguir energía creativa y formas para expresarlas a través de sus habilidades y talentos. Ellos lo llevarán hacia nuevas oportunidades o llevarán nuevas oportunidades hacia usted. Mientras nuevas puertas se abren para permitirle desarrollarse en lo que sabe hacer mejor, su confianza aumentará y esto lo llevará a ser feliz. Al compartir su creatividad única, está siendo parte de la creación de más felicidad para el mundo. La felicidad es una energía muy curadora y, al experimentarla y vivir su vida en ésta, estará indirectamente contribuyendo a curar la vida de los demás. La creatividad puede ser expresada de muchas formas diferentes, por ejemplo, por medio del uso de ropa colorida, bella y atractiva, o por medio del diseño de su casa y los objetos a su alrededor. A medida que su mundo exterior refleja su mundo interior, estas cosas comienzan a hacer una gran diferencia en sus sentimientos. La música, el canto y el baile, son también formas de expresión creativa que influyen positivamente en los sentimientos de los demás.

Visualización creativa

La lista de las cosas que podemos crear con nuestra imaginación es infinita y es por esto que la visualización creativa por medio de ejercicios de meditación es muy beneficiosa. La visualización creativa se refiere a hacer una impresión de sus deseos en su mente subconsciente y mirarse a sí mismo teniendo, siendo y viviendo aquello que se propone. Esto mágicamente cambia la frecuencia de las energías en su cuerpo angelical y comienza a enviar vibraciones positivas hacia su mundo exterior. Cuando el universo le presente las oportunidades, usted las aprovechará. Su mente subconsciente no está consciente de si algo es real o no lo es, por lo cual, mientras más visualice que algo sucede, mayor será la reprogramación de sus creencias negativas. A pesar de que las afirmaciones son de gran ayuda para programar su mente, visualizarlas y sentirlas como si en realidad hubieran sucedido, es aún más poderoso. El periodo que tardará en ver los resultados de forma física depende de sus emociones, que conforman la fuerza que maneja a su creatividad. La cantidad de confianza, positividad y fe que tenga en este proceso influirá en la velocidad en que obtenga los resultados. La ayuda de su ángel guardián eliminará todas las dudas, obstáculos y bloqueos ocultos de su energía.

Bloqueos creativos

Cada persona tiene por lo menos una cualidad única que necesita expresar. Reprimir su energía creativa lo llevará a la frustración y a sentirse vacío o a sentir que no ha desarrollado todas sus capacidades. Puede que haya estado consciente de sus talentos creativos desde niño, pero tal vez no recibió ningún reconocimiento, apoyo o estímulo para desarrollarlos. Cuando esta energía ha permanecido latente dentro por mucho tiempo, el miedo a expresarse y a fracasar, se manifestará como un bloqueo creativo. El miedo a la humillación o a ser juzgado lo detendrá, teniendo un impacto negativo en su confianza y llevándolo a ni siquiera intentarlo. Los ángeles lo ayudarán a enfrentar y liberar estos programas negativos o miedos que le están generando bloqueos creativos. Ellos también lo ayudarán a entrar de nuevo en contacto con su confianza natural para expresar su creatividad. La luz de las estrellas de los ángeles se esparcirá por todo su cuerpo angelical y todos sus Chakras, eliminando energía estancada en todos los niveles, especialmente en su Chakra sacro. Pídale a su ángel guardián que le dé la motivación y energía para que pueda organizarse y permita que su creatividad fluya luego de que haya sido curado de todos sus miedos.

Canalización de creatividad

Si alguno de sus Chakras es bloqueado por energía negativa, su creatividad natural queda suprimida. Los ángeles lo ayudarán con el proceso de canalización de creatividad relajándolo por medio de ejercicios de los ángeles curadores como la meditación. Esto permitirá que se conecte con su intuición para ser guiado y para usar su imaginación. La creatividad comienza con la imaginación en su mente subconsciente, que es procesada posteriormente por su mente consciente. Los ángeles verán el proceso hasta que se manifieste en su realidad, lo dejarán saber en dónde han sido curados los bloqueos. Los bloqueos, tales como el sentimiento de no tener tiempo, son programas en su mente que pueden ser cambiados para que pueda conseguir tiempo disponible, al revalorar su lista de valores priorizados. Una forma muy eficiente para la canalización de su creatividad se da por medio de la escritura. Cuando uno relaja su mente consciente y permite que su ángel guardián le escriba, se sorprenderá por toda la información que recibirá. Es lo mismo con el canto: cuando uno permite que la energía de un grupo de ángeles cante a través de su Chakra de la garganta, usted y aquellos escuchándolo experimentarán algo celestial.

MEDITACIÓN CURATIVA DE LOS ÁNGELES PARA LA CREATIVIDAD

EL SECRETO DE LOS ANGELES:

"La imaginación retiene la imagen de sus deseos; la creatividad muestra la actividad que necesitas".

CHAKRA DE LA CORONA

La luz de las estrellas de los ángeles entra en su cuerpo angelical por medio de una hermosa rosa blanca que se encuentra encima de su cuerpo físico. Ve el brillo plateado de una estrella en el centro de su Chakra de la corona que se conecta con su alma. Visualícese haciendo la conexión con la energía universal de la creación. Un haz de luz blanca brilla a través de su Chakra de la corona, conectándose con su alma.

CHAKRA DEL TERCER OJO

La luz de las estrellas de los ángeles viaja hacia la rosa morada que se encuentra entre sus dos ojos y hacia su mente. Comienza por eliminar el bloqueo que tiene su intuición. Visualice y sienta que ese hermoso ojo se está abriendo en el fondo de su Chakra del tercer ojo.

Por medio de este ojo, puede ver la brillante luz de la energía universal de la creación creando una escena en su mente sobre lo que usted desea crear en su vida. Mantenga estas imágenes claramente en los ojos de su mente y enfóquese en los detalles específicos de esta escena.

CHAKRA DE LA GARGANTA

La luz de las estrellas de los ángeles desciende hacia la rosa azul que se encuentra en la garganta y que se extiende hacia sus oídos. Ahora, su ángel guardián ahora lo lleva a comunicarse con su imaginación, diciendo al principio: "yo quiero esto en mi vida ahora", y lo lleva a hablar sobre los detalles de lo que está creando. Luego de que termine de hablar sobre su creación, comenzará a canalizar información de su ángel guardián, quien le dará la información específica sobre cuándo vendrá esto a su vida física y le dará algunos consejos sobre que acción necesita tomar.

CHAKRA DEL CORAZÓN

La luz de las estrellas de los ángeles sigue su descenso hacia una rosa verde que se encuentra en su corazón y, a medida que florea, puede ver cómo se va convirtiendo en una rosa rosada. Su ángel guardián ahora le pide depositar la visión creada por la energía universal de la creación en el fondo de su corazón. Energice esta visión con la pasión que retiene en su corazón. Sienta que le está agregando sustancia y amor a su creación.

CHAKRA DEL PLEXO SOLAR

La luz de las estrellas de los ángeles entra por la rosa amarilla que se encuentra en el área de su estómago, el núcleo de su ser. Su ángel guardián le pide que traiga su visión creada por la energía universal de la creación, desde su corazón hasta su estómago. La energía de la luz de las estrellas de los ángeles ahora está transformando cualquier retención en confianza plena y en la creencia de que tiene la habilidad de crear esta situación en su realidad física.

CHAKRA SACRO

La luz de las estrellas de los ángeles llega a una rosa anaranjada que se encuentra debajo de su ombligo y que activa sus habilidades creativas. Su ángel guardián le pide que traiga la visión creada por la energía universal de la creación, de su estómago hacia la zona sacra de expresión. Véase expresando la alegría y el éxito que su creación le traerá a su vida. Su ángel guardián ahora le muestra cómo usar sus habilidades creativas para esparcir la energía de la felicidad y el éxito en su mundo. A medida que se relaja profundamente, afirma: "soy un creador poderoso" y observa esta creencia reprogramando todas las creencias negativas y limitantes que existen con respecto a sus habilidades.

CHAKRA DE LA RAÍZ

La luz de las estrellas de los ángeles alcanza la rosa roja en la base de su columna. Su ángel guardián le muestra que todos los días de su vida está viviendo en la escena de sus sueños y que es un director creativo inspirador para aquellos en su campo de trabajo. Está en control de su vida creativa. Esto incluye la forma en que permite al pasado crear su presente y la forma en que permite que su presente cree su futuro. Usted es un creador poderoso.

Historia de éxito

Tess vino a mí para tener una sesión de lectura y curación de los ángeles porque ella estaba sintiéndose atrapada y bloqueada con respecto a su profesión. Durante su meditación, la guíe hacia su pasado para encontrar dónde y cuándo se habían originado estos bloqueos. Durante la meditación, los ángeles me mostraron que ella estaba muy reprimida y se sentía incapaz de expresar su verdadera identidad y creatividad, y que también necesitaba perdonar a las personas del pasado para poder avanzar hacia el futuro que deseaba. Ella me dijo que durante su infancia le gustaba mucho cantar, pero que nunca fue estimulada por su familia para seguir este camino. En realidad, algunas veces se habían burlado de ella, lo cual había herido sus sentimientos y golpeado su autoestima. Los ángeles querían curarle este recuerdo negativo y animarla a luchar por sus sueños −especialmente porque se hacía cada vez más claro que el canto estaba relacionado con los propósitos de su vida: ella llevaría curación a los demás a través de su voz. Luego de la sesión de curación de los ángeles, ella supo que sus sentimientos y la pasión que una vez tuvo por la música y el canto eran el camino que debía seguir. Esto hizo que las cosas se pusieran en movimiento y ella comenzó a grabar canciones, consiguió un productor y está en proceso de lograr su meta.

Confianza

Autodescubrimiento

Para ser una persona verdaderamente segura, hay que ser sincero con uno mismo. Esto significa conocerse a uno mismo completamente, evaluando sus fortalezas y debilidades. Esto también significa caer en cuenta de su belleza única y del valor que uno le agrega a la vida. Cuando les pida su apoyo, los ángeles lo llevarán a un viaje de autodescubrimiento. Conocerá su yo verdadero al comprender el lenguaje de su mente subconsciente, su comportamiento, sus creencias y emociones –todo lo que sucede con su mundo interno. Esto lo llevará al dominio de sí mismo y a sentirse seguro en cada paso que tome. Conocer a su verdadero ser significa encontrar y vivir como una persona auténtica, no influenciada, pura y única. El camino al autodescubrimiento puede durar toda la vida, sin embargo, el aceptarse a uno como es, puede comenzar de inmediato. Las relaciones eficientes con otras personas le enseñarán mucho sobre sí mismo, ya que le mostrarán cosas que puede no haber visto. A pesar de que pareciera que está siendo juzgado o inclusive insultado por los demás, escuchar las críticas constructivas sin ponerse a la defensiva es beneficioso para su proceso de autodescubrimiento. Pedirles a los ángeles que eliminen cualquier emoción o influencia negativa causada por los demás lo ayudará a identificarse y a vivir como la persona que en realidad es.

Creer en uno mismo

Después de que comience su camino hacia el autodescubrimiento, comenzará a descubrir cuáles son sus inseguridades. Al buscar más profundamente, puede llegar a encontrar la causa de esas inseguridades, que puede haber estado dentro de su mente por mucho tiempo. Cuando uno es sincero con uno mismo, los ángeles lo ayudarán a enfrentar las cosas por las cuales usted no está feliz. Ellos lo ayudarán y lo guiarán a no ser tan duro consigo mismo y a creer en su pureza. Esto significa mantener las más puras intenciones, pensamientos, emociones y planes todo el tiempo para usted y los demás. Sin importar que parezca estar equivocado en su vida o en la forma en que los otros lo están tratando, lo importante es ser siempre honesto con uno mismo. Cuando uno viene desde este punto, uno asume plena responsabilidad de su mundo interno, logrando conseguir confiar en uno mismo. La verdadera confianza en uno mismo significa que uno no está escondiendo sus errores o inseguridades, ni que únicamente está pretendiendo estar seguro de sí. Lo que uno está haciendo es reconociendo que algo negativo ha logrado de alguna manera cambiar el estado positivo de uno. Vivir sin confiar en uno mismo crea una perspectiva negativa de uno mismo, enviando frecuencias de energía negativa hacia la vida propia y, con ello, generando reacciones negativas de los demás. La curación de los ángeles comienza por el mundo interior y de allí se refleja en el mundo externo.

Respeto de uno mismo

Después de que crea en sí mismo, podrá respetarse por todo lo que usted es. Podrá apreciarse con todas sus fortalezas y debilidades sin darle mucha importancia al juicio o a la opinión de los demás. El respeto por uno mismo nace al aferrarse a su integridad, sin importar qué tenga que enfrentar en la vida. Sus poderes nacen en el respeto por uno mismo. Estar cómodo con lo que piensan los demás de usted le permitirá sentirse libre. Los ángeles ven cómo nosotros ponemos demasiada energía en adaptarnos a las reglas de la sociedad, en ser aceptados y no ser juzgados de forma negativa. El miedo a ser juzgado proviene del miedo a no ser amado, del miedo a estar solo y así sucesivamente. Ser juzgado de forma negativa hace que las personas se sientan aisladas y que sientan como si no fueran aceptadas por los demás. Los ángeles lo ayudarán a ser lo suficientemente fuerte emocionalmente para mantener su posición de respeto a sí mismo, mientras muestra respeto por los demás.

Confiar en uno mismo

Los ángeles dicen que confiar en uno mismo significa saber lo que uno vale, creer en los valores de uno y tener un respeto absoluto por uno mismo. El secreto de la confianza está en conseguir el equilibrio de todo lo anterior sin ser arrogante. Cuando uno reacciona a las situaciones con un corazón puro, nada puede hacerle daño a su confianza. La confianza no necesita estar proyectada de ninguna manera para poder ser real. Exceso de confianza es una forma de actuar de las personas que buscan aprobación, amor u ocultar sus inseguridades. Los ángeles lo ayudarán a encontrar el equilibrio ideal de confianza y a protegerla de adentro hacia afuera. Lo ayudarán a fundar las bases para una confianza duradera: el autodescubrimiento, el creer en uno mismo y el respeto por uno mismo. Las inseguridades provienen de los sentimientos de insuficiencia cuando uno se compara con los demás y, desafortunadamente, estos se acumulan con el tiempo y terminan disminuyendo la confianza en uno mismo. Los ángeles conocen completamente sus sentimientos más profundos y nunca lo van a juzgar por ellos. Ellos gentilmente lo llevarán a reconocer y enfrentar sus inseguridades, mientras aumentan su ánimo con energía curadora. La confianza proviene de qué creas que estás preparado para enfrentarte a cualquier situación, aprendiendo de tus errores. La confianza inquebrantable es reflejo de una paz interna absoluta.

MEDITACIÓN CURATIVA DE LOS ÁNGELES PARA LA CONFIANZA

EL SECRETO DE LOS ANGELES:

"La confianza es creer y estar seguro de su pureza".

CHAKRA DE LA CORONA

La luz de las estrellas de los ángeles entra en su cuerpo angelical por medio de una hermosa rosa blanca que se encuentra encima de su cuerpo físico. Vea el brillo plateado de una estrella en el centro de su Chakra de la corona que se conecta con su alma. Su ángel guardián sostiene un espejo gigante frente de usted. Mientras comienza a ver con detalle su imagen exterior, comenzará a ver aspectos con los que usted no está muy contento. Cada vez que se escuche a sí mismo decir internamente: "no me gusta esto porque…", pídale a su ángel guardián que lo ayude a ver más profundamente ese aspecto. Piense por qué no le gusta un aspecto en particular y aprenda a aceptarlo. Vea la dorada energía de la luz de las estrellas de los ángeles dirigiéndose hacia las áreas de su cuerpo, transformando las aglomeraciones de pensamientos negativos en positivos.

CHAKRA DEL TERCER OJO

La luz de las estrellas de los ángeles viaja hacia la rosa morada que se encuentra entre sus dos ojos y hacia su mente. Comienza por eliminar el bloqueo que tiene su intuición. Su ángel guardián le pide se vea la imagen perfecta de lo que usted quiere ser, sin ningún tipo de errores – perfección en todo sentido. Véase a través de los ojos del ángel y busque en lo profundo de su corazón y de su alma para conectarse con su magnificencia y singularidad. Desde este momento en adelante, únicamente reconocerá a su ser verdadero y únicamente permitirá que brille su belleza interna a través de su confianza.

CHAKRA DE LA GARGANTA

La luz de las estrellas de los ángeles desciende hacia la rosa azul que se encuentra en la garganta y que se extiende hacia sus oídos. Su ángel guardián ahora le pide que todos los pensamientos negativos que evitan que esté completamente seguro sean expresados y reprogramados en afirmaciones positivas. Repita estas afirmaciones de sus nuevos pensamientos positivos y visualice cómo un programa mayor, representado por la frase "la confianza llega naturalmente", está siendo profundamente inoculado en su mente subconsciente.

CHAKRA DEL CORAZÓN

La luz de las estrellas de los ángeles sigue su descenso hacia una rosa verde que se encuentra en su corazón y, a medida que florea, puede ver cómo se va convirtiendo en una rosa rosada. Su ángel guardián abre su corazón y transforma todos los despechos que ha experimentado a través de los años como consecuencia de la poca confianza que ha tenido en los diferentes aspectos de su vida. Visualice su corazón recobrando la plenitud por medio del amor total hacia usted y los demás.

CHAKRA DEL PLEXO SOLAR

La luz de las estrellas de los ángeles entra por la rosa amarilla que se encuentra en el área de su estómago, el núcleo de su ser. Su ángel guardián dirige la luz de las estrellas de los ángeles hacia el área de su estómago hasta que se sienta totalmente revitalizado. Ésta es el área de su poder y la confianza genuina genera poder. Visualice una esfera dorada brillando cada vez que tenga que despertar su confianza.

CHAKRA SACRO

La luz de las estrellas de los ángeles llega a una rosa anaranjada que se encuentra debajo de su ombligo y que activa sus habilidades creativas. Su ángel guardián crea un medidor de confianza que va desde su corazón hasta su Chakra sacro. Usando su imaginación creativa, podrá visualizar la cantidad de confianza que está exudando. El balance perfecto está en su centro, donde se encuentra su Chakra del plexo solar. Cuando los niveles de confianza son altos y están cercanos a su Chakra del corazón, uno es muy compasivo. Sin embargo, cuando sus niveles de confianza están por debajo del Chakra del plexo solar, uno puede estar reaccionando arrogantemente. Monitoree siempre sus niveles de confianza cuando tenga que enfrentarse a cualquier situación y mantenga el respeto por sí mismo.

CHAKRA DE LA RAÍZ

La luz de las estrellas de los ángeles alcanza la rosa roja en la base de su columna. Su ángel guardián lo lleva ahora en un viaje a su pasado y lo hace recordar todas las situaciones que lo llevaron a sentirse superado por la confianza de los demás. Mientras revive estos momentos, su ángel guardián transforma en algo positivo todas las energías y los recuerdos negativos que han creado creencias limitadas sobre su confianza y valor. Vea cómo su comportamiento refleja mayor confianza, siendo asertivo en lugar de arrogante. Vaya a su primer recuerdo cuando su confianza era golpeada por los demás y energéticamente transforme esta situación negativa en una positiva usando la energía de la luz de las estrellas de los ángeles. Pídale ayuda a su ángel guardián para perdonar a todos los involucrados.

Historia de éxito

Julie me buscó para conocer más sobre la curación de los ángeles porque se estaba sintiendo muy mal en todos los sentidos. Cuando me conecté con su energía, los ángeles me dijeron que ella había perdido toda la confianza en sí misma, porque algunas de las decisiones que había hecho en el pasado le habían causado problemas, por lo cual ya no confiaba ni en ella ni en los demás. Su inhabilidad de tomar decisiones le estaba impidiendo socializar, trabajar e inclusive dejar su casa para viajar. Luego, Julie me dijo que ella había tenido algunos intentos de relaciones fallidas en el pasado y que en ese momento estaba viviendo un proceso de divorcio. Su confianza estaba muy golpeada y estaba a punto de renunciar a la vida. Los ángeles le recordaron que ella había sido una persona muy sociable y feliz antes de sus relaciones destruidas y que éste era su verdadero y auténtico ser. Hicimos un ejercicio de limpieza y curación para eliminar todos los traumas emocionales y sentimientos de rechazo y fracaso para que ella pudiera seguir con su vida. Ella no tuvo problemas con perdonar, por lo que se logró desprender de todo muy rápidamente. En cuestión de días, Julie comenzó a sentirse de nuevo enérgica y viva, se puso en contacto con sus viejos amigos y organizó una gigantesca fiesta de divorcio. En la actualidad, ella es muy sociable y está contenta con su vida, viviéndola día a día.

Estrés

¿Qué es el estrés?

El estrés es un estado mental interno causado por una forma energética externa. Los principales factores que contribuyen al estrés son las influencias externas: el miedo, la presión, el tiempo, la competencia y el cambio. Los síntomas del estrés pueden manifestarse en todos los niveles –puede estar angustiado a nivel emocional, puede sentirse desorientado a nivel mental, sufrir de alguna enfermedad a nivel físico o estar desconectado a nivel espiritual. Todos estos síntomas lo hacen sentir desanimado. Los ángeles quieren que recupere su paz enseñándole a tomar control de cada momento en que escoge un pensamiento o una emoción. Al adaptarse a su ambiente, que siempre está en constante cambio, al responder de forma positiva con sus pensamientos y al practicar la paciencia, usted podrá estabilizar sus sentimientos. El estrés es causado cuando uno cree que no puede controlar una situación, lo cual lo hace sentir que es una víctima de las circunstancias. A pesar de que existen algunas cosas que están fuera de su control, sólo usted está en control de sus reacciones hacia estas.

El estrés en el trabajo

La inseguridad es la mayor causa de estrés en el lugar de trabajo. La ansiedad producida por la búsqueda de seguridad laboral, seguridad financiera, posición, promoción y reconocimiento son causas de estrés. Muchos tienen miedo de que no sean lo suficientemente buenos, que están siendo erróneamente juzgados, que están siendo comparados con los demás o que son un fracaso. Todos estos pensamientos negativos crean un estrés interior que afecta su desempeño en el trabajo y que se filtrará a otras áreas de su vida. La curación de los ángeles elimina los pensamientos negativos y los miedos que ha guardado dentro de su mente y que son las causas subyacentes del estrés; asimismo, la curación de los ángeles lo ayuda a reprogramar la manera en que concibe su trabajo. Trabajar en un ambiente en el que se encuentra constantemente bajo presión con demasiado que hacer y sin tiempo suficiente, que constantemente lo hace sentir que tiene bajo rendimiento, que no es apreciado por sus esfuerzos −son situaciones que finalizan en alguna forma de estrés y usted reaccionará naturalmente de acuerdo con su ambiente.

La acumulación de estrés lleva al agotamiento y a la enfermedad. Los ángeles lo ayudarán a responder a su ambiente de forma positiva. El estrés no puede ser curado desde afuera, porque tiene que comenzar desde su mundo interno para ser reflejado hacia su mundo externo. El estrés tiene que ver con la percepción y la mayoría de las veces puede tener la expectativa de que ciertas personas o situaciones le causarán estrés. Por ejemplo, el primer pensamiento que puede tener cuando se levanta y llega a su trabajo es: "comienza otro día estresante, quiero que llegue ya el fin de semana." Como ésa es su expectativa, su mente subconsciente estará buscando razones que justifiquen ese pensamiento en la realidad. Los ángeles podrán ayudarlo a reprogramar para que esas expectativas sean positivas y pueda conseguir lo mejor de cada día en el trabajo. Esto también lo ayudará a estar en control del nivel de su energía física y emocional, y le permitirá escoger sus pensamientos positivamente.

El tiempo

Uno de los principales factores de estrés en la vida es el tiempo. Todos los días, por semanas o meses, uno tiene que enfrentarse a muchas metas con fechas límites a corto y largo plazo, lo cual se ha convertido en parte normal de nuestra rutina. Es por esto que sin la presión del tiempo uno puede perder el entusiasmo o la motivación para lograr las metas en la fecha propuesta. Si uno está en una carrera constante en contra del tiempo, pídales a los ángeles que lo ayuden a manejar su tiempo de forma eficiente y a trabajar con restricciones. Ellos lo ayudarán a organizarse de forma eficiente, eliminando los obstáculos, permitiéndole delegar responsabilidades a los demás, ayudándole a disminuir la presión que siente, e incluso lo ayudarán de forma mágica a conseguir extensiones de la fecha límite de entrega. Vivimos en mundo que se mueve a un ritmo acelerado en el que todo sucede tan rápido que nos encontramos en una constante lucha para poder mantenernos al día con todo. Sin embargo, el estrés generado por el tiempo es en realidad una presión autoimpuesta en la mente. Uno tiene la habilidad de priorizar lo que en realidad necesita ser resuelto de inmediato y lo que puede esperar. Si existe una expectativa injustificada de cumplir una meta en un plazo muy justo, uno tiene la capacidad de decir no y proponer una fecha diferente, o en algunos casos solicitar apoyo adicional. La mejor forma de controlar este tipo de estrés es retroceder y dejar de intentarlo. A pesar de que sentirá miedo por las consecuencias de lograr sus metas en los plazos previstos en su mente, sus acciones le proporcionarán paz, tranquilizará sus nervios y calmará sus emociones, evitando que se desarrollen sin restricciones que puedan causar estragos en su bienestar físico. Es importante únicamente hacer lo que uno siente que es lo más importante, lo cual dependerá de sus valores. Los ángeles le enseñarán a ser paciente, lo cual significa permitir que todo suceda en el momento adecuado, en el orden adecuado y de la forma adecuada. Ser paciente no significa sentarse a esperar que las cosas sucedan. Ser paciente es vivir en el presente en lugar de en el futuro.

Las técnicas de la curación de los ángeles tales como la meditación, lo alejarán del estrés y la ilusión de no tener suficiente tiempo, y lo ayudarán a conectarse con su poderosa consciencia superior que puede mostrarle una nueva perspectiva de su situación. Los ángeles le pedirán que piense sobre los daños a largo plazo que puede generar el estrés en su bienestar si no toma de inmediato las medidas para cambiar los las rutinas y patrones destructivos en su vida. Pídales ayuda a los ángeles para organizar cada día y póngase metas necesarias y realistas. Esté pendiente de que lo más importante sea el tiempo de calidad, para que pueda restaurar la energía de su fuerza vital; metas y fechas importantes como reuniones de trabajo serán la segunda prioridad en su lista de prioridades; todas las fechas menores que se ha planteado a usted mismo como "tareas" serán realizadas en su tiempo libre. Cambie la forma en que percibe estas "tareas" nombrándolas "opciones". Es su opción entonces si desea tomar acción o no.

Preocupaciones

Los ángeles ven que las preocupaciones y la ansiedad trastornan sus emociones y hacen que su cuerpo esté inquieto. Las preocupaciones drenan su energía vital, dejándolo con una sensación de letargo y reduciéndole su rendimiento. Cuando le agrega preocupación a algo por lo que los demás se están preocupando, se crea una nube gris encima de los hogares, las ciudades, los países y, eventualmente, el planeta. Como la energía reacciona con energía, el planeta deberá responder a la acumulación de energía negativa proyectada en la humanidad. Esta energía se limpia cíclicamente a través de desastres naturales. Los ángeles pueden eliminar la preocupación innecesaria y llevarlo a tomar las acciones apropiadas, que eliminarán la ansiedad vinculada a su situación.

Conflicto

Los ángeles ven los argumentos como batallas de egos. Las opiniones son creencias que han sido determinadas a través de la experiencia de cada persona. Puede ser que nunca vaya a estar de acuerdo con la perspectiva de las otras personas, por lo que no hay razón para argumentar. Los ángeles lo ayudarán a comprometerse a respetar las opiniones de los demás. Los enfrentamientos sólo sirven para alimentar el ego (también conocido como consciencia inferior). Los argumentos beneficiosos son aquellos en los que está genuinamente enseñando y aprendiendo del otro con el fin de ampliar su conocimiento. Pídale a los ángeles que le enseñen a escuchar y a ver las cosas desde una perspectiva diferente, honrando los valores y las opiniones de los demás. Uno puede en efecto estar aprendiendo algo por medio de un conflicto, a pesar de que su ego no esté de acuerdo y quiera seguir peleando. Cuando uno muestra respeto, los conflictos se sanan y cada quién puede seguir su camino. Los ángeles lo ayudarán a entender que no puede cambiar a la otra persona, en especial a la persona con la que uno tiene una relación. Los ángeles ven las relaciones como un estar "vinculado" con el otro, sin importar cuales son las diferencias. Las relaciones más grandes son aquellas que lo retan por medio de sus diferencias, porque uno aprende lo que uno no posee, sean cualidades buenas o malas. Si uno posee exactamente las mismas cualidades, no existe espacio para crecer y esto lleva al estancamiento y al aburrimiento. Entrégueles sus frustraciones a los ángeles para que puedan ayudarlo a relacionarse con gente diferente sin juzgarlos.

MEDITACIÓN CURATIVA DE LOS ÁNGELES PARA EL ESTRÉS

EL SECRETO DE LOS ANGELES:

"Convierta su angustia en una carencia de estrés; disuelva el problema solucionándolo con amor".

CHAKRA DE LA CORONA

La luz de las estrellas de los ángeles entra en su cuerpo angelical por medio de una hermosa rosa blanca que se encuentra encima de su cuerpo físico. Vea el brillo plateado de una estrella en el centro de su Chakra de la corona que se conecta con su alma. Su ángel guardián le pide que piense en la situación que le está causando estrés. Vea esa nube muy oscura que se está formando con todos sus pensamientos negativos. Sienta el efecto que está teniendo en su cuerpo. Sienta la tensión formándose en sus músculos, el cambio de su ritmo cardíaco y cómo el estrés le perfora el área del estómago. Sin tratar de controlar sus pensamientos de ninguna forma, permanezca un momento observando y dejando que se acumulen dentro de la nube oscura.

CHAKRA DEL TERCER OJO

La luz de las estrellas de los ángeles viaja hacia la rosa morada que se encuentra entre sus dos ojos y hacia su mente. Comienza por eliminar el bloqueo que tiene su intuición. Visualice a su ángel guardián canalizándole la energía de la luz de las estrellas de los ángeles hacia todo su cuerpo a través de su Chakra de la corona, transformando todas las consecuencias negativas que una situación estresante le está causando en todos los niveles. Vea dentro de su cuerpo cómo la negatividad es transformada en luz y sienta cómo la tensión en su cuerpo se reduce lentamente hasta desaparecer completamente.

CHAKRA DE LA GARGANTA

La luz de las estrellas de los ángeles desciende hacia la rosa azul que se encuentra en la garganta y que se extiende hacia sus oídos. Su ángel guardián ahora le pide que hable sobre cómo el estrés ha llegado a su vida, qué lo ha causado y qué parte de éste es responsabilidad suya. Ahora piense en qué cosa buena ha obtenido de esta situación y, si no ha visto nada bueno, pídale a su ángel guardián que le canalice esta información. Aunque lo positivo sea muy pequeño, le habrá funcionado de alguna forma.

CHAKRA DEL CORAZÓN

La luz de las estrellas de los ángeles sigue su descenso hacia una rosa verde que se encuentra en su corazón y, a medida que florea, puede ver cómo se va convirtiendo en una rosa rosada. Ahora, su ángel guardián lo hace tomar consciencia de su ritmo cardíaco, que en este momento se ha regularizado. Sigue enviándole luz de las estrellas de los ángeles hacia esta área mientras continúa bombeando amor propio alrededor de su cuerpo, ayudándolo de igual forma a eliminar la rabia, la irritabilidad, el estrés y cualquier sentimiento enfurecido o sin resolver, para que también puedan irse de su cuerpo hacia la nube oscura en donde se acumula la energía negativa. Visualice a su ángel guardián inyectándole luz dorada de las estrellas de los ángeles a la nube oscura, haciendo que se transforme en una bella y brillante luz dorada. La luz dorada ahora forma muchas estrellas pequeñas que vuelven a usted y se van directamente hacia su alma. Ellas representan las lecciones que ha aprendido por medio de las situaciones estresantes.

CHAKRA DEL PLEXO SOLAR

La luz de las estrellas de los ángeles entra por la rosa amarilla que se encuentra en el área de su estómago, el núcleo de su ser. Su ángel guardián le dirige la luz de las estrellas de los ángeles hacia su plexo solar, ya que éste es el lugar principal en el que se acumula el estrés residual. Visualice que la esfera en el centro de su rosa amarilla, que normalmente es dorada y redonda, ahora se encuentra completamente deforme, con un color marrón oscuro y tiene hirientes puntas que lo hacen sentir náusea a medida que penetran sus órganos. Su ángel guardián ahora saca esta esfera de su cuerpo y la devuelve a su estado natural antes de regresarla al lugar al que pertenece. Ahora se siente más estable y puede respirar mejor.

CHAKRA SACRO

La luz de las estrellas de los ángeles llega a una rosa anaranjada que se encuentra debajo de su ombligo y que activa sus habilidades crea-

tivas. Comienza a sentirse más relajado y con los pies en la tierra mientras libera las energías estresantes que literalmente estaban atacando su cuerpo, mente, corazón y alma. Agradezca a su ángel guardián por ayudarlo con esta sesión curadora y pídale que lo fortalezca y repare ahora su cuerpo angelical. Visualice y sienta cómo es duchado con una luz blanca creativa y brillante que no permitirá que situaciones como estas tengan de nuevo un impacto negativo en su bienestar.

CHAKRA DE LA RAÍZ

La luz de las estrellas de los ángeles alcanza la rosa roja en la base de su columna. Visualice a su ángel guardián barriendo fuera de su cuerpo todos los excesos de energía. Ahora se siente demasiado ligero, como si le hubieran quitado un gran peso de encima, y se mantiene en posición de relajamiento hasta que esté listo y completamente despierto para enfrentar de nuevo el mundo, sin ningún rastro de estrés.

Historia de éxito

Dave me buscó para obtener la curación de los ángeles para aliviarse del estrés que estaba sufriendo. Cuando comenzamos su sesión, los ángeles me dijeron que Dave necesitaba complacer a los demás para poder sentirse bien consigo mismo y, como consecuencia, asumía muchas responsabilidades en su trabajo. De igual forma repetía el mismo patrón con su familia: sentía que todo era su responsabilidad, por lo que estas cargas fueron produciendo estrés en su mente y afectando su bienestar físico. Durante su meditación, su ángel guardián se conectó con él. Fue una experiencia muy pacífica. Recibió la energía del apoyo y le pidieron que comenzara a delegar tareas y responsabilidades a los demás. Le fue mostrado que tenía miedo de ser juzgado por los demás como flojo e incapaz, por lo que siempre se esforzaba demasiado.

Cuando fue liberado de este peso, comenzó a sentirse libre. Luego de su sesión, Dave comenzó a ponerse primero que los demás mucho más de lo que lo hacía antes. Comenzó a cuidarse y pasar tiempo haciendo cosas que le gustaba hacer, en lugar de siempre entregarles su tiempo y energía a los demás.

Abundancia

Riqueza

El éxito frecuentemente es medido por la riqueza. Es importante determinar qué significa éxito y qué representa la riqueza para usted. La búsqueda de la riqueza usualmente es una señal de estar buscando la calidad de vida que acompaña a ésta, como por ejemplo, la libertad. Uno es libre desde el momento en que se libera del miedo y de la escasez. Los ángeles pueden ayudarlo a cambiar sus creencias negativas alrededor de la riqueza. Las frases traumáticas de la vida son almacenadas en la mente subconsciente, acumulándose y derivando, con el paso del tiempo, en miedos. Por medio de la curación de los ángeles, uno puede curar los recuerdos de dificultades financieras que uno tuvo y el miedo que hayan creado estos recuerdos. Así uno haya olvidado estas malas experiencias del pasado, la energía negativa detrás de ellas corre como un programa oculto que afecta su presente y futuro.

Abundancia

La abundancia es un flujo natural de cosas buenas hacia su vida. Usted es su mejor publicidad y usted es su mejor gerente. Los ángeles le piden que abra su mente, corazón y brazos para que pueda romper las barreras que le están impidiendo ser rico. Los ángeles lo llevarán a conectarse con sus poderes para crear y creer que merece abundancia sin sentirse culpable. Ellos están conscientes de los grandes desbalances de abundancia en el mundo y desean motivar a cada persona a usar sus habilidades creativas para que logren crear un cambio con respecto a esta situación. Cuando uno tiene dedicación para servir a la humanidad, si uno es apasionado por su producto y se enfoca en usar su máximo potencial, podrá generar un cambio en gran escala en muchas vidas a lo largo del mundo.

Intercambio

La abundancia proviene del intercambio de energías. Si uno no está asumiendo la responsabilidad por el flujo de su vida y está viviendo en la ausencia de abundancia, desafortunadamente seguirá por el mismo camino. Aquello en lo que uno se enfoca se convierte en realidad, por lo cual, si no puede imaginar o creer que tiene abundantes recursos, consecuentemente mantendrá programas negativos en la mente subconsciente que tendrán influencia en lo que suceda. Los ángeles lo llevarán a conseguir el equilibrio entre lo que usted da y toma para así poder lograr la harmonía energética con la ley del karma. Eso significa que cualquier cosa que uno le entregue al universo la recibirá de regreso. Mientras más generoso sea dando energía, generará mayor cantidad de oportunidades para recibir alguna forma de energía. La forma imperante de energía en nuestros tiempos es el intercambio financiero, por lo que la mente lógica puede tener problemas para entender la idea: "Mientras más doy, más recibo de regreso." En un nivel energético, al darles a los demás, uno está enviando muchas señales positivas que apuntan a que usted tiene en abundancia y es lo suficientemente rico para poder dar libremente. Esto abre los canales para que, abiertamente y de buena gana, reciba algo de otras fuentes; también lo hace tener la sensación de ser suficientemente valioso y merecedor de abundancia sin que por ello tenga que sentirse culpable.

Mereciendo y permitiendo

A pesar de que puede estar conscientemente orando para que la abundancia llegue a su vida, puede que esté bloqueando este deseo inconscientemente. Para crear un flujo natural de abundancia en su vida, tendrá que construir una buena relación con la energía. Al cambiar la forma en que ve las cuentas a pagar y los gastos, uno proyectará una energía diferente sobre su concepto de abundancia financiera. Si uno agradece los servicios que ha recibido a cambio de sus cuentas de servicios públicos, entonces usted amorosamente pagará. Cuando uno paga con amor, uno recibe con amor. Si uno empieza a pensar cómo, cuándo y por qué uno debería recibir en abundancia, automáticamente uno está saboteando con energías negativas las bendiciones que legítimamente son suyas. Los ángeles le señalarán cada vez que tenga una creencia negativa o limitada, y le pedirán que abra sus brazos y pacientemente espere milagros con una fe inquebrantable.

MEDITACIÓN A LOS ÁNGELES CURADORES PARA LA ABUNDANCIA

EL SECRETO DE LOS ANGELES:

"Lo que uno aprecia se aprecia en valor".

CHAKRA DE LA CORONA

La luz de las estrellas de los ángeles entra en su cuerpo angelical por medio de una hermosa rosa blanca que se encuentra encima de su cuerpo físico. Vea el brillo plateado de una estrella en el centro de su Chakra de la corona que conecta con su alma. Ahora, su ángel guardián expande su consciencia para conectarse con las leyes universales. Mientras va cambiando su consciencia de la mente lógica y limitada a una consciencia mayor a todas las posibilidades, se prepara para seguir el viaje en pos de conseguir la verdadera abundancia en la vida.

CHAKRA DEL TERCER OJO

La luz de las estrellas de los ángeles viaja hacia la rosa morada que se encuentra entre sus dos ojos y hacia su mente. Comienza por eliminar el bloqueo que tiene su intuición. Su ángel guardián le pregunta sobre cómo se sentiría si se quedara únicamente con lo que tiene puesto, comida, agua y un techo, por el resto de la vida. Visualice lo que significaría esto para su identidad y estatus. Ahora que tiene la oportunidad de mostrar su potencial verdadero y de crear abundancia, ¿de qué quiere que sea esa abundancia y por qué? ¿Cómo cambiaría esta abundancia la calidad de su vida?

CHAKRA DE LA GARGANTA

La luz de las estrellas de los ángeles desciende hacia la rosa azul que se encuentra en la garganta y que se extiende hacia sus oídos. Su ángel guardián le pide que determine cuáles son los principales valores en la vida. Piense sobre qué es lo más importante para usted y, si estuviera viviendo la vida perfecta, dónde sería, quién estaría con usted y qué estarían haciendo. Ahora diga por qué no se encuentra allí en este momento, viviendo su vida ideal. Luego de hablar sobre esto, visualice a su ángel guardián borrando por completo estos pensamientos de sus recuerdos y transformando las razones por las que cree que no ha logrado sus sueños en una certeza de que sí puede alcanzarlos.

CHAKRA DEL CORAZÓN

La luz de las estrellas de los ángeles sigue su descenso hacia una rosa verde que se encuentra en su corazón y, a medida que florea, puede ver cómo se va convirtiendo en una rosa rosada. Ahora, su ángel guardián le pide que sienta el amor por la vida dentro de su corazón. ¿Qué está faltando en su vida en este momento y por qué no lo tiene? ¿Cuál miedo le impide lograr este estado de abundancia? ¿Ha seguido verdaderamente a su corazón para lograr sus deseos en la vida o tiene otras opiniones o reglas para detenerse a la hora de seguir a su corazón? Mientras responde las preguntas de su ángel guardián, deja salir todos los miedos acerca de seguir su corazón.

CHAKRA DEL PLEXO SOLAR

La luz de las estrellas de los ángeles entra por la rosa amarilla que se encuentra en el área de su estómago, el núcleo de su ser. Su ángel guardián le dirige la luz de las estrellas de los ángeles hacia sus miedos de supervivencia, seguridad, posición social, desapego a no ser aceptado y no ser amado. Pregúntese si siente miedo al fracaso o miedo al éxito, o a los dos simultáneamente. Pídale a su ángel guardián que transforme todos sus miedos en confianza en sí mismo, para garantizar que usted esté en plena capacidad de ser exitoso y aceptar sus recompensas espirituales.

CHAKRA SACRO

La luz de las estrellas de los ángeles llega a una rosa anaranjada que se encuentra debajo de su ombligo y que activa sus capacidades creativas. Ahora, su ángel guardián le pide que use su imaginación creativa para imaginar cómo puede cambiar su vida para tener todo lo que quiera por medio del uso de sus capacidades creativas, sus habilidades y talentos. ¿Cuáles son las cualidades que quiere en su vida? Imagine que tiene todas estas cualidades y que tiene el poder para esparcir la abundancia a todos aquellos que la necesitan alrededor del mundo.

CHAKRA DE LA RAÍZ

La luz de las estrellas de los ángeles alcanza la rosa roja en la base de su columna. Se encuentra en sintonía con las leyes universales, las cuales le enseñan que puede tener en abundancia, especialmente con la ayuda de su ángel guardián. Ahora tiene un constante flujo de abundancia de la forma que lo necesite. Por medio de la ley del karma, mientras más dé, más recibirá. Por medio de la ley de la atracción, su mundo exterior es un reflejo de su mundo interior. Por medio de la ley de la gratitud, lo que uno aprecia y agradece se multiplica diez veces. Repita la afirmación: "Luz de las estrellas de los ángeles tráeme mucho de todo lo que deseo."

Historia de éxito

Sandy obtuvo la curación de los ángeles porque quería crear abundancia financiera en su vida mientras trabajaba en lo que más le gustaba. Mientras le hacía una lectura, los ángeles me mostraron que él se encontraba extremadamente decepcionado con las personas que había trabajado en el pasado, lo cual lo llevó a no poder confiar en los demás. Sandy aceptó que esto era cierto y me dijo que había sido un emprendedor y que no había tenido preocupaciones financieras. Sin embargo, había tomado una decisión equivocada en una inversión y su socio se había aprovechado de él, lo que resultó en una gran perdida. Naturalmente, esto arruinó su confianza y autoestima, y superar esta situación fue un gran reto. Sandy siempre había creído en el poder de la oración y nunca había renunciado. Durante su meditación, se conectó con la energía del arcángel Miguel, para liberarse de su culpa, remordimientos y rabia sobre su pasado y así poder recuperar su poder. Mientras liberaba la negatividad de sus cuerpos emocional y energético, entró en contacto de nuevo con su energía creativa. Su vida fue transformada completamente de la desesperanza y la desesperación al éxito y a la alegría. Su círculo de amigos cambió, a medida que comenzó a atraer personas que pensaban como él, gente positiva, y oportunidades maravillosas comenzaron a llegarle. Sandy perfeccionó el arte de atraer la abundancia pidiéndoles a los ángeles que lo guiaran a diario hacia la prosperidad y ayudándolo a que el negocio que le apasionaba floreciera.

Ejercicios prácticos con el arcángel Gabriel
(Canalizando la creación literaria para la curación de la mente)

Pensamiento positivo

Es momento de examinar si está en control de su mente o si su mente está en control de su vida. Divida su vida en las áreas importantes como el amor y las relaciones, la riqueza y la prosperidad, la profesión y el propósito en la vida, la salud y el bienestar. Debajo de cada sección, escriba una lista de los pensamientos negativos que guarda en su mente, luego debajo escriba los elementos positivos en los que preferiría creer. Después de que los haya escrito, piense en el origen de los pensamientos negativos – ¿cuántos años tenía? ¿En qué fase de su vida se encontraba? ¿Qué persona o situación tuvo influencia en crearlo? – y pida que esos recuerdos sean eliminados de su consciencia. Por cada afirmación, reprograme su mente diciendo: "Con mi deseo e intención, he escogido cambiar el siguiente pensamiento (pensamiento negativo) por (pensamiento positivo)." Haga este ejercicio en cada momento en que se escuche a sí mismo hablando, sintiendo o pensando de forma desamorosa hacia usted mismo, su vida y hacia los demás.

Superando los miedos

Sus miedos han evitado que pueda vivir su vida al máximo. Escriba una lista de todos sus miedos físicos (por ejemplo, miedo a las alturas), miedos psicológicos (por ejemplo miedo al fracaso), miedos emocionales (por ejemplo, miedo al rechazo) y miedos espirituales (miedo de cumplir los *propósitos de su vida). Cuando se sienta listo para enfrentarlos y curarlos, en sus propios tiempos, por su propio deseo y en el orden que le parezca, trabájelos individualmente encontrando un lugar silencioso en donde se encuentre en un ambiente relajado. Cierre los ojos por unos minutos y cuando esté listo para escribir, abra los ojos y permita que sus memorias, pensamientos y sentimientos fluyan de su cuerpo hacia el papel. Comience escribiendo "A la edad de…" "Cuando fui…", y cuente su historia para que pueda racionalizar sus miedos. Sus escritos terminarán cuando haya comprendido su miedo y haya logrado liberarlo completamente de su mente.*

Lograr tener una profesión exitosa

No permita que su profesión dicte su identidad, sino deje que su identidad se refleje a través de su profesión. Revise su situación actual respondiéndose las siguientes preguntas: ¿está trabajando en algo quiere trabajar? Si no es así, ¿si pudiera, cuál sería ese trabajo en el que quisiera trabajar? ¿Ha tomado alguna acción para lograrlo? Si no, ¿por qué no? ¿Cuáles son los miedos que lo detienen? ¿Está dispuesto a tomar riesgos? Si no, ¿qué podría perder? Escriba una lista de qué es lo más importante en relación a su profesión desde lo más importante hacia lo menos importante. Algunos ejemplos pueden ser recompensas financieras, realización emocional, estimulación mental y creativa, comodidad física y satisfacción espiritual. Tenga claridad sobre lo que significa el éxito para usted y cómo puede obtenerlo a través de su profesión. Solicite guía angelical para encontrar una profesión que se adapte a sus valores. Si no puede cambiar su carrera, pida poder reformar su papel actual para poder satisfacer todos sus deseos.

Creatividad

Aproveche su energía creativa imaginándose su vida como si ya hubiera logrado todo lo que se propone crear. Mientras va dibujando en su mente, sienta las emociones que tendrá en su corazón y sienta cómo fluyen por todo su cuerpo. Esta técnica despertará sus habilidades creativas naturales para transformar todo lo que no está funcionando en su vida y hacerlo funcionar exactamente como debería. Cada mañana, haga una lista de deseos de lo que quisiera crear, así sea todo un día en paz, conseguir cierta cantidad de clientes, completar tareas de manera oportuna o crear resultados milagrosos a situaciones difíciles. Al final de cada día, revise su lista y tache lo que haya logrado. Piense en qué acciones puede tomar para lograr aquello que no haya logrado, pero, sobre todo, revise sus ideas sobre su capacidad para lograrlo. ¿Siente usted que merece lograrlo? ¿Siente usted que es lo suficientemente valioso como para tenerlo? Mientras trabaje en proyectos creativos, siempre vea el final como un resultado exitoso, en lugar de preocuparse de cómo va a lograrlo, ya que esto asegurará que logre obtener su mayor potencial creativo.

Confianza

La mejor forma de tener una auténtica confianza interna es creyendo en sí mismo. Para creer plenamente en usted debe conocerse por completo. Conéctese con su cuerpo, mente, corazón y alma, tomando un momento cada día para verse en un espejo y observar, no criticarse. Las preguntas más importante que tiene que hacerse son: "¿qué es lo que necesito cambiar? y ¿por qué quiero cambiar? No se preocupe del cómo, dónde o cuándo. Permita que las cualidades curadoras y milagrosas de los ángeles le permitan y lo ayuden a lograr los cambios. Todo lo que necesita es enfocarse en la pura intención y razón para cambiar, que al final lo llevará a tener confianza cuando obtenga los resultados deseados. Mientras tanto, enfóquese en sus logros, en lugar de en sus fracasos, y en las buenas cualidades que sus seres queridos ven en usted. El conocimiento y la experiencia son confianza. Hable sobre los temas que usted más conoce, mientras aprende y desarrolla su conocimiento general de temas en los que es más débil. Proyectar una imagen de *confianza le hará sentir confianza y, eventualmente, tener confianza naturalmente.*

Estrés

Cuando se le inflige estrés, usted está fuera de sincronía con el flujo natural de la vida. Para combatir esta acumulación de energía negativa, queme inciensos y esparza el humo alrededor de su aura, concentrándose en cada Chakra, especialmente en el del plexo solar, ya que el estrés es acumulado en el estómago. Refresque su cuarto abriendo las ventanas y limpiando cualquier acumulación que puede estar evitando que la energía universal fluya a través de nosotros. Use agua para limpiar la energía negativa del estrés en su cuerpo interno y externo. Limpie sus manos y cara, o dese una ducha para eliminar cualquier huella de negatividad enjuagando todas las toxinas que tenga. Tome profundas bocanadas de aire fresco, aguántelo y déjelo salir lentamente. Repita esta afirmación: "Estoy fresco, tranquilo y sereno", por tanto tiempo como lo necesite. Encienda una vela blanca y sostenga la intención de que todo el estrés del mundo se derrita mientras se va consumiendo la vela.

Abundancia

¿Qué significa la abundancia para usted? Si su respuesta es riqueza, en lugar de enfocarse en recompensas financieras, enfóquese en la recompensa física, mental, emocional y espiritual que la ganancia financiera le traerá a su vida. Escriba todas las cualidades que piensa que la abundancia de riqueza puede comprar, tales como la libertad, la seguridad, la alegría y la comodidad. Su mente lógica está limitada a creer que estas cualidades únicamente llegan a través de las ganancias y posesiones materiales. Su mente infinita y sin límites le enseñará otras formas de vivir estas cualidades cuando permite que sus inspiraciones creativas e ideas fluyan hacia su vida. Cada día, aunque sienta que todo es una pretensión, haga el esfuerzo de vivir expresando valores como libertad y seguridad. Eventualmente estas se incrustarán profundamente dentro de

su mente subconsciente y se convertirán en parte de su realidad. Una de las formas mágicas como esto funciona es cuando los ángeles llevan a ciertas personas a entrar en su vida, con quienes podrá intercambiar servicios, conocimientos y oportunidades sin tener la necesidad de que exista un intercambio financiero.

PARTE VII:

CURACIÓN DE LOS ÁNGELES PARA EL CORAZÓN

Esta sección cubrirá los principales retos emocionales que las personas tienen que enfrentar a lo largo de su vida, especialmente con respecto a las relaciones amorosas. Habrá una corta descripción del problema y de sus causas frecuentes. Todos los consejos han sido directamente canalizados de los ángeles, ofreciéndole una perspectiva completamente diferente de cada situación. Luego de cada sección, hay una meditación de los ángeles curadores, que comenzará eliminando cualquier bloqueo que pueda tener a nivel energético en esta área. Los ejercicios prácticos le ofrecerán una idea de las acciones que deben ser tomadas y las afirmaciones mentales que aumentarán su curación a medida que vayan cambiando sus patrones positivamente.

Todas las emociones son expresiones de dos emociones muy poderosas: amor o miedo. El amor es la emoción positiva, el miedo es la negativa. En donde hay amor, no hay miedo. Amor y miedo no pueden ser expresadas al mismo tiempo. El amor es luz y el miedo oscuridad, por lo cual el miedo desaparece cuando se enciende la luz del amor. Todas las variantes de la emoción del amor, como la paz, la plenitud, la felicidad, ya existen dentro de usted. A través de varias experiencias de vida, estas emociones pueden perder su presencia ante la existencia del miedo, el cual crea emociones negativas como rabia, tristeza o culpabilidad. La curación de los ángeles lo ayudará a entender sus emociones y a transformar el miedo de nuevo en amor, y sus emociones negativas en positivas. En la vida existe un constante movimiento entre estas emociones, sin embargo, cuando uno hace un esfuerzo por tomar control de su bienestar emocional, podrá identificar y transformar sus emociones negativas en positivas. Pretender ser emocionalmente feliz y positivo todo el tiempo es irracional y enfermizo. Estar en equilibrio significa estar en paz. Cuando uno reconoce las emociones negativas, puede cambiarlas. Las emociones negativas tienen consecuencias negativas en el aura y en los Chakras, que permanecen en ciertas partes del cuerpo físico. Esto lo lleva a tener una energía baja, que a su vez lo lleva a enfermarse. Las emociones no pueden ser reprogramadas en la mente como los pensamientos y las creencias. Las emociones son energías que cambian de frecuencia de acuerdo con la influencia de pensamientos y factores externos. Las emociones afectan las relaciones con los demás, con uno mismo y con la vida misma, por lo cual mientras más saludable se encuentre uno, más emociones positivas tendrá y sus relaciones fluirán más positiva y saludablemente.

La definición de amor de los ángeles es "perfección natural". Ellos dicen que esta energía existe en todas las cosas, personas y lugares. El amor es una energía infinita y expansiva que no puede ser destruida, únicamente contaminada. Todo tiene una frecuencia energética; al cambiar su propia energía y su mundo interno a la frecuencia del amor, uno atraerá más amor en todas sus formas, sea a través de relaciones con gente o atrayendo el empleo que uno quiera. Con dedicación y práctica, uno podrá resonar con la frecuencia del amor en cada experiencia que tenga, sea interna o externa. Los ángeles guardianes lo llevarán a recordar cómo se siente el amor puro y a sentirlo en cada momento de su vida.

Durante la curación de los ángeles, la meta es reemplazar cualquier cosa que haya contaminado la pureza del amor y devolverla a su estado natural de existencia. Esto se realiza cuando los ángeles canalizan su propia energía del amor (que llamamos la luz de las estrellas de los ángeles) en cada situación, para transformar la energía negativa que la rodea y devolverla a su perfección natural. A pesar de que muchas personas buscan el amor externamente, a través de todo lo que hacen, de su búsqueda de potenciales parejas, de sus profesiones o de sus pasiones, los ángeles nos recuerdan que el amor no puede conseguirse externamente, ya que éste se encuentra en uno y únicamente puede expresarse desde adentro. Cuando el amor está bloqueado física, mental, emocional o espiritualmente, la persona pierde contacto con la alegría, la sabiduría, la salud y la paz que le son naturales, y comienza a dudar de que vaya a conseguir felicidad en su interior, por lo que comienza a buscarla en el exterior. El secreto es usar la guía y energía curadora de los ángeles para conseguir el amor dentro de uno mismo y dejarlo brillar en cualquier área de su vida.

El amor es la mayor forma de energía. La energía vibra a diferentes frecuencias y, como el amor es la mayor forma energética conocida por la humanidad, es un gran curador. Llamar a su ángel guardián y a los arcángeles para que le enseñen sobre amor, le abrirá muchas puertas y oportunidades para que pueda experimentar el amor en todas sus formas. La forma más potente de experimentar el amor en su forma más pura es en las relaciones con los niños. Esto se debe a que los niños poseen la inocencia, la pureza y la esencia del amor, ya que no han sido influenciados por las experiencias de la vida. Ellos irradian amor, por lo que fácilmente atraen amor de regreso. Estas almas jóvenes absorben todo en su mente inconsciente; esto tiene una fuerte influencia sobre cuánto expresarán o reprimirán el amor mientras van creciendo.

Después de que uno cae en cuenta de cuánto amor siente por sí mismo, por los demás, por la vida y por el mundo, uno toma control de su felicidad y satisfacción. Ya que la energía del amor es magnética, mientras más se ame uno a sí mismo, mayor será el amor que recibirá de los demás. Las energías tienen una forma de comunicarse entre sí, por lo que todo lo que no le guste de usted le será mostrado hasta que haga algo al respecto, ¡como curarlo! Es por ello que se forman algunos patrones, como por ejemplo, la atracción de un cierto tipo de personas o situaciones a su vida.

Luego de que uno es sincero consigo mismo y reconoce sus bloqueos negativos, permitirá que el cambio y la curación se lleven a cabo. El amor es interminable y no necesita nada a cambio. Mientras más amor das, más amor recibirás, ya que existe una abundancia natural de amor en el universo. No existe suficiente gente para atrapar toda esta energía, porque muchos han sido influenciados de forma negativa por la mente del ego. El amor es un estado incondicional del ser cuando es usado de la forma más auténtica. Las condiciones que se le ponen al amor arruinan su pureza y crean expectativas y apegos enfermizos. Estos provienen del miedo. El amor crea milagros y puede curar todas las heridas a nivel físico, mental, emocional y espiritual. El amor es la emoción más bella e increíble que existe. Las decepciones ocurren cuando nuestro amor no es apreciado y el dolor llega por falta de amor. El perdón nos lleva de nuevo al amor. El duelo es el dolor por la pérdida del amor y la paciencia proviene de confiar en el amor. En la medida en que nos despertemos al amor, nos convertiremos en seres iluminados que creen en su mayor potencial. El amor tiene el poder para disolver la negatividad y ayudar a crear amor y paz alrededor del mundo.

Las relaciones son un factor importante para aprender a conocerse, porque le ayudan a entender a la persona lo que en realidad es. Tiene muy poco que ver con los demás. Lo que le gusta o no le gusta y la forma en que quiere vivir su vida son determinados por el reconocimiento de su alma y sus valores. Al compartir su vida con los demás por medio de las relaciones, con su pareja, sus hijos o sus compañeros de trabajo, estará viendo qué tan compatible usted es.

Aquellos que consideran almas gemelas tienen una conciencia espiritual similar a la suya; con ellos existe una conexión que va más allá de la personalidad. Uno es incapaz de describir o racionalizar estas conexiones, porque son muy profundas. Las relaciones requieren de que ambas personas se comprometan con los valores y, dependiendo de qué tan necio sea cada individuo para cambiar, se determinará la cantidad de retos. A menos de que uno de los dos retroceda y se enfoque en lo que están haciendo, habrá choques. Los choques son conflictos que llevan a la infelicidad. Éste es el caso en todas las relaciones: amor, trabajo, familia, etc. El secreto para tener una relación feliz es la comunicación y la comprensión a través de la sabiduría angelical, y el respeto y la compasión a través del amor angelical. Uno no puede cambiar a otra persona, sin embargo, uno puede inspirar a la otra persona para que cambie. Existe una diferencia gigantesca entre las dos y, con la curación de los ángeles, uno puede ver a la otra persona a través de los ojos de los ángeles. No habrá necesidad de perdón, si desde un principio no hay expectativas de la otra persona. Para no tener expectativas, más allá de la decencia y el respeto mutuo, usted debe amarse a sí mismo completamente, aceptar sus fortalezas y debilidades y creer en sus valores. A menos de que haga esto, no podrá sostener relaciones sanas y duraderas con otras personas. Cuando uno está completamente feliz y satisfecho consigo mismo, uno se ama a sí mismo incondicionalmente por lo que uno es. De esta forma la sensación de soledad se disuelve y ya nada le hará falta a usted o a su vida.

Sin embargo, querer compartir su vida con una persona especial, para disfrutar los buenos tiempos y crecer de los malos tiempos, es algo diferente. Si uno está feliz y satisfecho con uno mismo, se reduce la presión puesta en la otra persona de satisfacerlo y existe un sentido de apreciación por cada momento que uno comparte con ellos. Las mejores relaciones son aquellas donde uno no se siente vacío cuando la otra persona no está cerca, pero que cada vez que se ven se siente como cuando se conocieron por primera vez. Es una sensación de unión independiente. Es importante expresar sus sentimientos y pensamientos verdaderos sobre sí mismo y ser capaz de escuchar las perspectivas de las otras personas.

Cada persona que ha conocido y con quién tiene una conexión amorosa tiene un regalo para usted. Inclusive si la situación es retadora o dolorosa en ese momento, siempre habrá un propósito o razón superior y algo que aprender. Aquellos con quienes tiene una conexión muy especial son miembros de su alma grupal, sus almas gemelas, ellos le enseñarán grandes lecciones para el crecimiento de su alma.

Soledad

Ausencia de relaciones

Se siente solo. Los ángeles escuchan su deseo de formar parte de una relación y quieren decirle que, para encontrar lo que le hace falta en la vida, primero tiene que revisar la forma en que se ama a sí mismo y mirar esos aspectos que no está aceptando. ¿Está absolutamente listo para amar a otra persona y estar en una relación? ¿Está completamente listo para ser amado exactamente por lo que es? Si hay partes de usted que no ama, va a ser muy difícil para otra persona poder amarlas. El deseo de su corazón es expresar amor. Está en búsqueda de otro corazón que también comprenda el amor. La gente tiene la percepción de que la única forma de expresar el amor es a través de una relación especial con una pareja. Es hora de cambiar esta percepción y entender que, como todos están buscando expresar su amor y sentir que pertenecen, es el momento de abrir sus corazones los unos a los otros. Esto eliminará su sentimiento de soledad física y emocionalmente. Compartir el amor a través de su corazón naturalmente atraerá mucha gente a usted. Alargar sus relaciones para cubrir su sensación de soledad es enfermizo. El encuentro de los corazones de ambos bajo el miedo de estar solo es un arreglo temporal y no lleva a la satisfacción permanente, ya que no conseguirá las respuestas a la causa principal de su soledad. La mejor relación que uno puede tener es con uno mismo.

Separación

La soledad puede llevarlo a sentirse profundamente infeliz e indigno. La soledad puede ser descrita como una sensación de estar completamente aislado y de tener un gigantesco vacío adentro. Los ángeles comprenden que cuando una relación termina, puede cambiar completamente su vida. Usted siente como si hubiera algo muy grande que le hace falta. Su mundo físico no parece estar completo y tiene más tiempo para detenerse a pensar en lo que ha perdido. La sensación de soledad es causada cuando hay una separación entre su cuerpo, mente, corazón y alma. Sin importar cuál de los vínculos falta, esto genera una desconexión. Las personas buscan restaurar estas conexiones fuera de sí mismos en espera de aliviar la soledad a través de conexiones con otras personas. Su ángel guardián está siempre con usted, dándole todo el amor, consuelo y cualquier otra cosa que pueda necesitar en su corazón. Luego que comienza a abrirse y sentir a su ángel guardián a su alrededor, la sensación de soledad desaparecerá completamente.

Compañía

Los ángeles dicen que cuando uno se ama a sí mismo y su compañía, los otros lo amarán a usted y a su compañía de igual forma. Cuando uno está cómodo en el espacio interno de su mente, corazón y cuerpo, uno comenzará a irradiar paz a su mundo exterior y la sensación de necesitar una relación, o algo que llene el vacío, desaparecerá. Siempre recuerde que usted atraerá a su vida lo que usted tiene dentro de usted.

Amistad

Si está buscando una relación con alguien especial para estar juntos físicamente, tiene que dejar de enfocarse en lo que le está faltando en la vida para enfocarse en lo que se merece tener en la vida. Cuando uno cambia de pensamientos, sus sentimientos también cambiarán al igual que las vibraciones que irradia hacia el mundo. Con el tiempo, sus acciones serán conducidas desde una perspectiva más positiva. Nadie está completamente solo cuando comienza a reconocer a las personas que ya se encuentran en su vida. Los ángeles le piden que piense sobre si usted hace un esfuerzo suficiente para estar en contacto con sus amigos con los que ha perdido el contacto. Los ángeles le darán el coraje para tomar los pasos necesarios para conocer nuevas personas al integrarse a grupos sociales y pueda conocer gente con intereses similares.

Independencia

Pídales a los ángeles que lo guíen para convertirse ahora en una persona independiente y satisfecha. Ellos irradiarán una energía muy atractiva e inspiradora por medio de la cual atraerá otros a su vida. Muéstrele al mundo quién es en realidad usted, en lugar de quien piensa que debería ser, y así la gente lo reconocerá más. Siéntase listo, abierto, deseoso y sin miedo para permitir que alguien se acerque a su corazón y ellos aparecerán naturalmente. Cuando uno tiene la relación perfecta con uno mismo, uno podrá tener una relación perfecta con los demás.

MEDITACIÓN CURATIVA DE LOS ÁNGELES POR LA SOLEDAD

EL SECRETO DE LOS ANGELES:

"La soledad es vacía cuando se cree en la unidad, porque la unidad se encuentra dentro de la soledad".

CHAKRA DE LA CORONA

La luz de las estrellas de los ángeles entra en su cuerpo angelical por medio de una hermosa rosa blanca que se encuentra encima de su

cuerpo físico. Vea el brillo plateado de una estrella en el centro de su Chakra de la corona y se conecta con su alma. Le tomará un momento mientras encuentra esta estrella, tenga paciencia, sabrá cuando la conexión esté hecha. La luz dorada de las estrellas de los ángeles está brillando en su alma, despertando su sabiduría angelical. Pídale a su alma que le muestre qué es la soledad y cómo se relaciona con su vida. Mientras los rayos de su alma brillan hacia el mundo, ahora se conecta con todas las almas que son parte de la unidad del universo.

CHAKRA DEL TERCER OJO

La luz de las estrellas de los ángeles viaja hacia la rosa morada que se encuentra entre sus dos ojos y hacia su mente. Comienza por eliminar el bloqueo que tiene su intuición. Su ángel guardián lo lleva a un viaje hacia su pasado para mostrarle cuánta infelicidad le ha causado la sensación de soledad. Mientras vive en esta fase de su vida, su ángel guardián le dirige luz dorada de las estrellas de los ángeles para transformar sus malos recuerdos en amor y puede ver cómo se disuelven en luz dorada. Visualícese tomando la sabiduría de estas experiencias y poniéndolas en su rosa morada.

CHAKRA DE LA GARGANTA

La luz de las estrellas de los ángeles desciende hacia la rosa azul que se encuentra en la garganta y que se extiende hacia sus oídos. Su ángel guardián le pide que hable sobre sus sentimientos de soledad, en voz alta o en su mente. Mientras se comunica, vea cómo la rosa azul se convierte más vibrante en color y se abre completamente. Confíe y permita que todo lo que ha estado estancado en esta área salga hacia afuera, ya que es una forma de eliminar los pensamientos negativos. Escuche la perspectiva de su ángel guardián sobre la soledad y su consejo sobre los próximos pasos que debe tomar en su vida para conseguir lo que pareciera que ha perdido.

CHAKRA DEL CORAZÓN

La luz de las estrellas de los ángeles sigue su descenso hacia una rosa verde que se encuentra en su corazón y, a medida que florea, puede ver cómo se va convirtiendo en una rosa rosada. Su ángel guardián le envía la energía de la fortaleza hacia su corazón, llenando el vacío con amor incondicional. Visualice la rosa rosada expandiéndose en forma de un corazón tan grande como su cuerpo físico que lo une cada vez más a su ángel guardián que lo ayuda a convertirse en uno. Nunca más sentirá soledad de nuevo, ya que ahora cuenta con la habilidad de conectarse con las personas, ángeles y situaciones por medio de su amplio corazón, inclusive cuando no estén a su alrededor físicamente.

CHAKRA DEL PLEXO SOLAR

La luz de las estrellas de los ángeles entra por la rosa amarilla que se encuentra en el área de su estómago, el núcleo de su ser. Su ángel guardián le canaliza la energía del poder hacia esta área hasta que consigue su verdadera identidad como una persona independiente y segura. Ahora, sienta la luz de las estrellas de los ángeles curando sus inseguridades y dándole el conocimiento que necesita para ser apreciado por lo que es. Visualice la parte interna de la rosa amarilla, en la que hay un punto oscuro. Éste representa el miedo a estar solo. Este punto está siendo lavado con luz de las estrellas de los ángeles, mientras repite esta afirmación: "Estoy rodeado con amor."

CHAKRA SACRO

La luz de las estrellas de los ángeles llega a una rosa anaranjada que se encuentra debajo de su ombligo y que activa sus capacidades creativas. Su ángel guardián lo ayuda a encontrar en esta área el patrón de la soledad y le muestra cómo ha seguido este patrón a lo largo de su vida. Ahora, la luz de las estrellas de los ángeles rompe el patrón y le entrega la energía de la libertad. Sienta cómo corre por su cuerpo. Ahora cura cualquier resentimiento hacia aquellos que terminaron relaciones con usted y que le causaron un sentimiento de soledad. Visualice esas hermosas cuerdas del amor ahora amarradas a sus seres queridos y a todos los que pronto estarán llegando a su vida. Vea la luz de las estrellas de los ángeles flotando por estas cuerdas, fortaleciendo sus nexos con amor incondicional.

CHAKRA DE LA RAÍZ

La luz de las estrellas de los ángeles alcanza la rosa roja en la base de su columna. Vea muy profundamente dentro de esta rosa roja mientras su ángel guardián lo lleva a un viaje muy largo de regreso a su niñez. Piense si cuando era un niño pensaba que formaba parte del mundo. ¿Encajaba con otros grupos o se sintió siempre por fuera? ¿Tenía muchos amigos o siempre jugaba solo? Su ángel guardián le dirige ahora la luz de las estrellas de los ángeles para convertir todos los recuerdos, creencias y situaciones negativas durante su infancia y borrándolas de su memoria. Su ángel está curando todos estos traumas que pudo haber experimentado o presenciado cuando niño y que lo llevaron a sentirse solo. Mientras presencia esta curación, observe su crecimiento desde niño hasta la actualidad, sabiendo que todas las veces que se ha sentido solo en la vida han sido borradas de su memoria y reemplazadas por amor a uno mismo e independencia. Repita la afirmación: "La luz de las estrellas de los ángeles ha curado ahora mi soledad."

Historia de éxito

Ebony buscó la curación de los ángeles para aliviar su soledad, porque no se sentía satisfecha con su vida. En su meditación, fue llevada a un viaje lejos de su realidad física y le mostraron que tenía a muchos ángeles y guías espirituales a su alrededor que estaban tratando de guiarla para poder expandir su grupo social. Ebony había dejado su trabajo en una corporación en Londres y había decidido trabajar desde su casa como *trader* financiero. Ella hizo esto por cuatro años; el haberse salido de su grupo de trabajo y de su grupo social la había hecho sentirse muy aislada. Ella tenía mucho miedo de que no fuera a tener más tiempo en común con el mundo exterior. La energía curadora le dio gradualmente la dirección para salir de su zona de comodidad y buscar un cambio en su profesión. Ella no estaba disfrutándolo ni estaba siendo lucrativa. Ebony estaba recibiendo asesoramiento de los ángeles sobre la vida para ayudarla a superar la situación. En unas semanas, siguiendo los consejos que había recibido, fue a unas entrevistas de trabajo en la ciudad. En un par de meses, había conseguido un trabajo nuevo y ahora ella está muy feliz, con un nuevo grupo de amigos.

Rechazo

Amor no correspondido

La sensación de rechazo llega de muchas formas. Es un sensación que ha tocado vivir porque otra persona ha tomado la decisión de que usted que no satisface sus necesidades. Los ángeles saben cuán atormentante es estar enamorado de alguien que no está disponible o que no le ama de vuelta. Uno lo toma muy personal y comienza a sentirse indigno o no lo suficientemente bueno, lo cual tiene un impacto muy negativo en su autoestima. Esta sensación hace que comience el proceso de búsqueda dentro de usted para encontrar qué es lo que usted rechaza de su persona, para luego comenzar el proceso para sentirse en capacidad de cambiar. Los ángeles le piden que encuentre la fuerza del amor por sí mismo sin dudar de que se merezca este amor. Crea que las relaciones son su derecho divino y que merece estar en la que más le convenga. Nunca se coloque en segundo lugar. Los ángeles dicen que cuando renuncia a seguir intentando o a perseguir a la persona, ellos comenzarán a perseguirlo a usted. Si en realidad están destinados a estar juntos, estarán juntos cuando se liberen de los apegos enfermizos.

Desarrollo personal

Los ángeles dicen que si la persona que uno ama y con quien quiere estar se encuentra en una relación con otra persona, la reacción natural es compararse con ellos, viendo lo que ellos tienen y usted no. Si se permite el sentimiento negativo de celos o envidia hacia la otra persona, véala como una buena oportunidad para buscar lo que cree que le está faltando. Si está determinado a curar su sensación de rechazo, los ángeles lo guiarán por el camino del desarrollo personal y jugarán una gran parte en su desarrollo. Lo llevarán a cambiar su foco de querer lo que no tiene a saber que tiene todo lo que quiere.

Curando el pasado

Los ángeles creen que el trauma causado por el rechazo crea una creencia negativa de que esto se va a repetir en el futuro. Comienza a creer que usted no merece ser amado o atendido y transforma estas emociones negativas en baja autoestima. Creencias negativas como "seré siempre rechazado por aquellos a los que amo" creará un patrón recurrente en sus relaciones a menos que sean reprogramadas positivamente en su mente subconsciente como "yo merezco ser aceptado." Los ángeles lo ayudarán a ver su pasado, de hacer falta hasta su niñez, para identificar la raíz de sus creencias sobre el rechazo. Éstas pueden haber nacido por no haber recibido suficiente atención o por haberse sentido abandonado por sus padres durante la niñez. Cuando libere el resentimiento hacia las personas que lo han rechazado, estará en capacidad de amar y ser amado.

Retos

Pueden existir razones ocultas por las que se puede sentir atraído a personas que no están disponibles, por lo que este tipo de asunto le puede estar afectando de alguna forma. Por ejemplo, podría ser que en realidad le tenga miedo al compromiso o miedo a que estar muy unido a otra persona le causará perder su independencia. Sin embargo, una parte suya en realidad quiere estar en una relación, por lo que existe una batalla en su interior. Enamorarse de alguien con quién se sabe que no se puede estar le da esperanza, la esperanza de que cualquier día él o ella se enamore de usted también. Esto le da fuerza y propósito para vivir, algo en que enfocarse. Queriendo estar con alguien inalcanzable le genera un reto y le crea una meta que su corazón está tratando de alcanzar.

Miedo

El miedo a ser rechazado lo detendrá a la hora de buscar una relación con alguien a quién ama, especialmente cuando no sabe cómo se siente esta persona con respecto a usted. Esto causa frustración e inseguridad sobre su persona y evitará que avance en la búsqueda de su felicidad. Los ángeles curadores le pueden dar la confianza necesaria para confrontar este miedo y conectarse con la otra persona a nivel del alma para descubrir cómo se siente en realidad. Podría ser que esté reflejando los miedos del otro y perdiendo la oportunidad de compartir su amor. Los ángeles lo ayudarán a cambiar sus miedos sobre el rechazo, ayudándolo a estar seguro de sí mismo y ser naturalmente atractivo.

MEDITACIÓN CURATIVA DE LOS ÁNGELES PARA EL RECHAZO

EL SECRETO DE LOS ANGELES:

"El rechazo no puede suceder cuando uno bendice a todos por sus decisiones".

CHAKRA DE LA CORONA

La luz de las estrellas de los ángeles entra en su cuerpo angelical por medio de una hermosa rosa blanca que se encuentra encima de su cuerpo físico. Vea el brillo plateado de una estrella en el centro de su Chakra de la corona que se conecta con su alma. Su ángel guardián sabe la verdadera razón por la que ha sido rechazado en ciertas situaciones y ahora le mostrará por qué ha sido. Sea paciente porque, a nivel espiritual, va a comprender cuál era la lección de esas situaciones, qué ha aprendido para poder crecer y cuál ha sido el regalo que le han dado las personas que lo han rechazado.

CHAKRA DEL TERCER OJO

La luz de las estrellas de los ángeles viaja hacia la rosa morada que se encuentra entre sus dos ojos y hacia su mente. Comienza por eliminar el bloqueo que tiene su intuición. Su ángel guardián lo ayuda a ver cómo usted y la otra persona se encuentran en diferentes frecuencias energéticas a nivel físico, mental, emocional o espiritual. También comprenderá porque no son compatibles. La luz de las estrellas de los ángeles le limpia todos los sentimientos negativos para inspirarlo a cambiar su vida para bien.

CHAKRA DE LA GARGANTA

La luz de las estrellas de los ángeles desciende hacia la rosa azul que se encuentra en la garganta y que se extiende hacia sus oídos. Su ángel guardián le pide que comunique en voz alta o telepáticamente lo que siente por haber sido rechazado. Pregúntele sobre los pasos que tiene que tomar para continuar su ruta curadora y vea cómo su ángel guardián coloca una luz azul protectora alrededor suyo para su seguridad. Escuche el consejo de su ángel guardián mientras le levanta la autoestima y confianza en sí mismo para poder avanzar en la vida. Si se siente guiado a comunicarse con la otra persona involucrada, pida que la energía de la luz de las estrellas de los ángeles corra por su ser para poder ser positivo y expresarse claramente.

CHAKRA DEL CORAZÓN

La luz de las estrellas de los ángeles sigue su descenso hacia una rosa verde que se encuentra en su corazón, y a medida que florea, puede ver cómo se va convirtiendo en una rosa rosada. Su ángel guardián lo libera de todos los sentimientos negativos de vergüenza, indignidad, celos y envidia que tenga. Sienta cómo estas energías son transformadas en compasión y le devuelven su autoestima. Esta energía está ahora fluyendo por su corazón, eliminando todas las uniones enfermizas que tiene con la persona y liberándolo.

CHAKRA DEL PLEXO SOLAR

La luz de las estrellas de los ángeles entra por la rosa amarilla que se encuentra en el área de su estómago, el núcleo de su ser. Su ángel guardián ubica las uniones negativas que causan las luchas de poder entre usted y los demás. Ahora comprende que la persona que lo ha rechazado lo ha hecho para aumentar su propia confianza y autoestima, y su ángel guardián disuelve estas uniones oscuras para que se sienta fortalecido. A partir de este momento, la gente reaccionará a la forma en la que usted se sienta sobre sí mismo, y si usted es poderoso, los efectos del rechazo no existirán más.

CHAKRA SACRO

La luz de las estrellas de los ángeles llega a una rosa anaranjada que se encuentra debajo de su ombligo y que activa sus capacidades creativas. Su ángel guardián ahora mide sus niveles de confianza. En una escala del 1 al 10, en la que 10 representa el mayor nivel de confianza, visualice y sienta la frecuencia de sus niveles de confianza. Pregúntele a su ángel guardián qué emociones o cualidades son necesarias para poder aumentar la frecuencia energética hacia el 10. Visualice la luz de las estrellas de los ángeles entregándole la energía que necesita hacer y seguir haciendo hasta que logre llegar al 10.

CHAKRA DE LA RAÍZ

La luz de las estrellas de lo ángeles alcanza la rosa roja en la base de su columna. Vea muy profundamente dentro de esta rosa roja mientras su ángel guardián lo lleva a un viaje muy largo de regreso a su pasado, año por año recordando todos los momentos en que ha sido rechazado por los demás en todas las áreas de su vida. En la medida que regresa teniendo a su ángel guardián a su lado, dirija la luz de las estrellas de los ángeles hacia estos recuerdos negativos y vea cómo son convertidos en recuerdos felices únicamente. Mientras ve esta curación sucediendo, observe cómo crece desde la niñez hasta el presente, sabiendo que todas las veces que se había sentido rechazado en la vida, han sido borradas de su memoria y sustituidas con aceptación de sí mismo. Repita la afirmación: "La luz de las estrellas de los ángeles ha curado mi rechazo."

Historia de éxito

Yo fui rechazada a lo largo de mi vida por muchas personas mientras crecía. Nunca encajaba con los demás porque no tenía mucho que decir. Me sentía muy mal y me hacía sentir desmoralizada. A medida que fui creciendo, tenía el mismo sentimiento cuando era rechazada por las empresas a las que aplicaba por trabajos. Luego recuerdo que le rogué a los ángeles, día y noche, para que fuera aceptada en una empresa que yo consideraba perfecta para mí. Cuando mi aplicación fue rechazada, me sentí indigna, no comprendía el porqué, cuando había hecho lo mejor que podía en la entrevista y tenía todas las habilidades y calificaciones que estaban buscando. Estaba devastada, pero continuaba buscando trabajo en otras partes. Terminé consiguiendo un trabajo en una organización mucho más grande que ofrecía un mejor paquete y en donde conocí amigos de toda la vida. Seis meses después o un poco más, me enteré de que la empresa en la estuve desesperada para que me aceptaran, había quebrado. En este momento, entendí la bendición oculta detrás del rechazo y comprendí que debo confiar en mis ángeles y en mis oraciones, porque siempre son escuchadas y si no son respondidas es porque existe una razón para ello.

Acoso

Abuso

Los demás pueden abusar de usted de muchas formas. Sea a nivel físico, mental o emocional, el acoso es siempre horrible y tendrá consecuencias severas en su bienestar. Ejemplos de acoso son la humillación, los asaltos, las amenazas, el aislamiento, los ataques a su autoestima y la usurpación de su libertad, dignidad y poder.

Víctimas

Los ángeles creen que el acoso es una proyección de la infelicidad de la persona hacia la vida de los demás. La persona causando esta energía, el acosador, no es de ninguna forma una persona feliz, segura o pacífica, y probablemente necesita curación, tal vez más que la víctima. La gente que es alegre y está en paz no siente la necesidad de quitarles la alegría a los demás, así como no es un instinto natural hacerlo. Al mismo tiempo, aquellos que están completamente seguros no sienten la necesidad de hacer sentir a los otros inseguros. Los acosadores han sido víctimas en algún momento de su vida y para ellos la única forma de vengarse y resolver su resentimiento y rabia es proyectando estos sentimiento en los demás, especialmente en aquellos cercanos. Esto los hace sentir como si ellos estuvieran recuperando su poder.

Debilidad

Los ángeles ven que existen debilidades en las dos partes, pero por razones diferentes, de igual forma cada parte ha sido atraída por la otra para conseguir fortalezas. El abusador está tratando de ocultar sus debilidades e inseguridades pretendiendo ser y actuando como si fuera más fuerte que la víctima. La víctima creerá que es más débil porque está dominado por energía negativa.

Celos

Algunos pueden convertirse en acosadores porque tienen celos, envidia o se sienten amenazados por usted, aunque usted no lo crea. Los ángeles lo ayudarán a identificar qué les está causando los celos, pero lo más probable es que ellos sientan en usted la felicidad, paz y seguridad que a ellos les está haciendo falta. Su meta es quitarle esto y hacerlo sentir inadecuado e indigno. Muchos acosadores pueden no estar conscientes de que están afectando a los demás de esta forma, ya que sólo pueden revelar lo que está dentro de su subconsciente. Usted no es responsable de su vida – usted únicamente puede trabajar en usted y, en la medida en que cambie, la forma en que ellos se comportan con respecto a usted también cambiará. Esto no significa que usted necesita tener apariencia infeliz para que ellos lo dejen en paz, esto significa que necesita encontrar compasión en su corazón hacia ellos y sus acciones. La energía negativa de los dos lados crea caos. Cuando una persona (comúnmente la victima) no reacciona a la negatividad y permanece en un lugar de amor y paz, la negatividad es curada.

Estrés

Los ángeles no quieren excusar a los acosadores, sin embargo, dicen que el estrés juega un papel fundamental en las personas con este comportamiento, especialmente en el campo laboral. Las personas experimentan el estrés como la ausencia de paz, causada por alguna presión exterior. La proyección del estrés hacia los demás puede parecer acoso o abuso. A pesar de que el estrés no es una excusa para atacar a los demás, es un factor importante a tener en mente para poder identificar la situación que el estrés está creando antes de comenzar el proceso de curación. Los ángeles quieren que esté en control de su mundo externo. Aunque no tenga el poder de cambiar a la otra persona, es posible que lo pueda ayudar a afrontar el estrés. Las personas reaccionarán diferentes hacia usted.

Control

Los ángeles saben que la gente necesita sentirse poderosa y proyectarlo hacia el mundo para poder sobrevivir. Esto significa que cuando alguien se siente inseguro, se comporta de forma que lo haga sentir inseguro a usted también. Cuando uno está en control de sus emociones, la gente reacciona de forma positiva. Tome acciones para tomar el control de su vida y mostrar que no tolera el acoso. Los ángeles lo ayudarán a enfrentar los miedos que han hecho que no enfrente el acoso, de manera que pueda sentirse liberado.

MEDITACIÓN CURATIVA DE LOS ÁNGELES PARA EL ACOSO

EL SECRETO DE LOS ANGELES:

"El poder verdadero enseña amor incondicional al ser el ejemplo perfecto".

CHAKRA DE LA CORONA

La luz de las estrellas de los ángeles entra en su cuerpo angelical por medio de una hermosa rosa blanca que se encuentra encima de su

cuerpo físico. Vea el brillo plateado de una estrella en el centro de su Chakra de la corona que se conecta con su alma. Su ángel guardián ahora está limpiándolo y purificándolo con la energía de la luz de las estrellas de los ángeles. Se siente re-energizado y listo para confrontar su situación con la sabiduría de su alma, la guía de su ángel guardián y la protección de los arcángeles. Será guiado a tomar cada pequeño o gran paso en la perfección del tiempo divino.

CHAKRA DEL TERCER OJO

La luz de las estrellas de los ángeles viaja hacia la rosa morada que se encuentra entre sus dos ojos y hacia su mente. Comienza por eliminar el bloqueo que tiene su intuición. Su ángel guardián le muestra que se ha convertido en una persona nueva, segura, fuerte y poderosa. Mírese tomando las acciones apropiadas para las situaciones que tiene que enfrentar. Crea en su intuición y crea que será guiado a tomar los pasos que lo llevarán hasta el más alto y mejor bien. Cualquier miedo o apreciación es lavada con la luz de las estrellas de los ángeles. Vea la luz brillante transformando el miedo en amor.

CHAKRA DE LA GARGANTA

La luz de las estrellas de los ángeles desciende hacia la rosa azul que se encuentra en la garganta y que se extiende hacia sus oídos. Su ángel guardián le pide que comunique en voz alta o en su mente lo que siente por haber sido acosado. Sienta que está liberando todo lo que tenía embotellado por muchos años y que había sido difícil enfrentar. Su ángel guardián ahora lo confronta y limpia la oscuridad de su Chakra de la garganta, prometiéndole que lo va a ayudar a avanzar ahora que ha pedido ayuda angelical.

CHAKRA DEL CORAZÓN

La luz de las estrellas de los ángeles sigue su descenso hacia una rosa verde que se encuentra en su corazón y, a medida que florea, puede ver cómo se va convirtiendo en una rosa rosada. Su ángel guardián le muestra qué tan frágil se ha vuelto su corazón como resultado de los acosos y abusos de los que ha sido víctima. Sienta que la rosa rosada oscura está siendo regada por la luz de las estrellas de los ángeles, devolviéndola a la vida. Mire mientras florea como una vibrante rosa verde y rosada y piense que se está preparando para perdonar a todos los que de alguna forma lo han herido.

CHAKRA DEL PLEXO SOLAR

La luz de las estrellas de los ángeles entra por la rosa amarilla que se encuentra en el área de su estómago, el núcleo de su ser. Su ángel guardián está desplegando y eliminando todas las capas oscuras alrededor de su núcleo dorado. La luz de las estrellas de los ángeles limpia la negatividad hasta que usted se conecte con su poder interno. Mírelo crecer más y más grande mientras usted repite: "soy poderoso", repitiéndolo a lo largo de todo el ejercicio y cada noche hasta que se quede dormido.

CHAKRA SACRO

La luz de las estrellas de los ángeles llega a una rosa anaranjada que se encuentra debajo de su ombligo y que activa sus capacidades creativas. Su ángel guardián lo lleva de regreso a su primera relación. Vea cómo eran las dinámicas de esa relación, qué tan poderoso se siente sobre su posición y cómo fue tratado. ¿Podía expresarse abiertamente o se reservaba mucho para usted? Si hubo alguna forma de abuso o acoso, visualice la luz de las estrellas de los ángeles transformando los recuerdos negativos y véase a sí mismo deshaciendo las acciones de su pareja como si nunca hubieran sucedido. Considere todo como experiencias y lecciones de la vida que son parte del camino del aprendizaje.

CHAKRA DE LA RAÍZ

La luz de las estrellas de los ángeles alcanza la rosa roja en la base de su columna. Vea muy profundamente dentro de esta rosa roja mientras su ángel guardián lo lleva a un viaje de regreso a su infancia. ¿Cómo lo trataban sus padres, familia y compañeros de la escuela? Mientras recuerda, ciertas personas y situaciones deberían venir a su mente. Véase entregando toda su oscuridad, emociones negativas de rabia, resentimiento, odio, culpa, vergüenza, etc. a su ángel guardián. Estas emociones son disueltas ahora por la brillante y poderosa luz de las estrellas de los ángeles, se siente listo para enfrentar su situación actual y para terminar el acoso y los efectos negativos que ha tenido en usted. Repita esto: "La luz de las estrellas de los ángeles ha eliminado todos los efectos negativos del acoso."

Historia de éxito

Emma buscó la ayuda de la curación de los ángeles porque había estado sufriendo de abuso verbal y emocional en su trabajo por muchos años. Sus colegas la trataban muy diferente que a los demás y la excluían de sus reuniones y eventos sociales. Ella describía que se sentía como si fuera un esclavo invisible. Durante sus meditaciones curadoras, se le pidió que recordara sus trabajos previos, su educación y sus años de infancia, para ver si este mismo sentimiento se había manifestado anteriormente. Ella había olvidado por completo que en realidad había sido invisible la mayor parte de su vida. La energía curadora fue a su pasado y comenzó a liberar todo el dolor emocional de sentirse indigna e insuficiente para ser reconocida. Los ángeles le mostraron que la gente siempre reacciona a las vibraciones y acciones de los demás. Sin estar consciente de ello, Emma había estado inconscientemente enviando señales de víctima en lugar de enviar señales de una mujer segura que creía en sí misma. Los ángeles le pidieron que se viera desde afuera para que revisara su lenguaje corporal y su comportamiento en la oficina. Esto motivo a Emma a cambiar de inmediato su comportamiento; cada mañana en camino al trabajo le pedía a los arcángeles Miguel, Gabriel, Chamuel y Rafael que hicieran un círculo protector a su alrededor para proteger las energías de su fortaleza, coraje y amor por sí misma. Sus colegas captaron estas nuevas energías casi de inmediato, recuperando su poder en la oficina, y las situaciones profesionales y sociales comenzaron a llegarle.

Duelo

Dolor

El dolor es una emoción muy fuerte y es la reacción a la pérdida, sea por una relación que termina o por el luto. Durante el duelo, las personas pierden el contacto con su realidad por el trauma al que tienen que enfrentarse y resulta muy difícil adaptarse de nuevo a la vida normal. La amargura y la rabia pueden consumir a la persona que está en duelo y esta rabia puede permanecer con ellos hasta que sea dirigida al exterior, sea hacia las personas o hacia la vida en general. Los ángeles le ofrecen la comodidad de esperar pacientemente hasta que esté listo para aceptar la curación de su dolor.

Pérdida

Si ha perdido un ser amado, puede estar sintiéndose sorprendido y desconectado. La vida puede no parecer real o puede haber perdido el deseo de vivir. Los ángeles le piden que recuerde el amor y aprecie los hermosos recuerdos compartidos entre ustedes. Despedirse y dejar ir puede ser la cosa más difícil que tenga que enfrentar como resultado de esta pérdida, porque le hace reconocer que está sucediendo en realidad. Saber que hizo lo mejor por esa persona durante el tiempo que estuvieron juntos y que se tomó el tiempo para decirle en cada oportunidad que lo amaba, le ayudará a transformar la infelicidad, culpa, lamento o dolor en amor, para que así pueda comenzar su camino curador.

Consuelo

Los ángeles lo consolarán durante sus momentos más bajos, a pesar de que no pueda percibirlo por ninguno de sus sentidos ya que esta consumido por la energía negativa. Puede haber renunciado por completo a cualquier tipo de fe y rechazar cualquier tipo de ayuda. Esto es completamente comprensible, ya que es una tristeza tan abrumadora que desconecta su alma de su cuerpo y su mente de su corazón. Los ángeles le reasegurarán que logrará regresar a la vida normal eventualmente. Ellos lo ayudarán continuamente en su dolor para que no se desbarate.

Asesoramiento

A veces, nada de lo que los demás puedan decir o hacer podrá ayudar. Los ángeles lo ayudarán todos los días hasta que esté preparado para curar el dolor y respirar de nuevo. Los ángeles nunca lo dejarán, inclusive si usted los deja a ellos. Ellos esperarán hasta que esté preparado para hablar sobre su dolor, sea con ellos, con un consejero de confianza o con un amigo. Durante el período de dolor, su conexión con los ángeles puede no ser tan fuerte como para poder comunicarse completamente con ellos, por lo que ellos hablarán y guiarán a otras personas en quienes ellos pueden confiar que serán buenos consejeros y guías para que formen parte de su vida. Los ángeles quieren que sepa que usted no está solo y que, en situaciones como ésta, su relación con los demás se profundizará gracias al apoyo que reciba de ellos.

Espíritu

Si usted ha vivido un duelo, el alma de su ser querido ha trascendido hacia un reino diferente, el reino espiritual. Igual que los ángeles, las almas no tienen forma física. Entran al cuerpo al nacer para encarnar el amor y para experimentar la vida en la Tierra. Una unión enfermiza con un alma que ha dejado su cuerpo evitará que esa alma siga progresando a lo largo de su camino. Esto sucede igualmente al final de una relación. A pesar de que no estén juntos de forma física, el alma de esta persona siempre vivirá en su recuerdo y en su corazón será una estrella que lo guía desde lo alto.

Paciencia

Los ángeles saben que el duelo es una emoción natural y ellos tendrán toda la paciencia mientras se desenvuelve en este proceso. Ellos lo ayudarán a guardar vivos en su corazón sus recuerdos por la persona que ha perdido, sin que resulte muy doloroso para usted. Ellos quieren que crea que el amor que ha compartido sea atemporal y le darán la energía para avanzar hacia el futuro con esperanza. Usted podrá escuchar o sentir su presencia cambiando su sensibilidad para poder recibir su mensaje de amor.

 MEDITACIÓN CURATIVA DE LOS ÁNGELES PARA EL DUELO

EL SECRETO DE LOS ANGELES:

"Luego de cada final hay un nuevo comienzo".

CHAKRA DE LA CORONA

La luz de las estrellas de los ángeles entra en su cuerpo angelical por medio de una hermosa rosa blanca que se encuentra encima de su cuerpo físico. Vea el brillo plateado de una estrella en el centro de su Chakra de la corona que se conecta con su alma. Puede parecer muy delgado o roto, por el dolor que ha vivido. Ahora su ángel guardián está haciendo brillar la luz de las estrellas de los ángeles en su alma para atraer los componentes y elementos de su alma y juntarlos de nuevo. Este proceso es llamado recuperación del alma. Vea cientos de pequeños destellos plateados de luz que ahora vienen a su alma para volverse un todo de nuevo.

CHAKRA DEL TERCER OJO

La luz de las estrellas de los ángeles viaja hacia la rosa morada que se encuentra entre sus dos ojos y hacia su mente. Comienza por eliminar el bloqueo que tiene su intuición. Su ángel guardián lo lleva al santuario de la curación. Véase a sí mismo en un templo celestial blanco en el que su cuerpo, mente, corazón y alma serán limpiados de todas las toxinas. Entréguese a un estado profundo de relajación contando lentamente de forma regresiva desde siete a uno. Mientras más se relaja, será capaz de absorber las propiedades curadoras de la luz de las estrellas de los ángeles.

CHAKRA DE LA GARGANTA

La luz de las estrellas de los ángeles desciende hacia la rosa azul que se encuentra en la garganta y que se extiende hacia sus oídos. Su ángel guardián lo ayuda a comunicar su pérdida. Vea y sienta la energía de la luz de las estrellas de los ángeles corriendo por su garganta, eliminando toda la oscura y densa energía que se ha acumulado bloqueando su Chakra de la garganta. Si necesita más energía, llamé al arcángel Miguel diciendo: "Querido arcángel Miguel, por favor conéctate conmigo ahora y desbloquea mi Chakra de la garganta para que pueda eliminar todas mis energías negativas. Gracias."

CHAKRA DEL CORAZÓN

La luz de las estrellas de los ángeles sigue su descenso hacia una rosa verde que se encuentra en su corazón y, a medida que florea, puede ver cómo se va convirtiendo en una rosa rosada. Su ángel guardián le pide que inhale la energía del amor y que exhale la energía de la tristeza. Repita esto por lo menos diez veces, hasta que sienta a su corazón fortaleciéndose emocional y físicamente. Por muchas razones, puede ser difícil para usted, aceptar el proceso curativo en su corazón. Si las emociones negativas como la culpa, el pesar o la rabia aparecieran, mida la fortaleza de estas en una escala del diez al uno y vea cómo se disuelven con la luz de las estrellas de los ángeles.

CHAKRA DEL PLEXO SOLAR

La luz de las estrellas de los ángeles entra por la rosa amarilla que se encuentra en el área de su estómago, el núcleo de su ser. Su ángel guardián está haciendo brillar la luz de las estrellas de los ángeles en esta área. Vea que ahora tiene un sol poderoso en el centro de su ser. Los rayos del sol están derritiendo cualquier estrés, rabia, culpa y pesar relacionado a su pérdida. Mientras estas emociones se derriten, son sustituidas por un sentimiento de aceptación que comienza a fluir hacia su corazón, hacia su alma y luego hacia su plexo solar. Repita de 5 a 10 veces.

CHAKRA SACRO

La luz de las estrellas de los ángeles llega a una rosa anaranjada que se encuentra debajo de su ombligo y que activa sus capacidades creativas. Su ángel guardián le muestra la cuerda energética entre usted y la persona que ha perdido. Vea cómo la luz de las estrellas de los ángeles fluye por esta cuerda, cargada del amor más puro e incondicional entre sus almas. Si le parece correcto comunicarse telepáticamente con la otra persona, pídale a su ángel guardián que lo ayude a interpretar los mensajes entre ustedes. Mientras se mantenga conectado con el alma de su ser querido, su canal de amor estará limpio, se sentirá más cerca de ella y con el tiempo sentirá que, a pesar de que no está físicamente con usted, está en su corazón.

CHAKRA DE LA RAÍZ

La luz de las estrellas de los ángeles alcanza la rosa roja en la base de su columna. Vea muy profundamente dentro de esta rosa roja mientras su ángel guardián lo hace percatarse de su cuerpo físico. Como éste es un ejercicio de curación muy intenso, es muy importante que traiga toda su energía de regreso a su cuerpo. Visualice y sienta su aura contrayéndose cerca de su cuerpo, sus Chakras comenzando a cerrarse y la luz dorada de las estrellas de los ángeles lavando todo el exceso de energía alrededor de su cuerpo.

Historia de éxito

Anne buscó la ayuda de la curación de los ángeles para que la ayudaran a superar el dolor de haber perdido a su hermano. La violenta e inesperada pérdida había generado un efecto muy doloroso en todos los miembros de su familia y para Anne el dolor había sido muy profundo, ya que ella veía a su hermano como a si fuera su padre. Como el vivía en el extranjero, ella nunca tuvo el chance de despedirse de él. Durante su meditación, le preguntaron si estaba lista para su duelo. Para ella fue muy difícil, ya que ella creía que era lo mismo que dejar ir el amor que ella tuvo por su hermano. A ella le dijeron que la curación estaba disponible para cuando ella se sintiera lista. Anne tuvo unas cuantas sesiones de curación de los ángeles, que le sirvieron de consuelo y le dieron fuerzas. Alrededor de un año después ella estuvo lista para dejarlo ir, su sesión fue muy emocionante e intensa. Durante su meditación, ella fue llevada al reino espiritual, a reunirse con su hermano y comunicarse con él. Había demasiado que ella quería decirle y ésta fue una oportunidad para sacar sus palabras y emociones. Él le dijo que la amaba como a una hija, que ella era un ángel en la Tierra y que necesitaba seguir adelante con su vida, porque ella tenía el gran propósito del servicio. Ella lloró descontroladamente a lo largo de toda la sesión y no pudo hacer la promesa. Ella reconoció que una parte de ella quería estar con su hermano en lugar de continuar sintiéndose miserable. En ese momento, a ella se le dio la posibilidad de renunciar a su vida o regresar a su cuerpo como una persona curada y fuerte, llena de recuerdos amorosos de su hermano en su corazón. Los ángeles me mostraron una columna de luz blanca brillando encima de ella, yo pude verla claramente. Anne decidió que quería continuar con su vida aceptando la curación. Luego de la sesión, Anne se sintió viva de nuevo, con un gran propósito de vivir – en especial porque su hermano le mostró que un nieto llegaría a su vida muy pronto. Luego de diez o más años de duelo, Anne pudo vivir su vida diaria, agradeciéndole a su hermano por cuidar de ella y de su familia desde reino espiritual.

Despecho

Final de una relación

Si está despechado porque una relación amorosa se terminó, piense que detrás de esto existe una bendición oculta. Cuando uno abre su corazón a otra persona con amor, uno comienza otro camino y, cuando ha completado el ciclo de aprendizaje en esa relación, probablemente sea el momento adecuado para salir de ella y seguir adelante. Mientras uno avanza a través de estos ciclos, su frecuencia energética cambia y, dependiendo de la dinámica de su relación, se convertirá en una persona más negativa o más positiva. Para comprender la importancia del papel que su pareja ha jugado en su vida, su propósito y el regalo que le deja, pídale a los ángeles que le den claridad. Curar un corazón roto toma tiempo y paciencia. Pídale a su ángel guardián que lo acompañe y que se comunique con usted de forma escrita o por medio de canalización directa para que le explique las razones de su dolor, qué ha podido hacer mejor o en menor cantidad, qué estaba viviendo la otra persona emocionalmente, qué han aprendido y si acaso sus diferencias son irreconciliables. Aquellos a los que usted ama y a quienes le abre su corazón son los mejores profesores. Ellos le traerán la oportunidad de experimentar el amor en todas sus formas y, sin importar cuál sea el resultado, siempre existirá una bendición oculta.

Traición de la confianza

Los ángeles saben lo difícil que es poder confiar en los demás. Como resultado de las influencias negativas de las relaciones fracasadas previas que usted pudo haber experimentado o presenciado, su mente se puede volver escéptica y su corazón puede crear barrearas para no ser herido de nuevo. Estas barreras alrededor de su corazón comienzan a perder fuerza a medida que uno permite que otra persona entre. Los ángeles dicen que el problema con esto es que uno comienza una nueva relación teniendo en lo más profundo de su consciencia la expectativa de ser traicionado, por lo que desafortunadamente, lo que tiene dentro de sí se manifestará convirtiéndose en realidad. Pídale a su ángel guardián que le envíe la curación de sus experiencias previas de haber sido traicionado y que convierta el miedo en amor incondicional, en todos los niveles, para que pueda creer de forma positiva en las relaciones y los resultados de estas. Ésta es parte de su responsabilidad. La manera en que la otra persona escoja sus acciones es algo que no puede controlar, más allá de comunicarse con ésta eficientemente para asegurarse que sea honesta sobre sus emociones hacia usted y hacia la relación que tienen. Si ha sido traicionado por medio de la infidelidad, los ángeles curadores lo ayudarán a recuperar su confianza, autoestima y capacidad de perdón para que pueda seguir adelante.

Decepción

Por medio de su compasión, los ángeles están en capacidad de levantarlo de su decepción causada por la persona que le ha roto el corazón. A pesar de que es correcto sentirse defraudado y traicionado y sentir mucha rabia por ello, estos sentimientos negativos pueden llevarlo a problemas más complejos en otros niveles del cuerpo angelical. Al pedirle a su ángel guardián la energía de la compasión, usted comenzará a ver las cosas desde la perspectiva de la otra persona, mostrando cualquier dependencia irrazonable o enfermiza que pueda haber establecido a nivel inconsciente con la otra persona. Sólo puede sentir decepción hacia alguien si ha juzgado a la persona o sus acciones. Cuando vive su vida sin juzgar a los demás y mantiene sus verdaderos valores, uno elimina la posibilidad de ser herido de nuevo. Si uno comunica sus expectativas a las personas que uno ama al principio de la relación, pueden trabajar en conjunto para respetar los valores de cada uno. Lo que puede ser completamente aceptable para una persona, puede no serlo para usted; por lo que sus sentimientos de estar decepcionado de alguien surgen al no respetar sus opiniones y juzgarlas. Los ángeles ayudan a conseguir la compasión por los demás cuando se les pide y ellos también lo ayudarán a ser menos crítico. Si decide vivir en las decepciones del pasado, creyendo que mientras más ama, más será herido, usted permanecerá estancado. Sin embargo, si uno escoge creer que mientras uno más ama, más crecerá, se moverá sin miedo hacia la felicidad.

Deshonestidad

Los ángeles tienen la capacidad de ayudarle a descubrir cualquier deshonestidad aumentándole sus capacidades intuitivas. Si piensa que alguien que ama le está mintiendo, los ángeles lo ayudarán a hablar del tema sin crear un conflicto. Puede estar sintiéndose muy herido porque ha descubierto que la persona que ama le ha mentido. Pídale a su ángel guardián que lo ayude a comprender la verdadera razón de su deshonestidad. La mayoría de las veces, la deshonestidad ocurre porque la otra persona ha estado tratando de proteger a la persona que ama. Es importante comprender la verdadera causa de la deshonestidad para poder ser capaz de comprometerse. Luego de que esto ha sido comunicado y comprendido por todos los involucrados, es que se podrá reparar cualquier daño causado a la confianza del otro.

Apegos

Los apegos enfermizos a aquellos que uno ama pueden causar despecho. Los ángeles dicen que esto sucede porque uno le da su poder, independencia y libertad a la persona que ama. Estar en una relación no debería significar que usted pierda estas cualidades, porque esto significa que comienza a perder su identidad. Los ángeles tienen la capacidad de ayudarlo a identificar cualquier apego enfermizo a los demás, a quienes usted puede estar inconscientemente reteniendo de ser quienes son en realidad. Es por ello que en la mayoría de los casos sucede la deshonestidad, porque la persona que uno ama no se siente lo suficientemente libre como para expresarse y aprovecha la oportunidad de hacerlo a su espalda, esperando no ser descubierto. Pídale a su ángel guardián que le cure todos los apegos enfermizos que sabe que tiene, aunque se haya negado a aceptarlo por mucho tiempo. Esto lo hará una persona libre y disminuirá los chances de que le mientan. Así permitirá que sus relaciones tengan la posibilidad de desarrollarse de manera saludable. La felicidad viene del amor y la apreciación a los demás, aun cuando se es física, mental, emocional y espiritualmente independiente.

Culpa y responsabilidad

Los ángeles dicen que la curación comienza cuando crea que es responsable de sus emociones, pensamientos, acciones y de su estado de ser. Culpabilizar a otra persona de los errores que usted pueda haber cometido es un enorme gasto de energía valiosa, ya que no existe nada que se pueda aprender culpabilizando al otro. Aceptar que cualquier cosa que pueda suceder está de alguna forma alineada con su plan de vida, evitará que alimente sentimientos de rabia, odio, resentimiento y demás emociones negativas. Éstas nunca podrán servirlo de forma positiva, por lo cual su ángel guardián le mostrará su propia responsabilidad en la situación que le ha causado el despecho. Si ha tenido muchas experiencias en el pasado que lo han herido, el trauma permanece en su cuerpo emocional y se convertirá en energía de víctima, que lo hará pensar que el mundo está en su contra. La curación de los ángeles eliminará las capas de estos eventos traumáticos y limpiará su cuerpo emocional hasta que comience a sentirse en control.

MEDITACIÓN CURATIVA DE LOS ÁNGELES PARA EL DESPECHO

EL SECRETO DE LOS ANGELES:

"Como el amor no puede ser roto, tampoco puede serlo el corazón, ya que éste está hecho de amor".

CHAKRA DE LA CORONA

La luz de las estrellas de los ángeles entra en su cuerpo angelical por medio de una hermosa rosa blanca que se encuentra encima de su cuerpo físico. Vea el brillo plateado de una estrella en el centro de su Chakra de la corona que se conecta con su alma. Mientras realiza esta conexión, escuche su sabiduría, que le esclarecerá cuál fue el propósito de su despecho y cuál es su aprendizaje. Visualice su alma brillando más clara mientras llena todo su cuerpo con la luz de las estrellas de los ángeles, para que pueda comenzar su viaje de curación. Su ángel guardián ahora lo conectará con el alma de la otra persona.

CHAKRA DEL TERCER OJO

La luz de las estrellas de los ángeles viaja hacia la rosa morada que se encuentra entre sus dos ojos y hacia su mente. Comienza por eliminar el bloqueo que tiene su intuición. Su ángel guardián le muestra cómo se siente la persona que le ha roto el corazón. Use su intuición para ver, oír y sentir qué está sucediendo en su vida. ¿Puede saber por su aura si se siente culpable de sus acciones? Si está preparado para enfrentarlo, véase acercándose, acompañado de su ángel guardián. Desde las alturas la luz de las estrellas de los ángeles los baña a ambos, transformando todas las emociones negativas entre ustedes, para que pueda continuar su camino curador.

CHAKRA DE LA GARGANTA

La luz de las estrellas de los ángeles desciende hacia la rosa azul que se encuentra en la garganta y que se extiende hacia sus oídos. Su ángel guardián le ayuda a comunicar sus sentimientos de dolor a la otra persona. Explique desde hace cuánto tiempo se ha sentido así, y explique todas las malas acciones de su parte y de parte del otro. Hable sobre lo que ha aprendido de esta situación y sobre lo que no repetirá en la próxima relación. Escuche atentamente mientras el alma de la otra persona comunica su perspectiva y esté listo para aceptar lo que le va a decir sobre cómo lo hizo sentir. Luego que la comunicación haya terminado, visualícese a usted y a la otra persona creciendo como seres angelicales y brillando con la dorada luz de las estrellas de los ángeles que flota entre ustedes.

CHAKRA DEL CORAZÓN

La luz de las estrellas de los ángeles sigue su descenso hacia una rosa verde que se encuentra en su corazón y, a medida que florea, puede ver cómo se va convirtiendo en una rosa rosada. Su ángel guardián ahora los rodea con amor incondicional y respeto por el otro mientras la luz de las estrellas de los ángeles disuelve cualquier sentimiento de dolor, arrepentimiento, culpa y todos los recuerdos de las malas experiencias que tuvieron, dejándole únicamente los buenos recuerdos de amor, respeto y agradecimiento por todo lo que han compartido juntos.

CHAKRA DEL PLEXO SOLAR

La luz de las estrellas de los ángeles entra por la rosa amarilla que se encuentra en el área de su estómago, el núcleo de su ser. Ahora, su ángel guardián le da el coraje para alejarse de esta persona, permitiendo que cada uno tome su camino. Pregúntense si esto es lo que en realidad quiere hacer o quiere reavivar esta relación sin que exista ningún resentimiento hacia esta persona. La energía de la luz de las estrellas de los ángeles lo está fortaleciendo para tomar la decisión que más le convenga. Si piensa que necesita de la energía del perdón, pídale a su ángel guardián que le se la dé en este momento.

CHAKRA SACRO

La luz de las estrellas de los ángeles llega a una rosa anaranjada que se encuentra debajo de su ombligo y que activa sus capacidades creativas. Su ángel guardián lo lleva en un viaje hacia su futuro. La luz de las estrellas de los ángeles elimina todos los miedos que retiene en su interior sobre ver su futuro y estar con otra persona. Mientras viaja entre los colores anaranjados, se fortalece y se convence de que debe cambiar su vida para mejor. Se ve a sí mismo avanzando con paz en el corazón. No hay amargura dentro de usted, únicamente el amor por usted mismo y por su vida.

CHAKRA DE LA RAÍZ

La luz de las estrellas de los ángeles alcanza la rosa roja en la base de su columna. Vea muy profundamente dentro de esta rosa roja mientras su ángel guardián le envía la luz de las estrellas de los ángeles a todo su cuerpo, limpiando todos los vestigios de despecho y dándole una nueva vida. Está listo para avanzar con su dignidad y saber que merece estar en una hermosa y confiada relación. Repita: "la luz de las estrellas de los ángeles me ha curado mi corazón roto."

Historia de éxito

Bea buscó la ayuda de la curación de los ángeles para curar un despecho. Ella vino sufriendo de un leve problema de corazón en el que experimentaba palpitaciones irregulares, especialmente cuando estaba molesta o estresada. Durante su meditación, su ángel guardián reveló que el corazón de Bea estaba en una débil condición y le pidió que sintiera que todos los despechos que había sentido durante todos esos años iban a ser eliminados. Mientras Bea liberaba estas emociones, ella reconoció que la energía curadora estaba lentamente rompiendo la barrera protectora alrededor de su corazón. El arcángel Chamuel y el amor de los ángeles comenzaron a llenarla de compasión y amor incondicional. Bea se dio cuenta de que su corazón físico se estaba fortaleciendo de muchas formas mientras que una hermosa luz rosada del amor florecía en cada arteria y corría por su torrente sanguíneo limpiando su cuerpo, mente, corazón y alma, y purificando cada célula de su cuerpo. Ella se sentía consumida por el amor y nunca más sintió nada negativo en su contra, hacia los demás o hacia su vida. A unos cuantos días de su sesión, Bea reportó que estaba más feliz consigo misma, sin sentir miedo de ser herida por los demás. De repente, se había convertido en una persona muy popular que estaba atrayendo nuevos amigos y maravillosas oportunidades hacia su vida.

Perdón

Paz

Cada momento que ya ha pasado es su pasado. Cuando las emociones negativas de su pasado son guardadas dentro de usted y manifestadas en el presente, usted está creando un futuro negativo que constituirá su próximo momento. Cualquier cosa que haya causado un trastorno en su vida, necesita ser reconocido y entregado a su ángel guardián para convertirlo de nuevo en amor. El perdón en realidad significa "para dar". Mientras más tiempo retenga lo que no le está sirviendo de algo, más lo consumirá. Su paz es preciosa y sagrada, y solamente usted debe tener el control de ella.

Injusticia

Los ángeles le piden que abra su corazón para comprender las razones de las injusticias. Algo bueno debe llegar de las malas situaciones cuando uno comprende qué aprendizaje puede sacar de lo que ha sucedido. La compasión le dará la fuerza para perdonar. Cuando hay un conflicto se crean cordones negativos, una separación, un malestar emocional entre personas o situaciones donde han ocurrido injusticias. Inclusive si se ha alejado físicamente de alguien que pueda haberle causado algo de esto en su pasado, esos cordones permanecerán atados entre ustedes espiritualmente, por lo que podría mental o emocionalmente recordar lo que ha vivido con esta persona. A través de la curación de los ángeles, puede pedir que estos cordones negativos e invisibles entre ustedes sean cortados. De esta forma, está cortando energéticamente sus ataduras para liberar y entregar esa situación.

Arrepentimiento

Si se aprovecharon de usted durante una relación, puede estar arrepintiéndose de haberle abierto su corazón a la otra persona y este sentimiento tendrá impacto negativo en sus capacidades para poder amar de nuevo a alguien. El perdón llega de la comprensión y aceptación de la situación a la que se enfrenta. No es aceptando las acciones de las otras personas o aceptando que lo que han hecho es correcto. Cuando esté listo y deseoso de avanzar emocional, mental y físicamente, se sentirá motivado a perdonar y olvidar. A pesar de que pareciera que los que perdonan son débiles, en realidad las personas muy fuertes son aquellas que pueden perdonar. Perdonar es una forma de encontrar paz y libertad. Estar atrapado en el resentimiento y el odio mantendrá emocionalmente en un lugar negativo y sus emociones se convertirán en rabia. Estas emociones conseguirán alguna manera de expresarse, sea a través suyo o de los demás.

Revisión

Para comprender cómo y porqué una situación negativa ha sucedido, dese cuenta de las responsabilidades de todos los involucrados. Si ha sido genuinamente maltratado sin que exista ninguna culpa o responsabilidad de su parte, trate de comprender la posición y comportamiento de la otra persona. Para aceptar la situación, trate de ver lo positivo que se ha logrado de esto. Puede sentir que no existe absolutamente nada, y que nunca perdonará a la otra persona por que la hirió, traicionó y acosó. Cambiando de perspectiva, encontrará la lección que su alma ha aprendido y como puede crecer desde allí. Antes de que pueda comprender las acciones de los demás, usted necesita comprender sus propias acciones y cómo usted atrajo esa situación particular a su realidad. Guardar rencores evitará que siga avanzando y lo mantendrá atrapado energéticamente en la amargura. Los ángeles, todo el tiempo, ven las situaciones a través de los ojos del amor incondicional. Si logra practicar esto, no importa que tan grandes o pequeñas sean las situaciones a las que se enfrente a lo largo de la vida, aprenderá a estar siempre en paz.

Propósito

Cada relación es tan importante como la siguiente, porque no podrá atraer las siguientes si no crece de las previas. Los retos y dificultades en las relaciones son catalizadores para avanzar hacia su pareja más compatible. Si no tuviera una pareja que le sostuviera el espejo para verse en él, nunca podría saber qué es aceptable y qué no lo es. Cuando el propósito de cada relación es logrado, tome de ésta la experiencia y el amor, no lo negativo, porque esto lo retiene en el pasado. Perdone para ser libre. La curación de los ángeles lo ayudará a enfrentar las emociones amargas que le han dejado las experiencias para luego eliminarlas. No es necesario para usted decirles a los demás que los está perdonando, simplemente liberar las emociones que los unen cortará las emociones negativas entre ustedes y se dará cuenta de que ni siquiera se recuerda del otro.

MEDITACIÓN DE LA CURACIÓN DE LOS ÁNGELES PARA EL PERDÓN

EL SECRETO DE LOS ANGELES:

"No hay necesidad de perdonar cuando cree que el amor es para dar".

CHAKRA DE LA CORONA

La luz de las estrellas de los ángeles entra en su cuerpo angelical por medio de una hermosa rosa blanca que se encuentra encima de su cuerpo físico. Vea el brillo plateado de una estrella en el centro de su Chakra de la corona que se conecta con su alma. Su ángel guardián elimina todo su dolor para que pueda comenzar el proceso de perdonar. Vea cómo su alma resplandece con mayor brillo como signo de que la tristeza en su corazón, mente y cuerpo ahora se derrite con la luz de su alma. Dedique un momento para ver su alma brillar en todo su cuerpo angelical con sus atributos y su luz incandescente.

CHAKRA DEL TERCER OJO

La luz de las estrellas de los ángeles viaja hacia la rosa morada que se encuentra entre sus dos ojos y hacia su mente. Comienza por eliminar el bloqueo que tiene su intuición. Su ángel guardián le muestra un resumen de la situación desde el principio hasta el final. Revise su relación con la persona involucrada, mientras se lo imagina, logra ver a través de su duro exterior y conectarse con su corazón. En el ojo de su mente, verá cómo todos los argumentos y negatividad han sido eliminados por la cascada dorada de la energía de la luz de las estrellas de los ángeles. Esta energía lava a todos los involucrados y los lugares en los que estuvieron juntos, como su hogar, sitio de trabajo, carro, etc.

CHAKRA DE LA GARGANTA

La luz de las estrellas de los ángeles desciende hacia la rosa azul que se encuentra en la garganta y que se extiende hacia sus oídos. Su ángel guardián lo ayuda a comenzar a sentirse mucho más relajado y positivo, por lo que está preparado para perdonar y liberarse energéticamente. Escúchese diciéndoles a las otras personas que está preparado para perdonarlas, sin que esto signifique que esté olvidando sus acciones. Pregúntele si han aprendido de sus errores y escuche lo que le tengan que decir.

CHAKRA DEL CORAZÓN

La luz de las estrellas de los ángeles sigue su descenso hacia una rosa verde que se encuentra en su corazón y, a medida que florea, puede ver cómo se va convirtiendo en una rosa rosada. Ahora, su ángel guardián lo ayuda a encontrar el amor incondicional dentro de su corazón. Visualice cómo todos los cordones negativos que se extendían de su corazón al de aquellos de lo hirieron, han sido cortados. Ahora sienta el cordón largo y oscuro que está siendo extraído de su Chakra del corazón y vea cómo igualmente es extraído del Chakra del corazón de la persona que está perdonando. Ahora, la luz dorada de las estrellas de los ángeles está rellenando con amor sus corazones.

CHAKRA DEL PLEXO SOLAR

La luz de las estrellas de los ángeles entra por la rosa amarilla que se encuentra en el área de su estómago, el núcleo de su ser. Ahora, su ángel guardián le permite sentirse libre para que pueda seguir adelante con su vida. Saben que cada uno le ha enseñado una lección al otro a través de su relación y están muy agradecidos por los aprendizajes. Mientras viaja más profundamente en el área de su plexo solar, busque por patrones de lucha de poder, orgullo o egocentrismo que puedan existir en usted con respecto a àl perdón. Véalos derretirse y transformase en su poder natural.

CHAKRA SACRO

La luz de las estrellas de los ángeles llega a una rosa anaranjada que se encuentra debajo de su ombligo y que activa sus capacidades creativas. Ahora, su ángel guardián lo reconecta con su dignidad, sabiendo y creyendo que es auténtico consigo mismo. Ahora, la luz de las estrellas de los ángeles brilla en esta área, aumentando su respeto a sí mismo y haciéndolo sentir que respeta a los demás. Ahora vea hacia sus futuras relaciones teniendo en cuenta que tiene el conocimiento para nunca más permitir que una situación similar vuelva a suceder; por lo cual nunca más necesitará del perdón.

CHAKRA DE LA RAÍZ

La luz de las estrellas de los ángeles alcanza la rosa roja en la base de su columna. Mientras la luz de las estrellas de los ángeles fluye por esta área, usted va en un viaje para perdonarse a usted mismo. Ahora, su ángel guardián lo ayudará a ser completamente honesto y sincero sobre las culpas y arrepentimientos que guarda en sus primeros recuerdos. A medida que llegan a su mente, entrégueselos a su ángel guardián para convertirlos en paz, la cual retornará a usted y a las demás personas involucradas. Repita: La luz de las estrellas de los ángeles me está ayudando ahora a perdonar."

Historia de éxito

John buscó la ayuda de la curación de los ángeles porque era incapaz de perdonar a su padre, quién los abandonó a él y su mamá cuando él era muy joven, por lo que sufrieron mucho financiera y emocionalmente durante todos los años de su niñez y adolescencia. En su lectura, los ángeles me mostraron que él sentía mucha amargura hacia su padre y que el resentimiento que sentía le causaba depresión. A medida que John fue creciendo, se convirtió en el hombre de la casa y se sintió responsable por la felicidad de su mamá, por lo que se sentía culpable si no estaba siempre con ella. Esto generó un efecto adverso en sus relaciones personales, y debido a que su sensación de abandono estaba muy incrustada en su mente subconsciente, este patrón se mantuvo a lo largo de su vida como adulto. Había sido engañado y abandonado por su esposa, había perdido su trabajo y frecuentemente era rechazado por amigos y colegas. Durante el transcurso de su meditación, los ángeles le enviaron la curación hasta su pasado y, con la ayuda de la energía del arcángel Miguel, él pudo cortar los cordones negativos que lo ataban a la amargura que sentía por su padre. Él descubrió que estaba atrayendo situaciones que le confirmaban sus creencias negativas de que merecía ser abandonado e ignorado. Luego de su sesión, él cobró consciencia de la perspectiva negativa que tenía de las relaciones, y que esta perspectiva estaba influenciada por el fracaso del matrimonio de sus padres. John buscó atraer relaciones seguras y felices, y adoptó el hijo de su pareja, que también había sido abandonado, cerrando de tal manera el círculo.

Encontrando el amor y el romance

Relacionarse

Los ángeles dicen que la pericia para relacionarse con otras personas viene cuando ya ha aprendido a relacionarse con usted mismo. Ir a través de un viaje de auto descubrimiento lo ayudará a aceptar sus cualidades positivas así como las negativas. Usted tiene libre albedrío para cambiar cualquiera de las cualidades que usted no acepta; esconderlas significa que usted no se ama completamente a sí mismo. Tratar de verse mejor negando partes de usted puede ser contraproducente a largo plazo, ya que usted no está siendo sincero ni con usted ni con la otra persona.

Perfección

Su yo angélico es puro y tiene la belleza natural de la inocencia. La curación de los ángeles elimina las capas de dudas e inseguridades acerca de su perfección natural y los ángeles encienden su luz interna para que usted pueda brillar a través de sus ojos, sonrisa y corazón. Tratar de crear una perfección en el mundo externo a través de pertenencias materiales sólo le llevará a emociones y relaciones cortas. Una vez que la emoción se haya ido, usted volverá a sentir el vacío dentro de usted. La perfección de su mundo interior brillará a través de su mundo externo, y creará la perfección de cada momento. Lamentablemente hay un malentendido con respecto a conseguir la relación con la persona perfecta, ya que cada quien tiene una definición diferente de la palabra perfecta y de los valores y creencias que la representan. En lugar de buscar su relación ideal, aprender a amar a los otros perfectamente lo llevará a tener resultados duraderos en todas sus relaciones.

Inspiración

Los ángeles dicen que la competencia entre personas y especialmente entre parejas es solamente saludable cuando la energía de esta competencia es un aspecto positivo de inspiración y no un aspecto negativo de celos. Es mucho más saludable estar con alguien que lo inspira y posee las cualidades que usted desea desarrollar. Esto lo mantendrá interesado en el otro y ambos desarrollarán sus debilidades hasta convertirse en una pareja perfectamente compatible. Su ángel guardián puede ayudarlo a ver aquellas debilidades dentro de su corazón que su potencial compañero pudiese ayudarle a desarrollar. Las parejas perfectas están perfectamente balanceadas uno con el otro, en las fortalezas de uno están las debilidades del otro. La meta a alcanzar en una relación perfecta es posible cuando hay respeto mutuo y paciencia mientras crecen en diferentes direcciones pero mantienen la compatibilidad en todo nivel, emocional, mental, físico y espiritual.

Expectativas

¿Qué es lo que usted realmente quiere de una relación? Es importante para usted saber y tener expectativas razonables sobre esto, así como de la otra persona, lo cual le ayudará a manejar las decepciones si sus expectativas no son alcanzadas. Piense acerca de cuáles son sus expectativas e intenciones; las expectativas más comunes y razonables son decencia, fidelidad, respeto y confianza. Sea sincero consigo mismo y con la otra persona involucrada acerca de cuáles son sus prioridades principales y qué está dispuesto a tolerar. Cada persona tiene una lista de valores diferentes, lo que puede ser una prioridad para otro, puede no serlo para usted. Es por eso que la comunicación es el aspecto más importante para tener relaciones que funcionen y duren. Los ángeles le guiarán a atraer a las personas más compatibles para usted en cada momento de su vida. Usted se encuentra en constante cambio y crecimiento gracias a las experiencias de su vida, por lo que su personalidad también cambia y las personas a las que usted solía estar atraído pueden no serlo más en momentos posteriores de su vida.

Romance

Los ángeles pueden ayudarlo a conseguir una hermosa relación amorosa en la que usted pueda experimentar el romance, sin embargo, ellos le pedirán que trabaje primero en usted para que pueda saber de qué se trata este sentimiento. Esto significa poder complacerse con las cosas que lo hacen feliz, y lo hacen sentir maravilloso y especial. Pídale a su ángel guardián que lo guíe a encontrar unos días perfectos en un spa, comprar un hermoso ramo de flores y experimentar lo hermoso de la naturaleza. Al usted aceptar la luz de las estrellas de los ángeles dentro de su corazón, ésta fluirá en sus relaciones y en otras áreas de su vida y fortalecerá de forma mágica la energía del romance hacía sus relaciones para encender la pasión. Donde no hay pasión, no hay emoción y, por lo tanto, no hay entusiasmo para moverse hacia la plenitud.

Plenitud

Los ángeles dicen que la plenitud viene de la creencia de que usted está viviendo su vida al máximo, explorando, experimentando y expresando el amor lo más posible. Los ángeles pueden ayudarlo a encontrar esa conexión perdida con la plenitud para que usted pueda disfrutar sus relaciones y su vida de la mejor manera posible. Plenitud significa sentirse lleno de energía en todos los aspectos de su ser, esto significa, física, mental, emocional y espiritualmente. No es razonable esperar que su compañero lo satisfaga en todos esos aspectos. Los ángeles lo guiarán a hacer todo lo que usted pueda para traer de vuelta la chispa a sus relaciones, pero ellos dicen que cada individuo debe ser responsable por su felicidad. Si usted ha evolucionado en un camino diferente al de su compañero y ahora para usted es difícil encontrar la compatibilidad, ese debe ser el por qué usted no se siente satisfecho. La curación de los ángeles puede darle el coraje para enfrentar la verdad en esa relación que usted no desea y lo ayudará a que esa transición sea mucho más manejable. Los ángeles le darán la tranquilidad y la seguridad de que usted está en el camino correcto una vez haya tomado la decisión.

MEDITACIÓN DE LOS ÁNGELES CURADORES PARA ENCONTRAR EL AMOR Y EL ROMANCE

SECRETO DE LOS ÁNGELES:

"El amor es la semilla esparcida, el romance el agua, y usted la flor".

CHAKRA DE LA CORONA

La luz de las estrellas de los ángeles entra en su cuerpo angelical por medio de una hermosa rosa blanca que se encuentra encima de su cuerpo físico. Vea el brillo plateado de una estrella en el centro de su Chakra de la corona que se conecta con su alma. Ahora su ángel guardián limpia todos los niveles de su cuerpo angélico con la energía de la pureza. Visualice cómo su alma es renovada, purificada y se encuentra lista para atraer el amor y el romance a su vida.

CHAKRA DEL TERCER OJO

La luz de las estrellas de los ángeles viaja hacia la rosa morada que se encuentra entre sus dos ojos y hacia su mente. Comienza por eliminar el bloqueo que tiene su intuición. Su ángel guardián le enseña cómo amar, alimentar y valorarse usted con el romance, antes de esperar a que otro lo haga por usted. Visualice una hoja de papel dorado con los aspectos más importantes que usted espera de una relación escritos en él. Ahora la luz de las estrellas de los ángeles brilla en este papel dorado y usted ve cómo se convierte en una pequeña estrella que se sitúa dentro de su alma.

CHAKRA DE LA GARGANTA

La luz de las estrellas de los ángeles desciende hacia la rosa azul que se encuentra en la garganta y que se extiende hacia sus oídos. Su ángel guardián lo guía hacia un hermoso camino dorado. Desde arriba, sobre el cielo azul, una estrella hermosa y brillante desciende hacía usted. Mientras se va acercando, ésta toma forma humana. Usted se siente feliz de encontrar esta alma y siente cómo su corazón crece con mucho amor. Mientras sus almas se comunican en el lenguaje del amor, la sensación de diversión, risa y felicidad se expande a través de todo su cuerpo. Usted toma el camino de regreso con la otra alma y sabe que su ángel guardián está detrás de ustedes, guiándolos en su camino.

CHAKRA DEL CORAZÓN

La luz de las estrellas de los ángeles sigue su descenso hacia una rosa verde que se encuentra en su corazón y, a medida que florea, puede ver cómo se va convirtiendo en una rosa rosada. Su ángel guardián lo conecta con la energía de la paciencia. Usted siente que también han plantado una semilla en el centro del Chakra del corazón, mientras usted la riegue, ésta florecerá en amor verdadero. Ahora el alma de su compañero deja una huella en su corazón, para que así, cuando finalmente se reúnan en persona, sus corazones puedan reconocer el alma del otro.

CHAKRA DEL PLEXO SOLAR

La luz de las estrellas de los ángeles entra por la rosa amarilla que se encuentra en el área de su estómago, el núcleo de su ser. Su ángel guardián manda luz de las estrellas de los ángeles a cada célula de su cuerpo y le da la seguridad de que usted es amado por muchas personas por el ser que usted es. Ahora, está listo para mejorar sus debilidades y prepararse para comenzar una jornada nueva junto con su compañero nuevo.

CHAKRA SACRO

La luz de las estrellas de los ángeles llega a una rosa anaranjada que se encuentra debajo de su ombligo y que activa sus habilidades creativas. Ahora su ángel guardián recupera los recuerdos más felices de su vida. Mientras usted recuerda estos momentos, sean románticos o felices, usted devolverá esta energía a su cuerpo, alma y corazón. Esto cambia las vibras energéticas que usted proyecta hacía el mundo, por lo que atraerá momentos mucho más felices y especiales.

CHAKRA DE LA RAÍZ

La luz de las estrellas de lo ángeles alcanza la rosa roja en la base de su columna. Mientras usted viaja a través de este Chakra traiga consciencia a todo su cuerpo físico. Ahora, la luz de las estrellas de los ángeles brilla en cada célula de cuerpo brindándole sentimientos de belleza y llevándose cualquier sentimiento negativo que pueda estarle causando inseguridades en torno a su atractivo. Visualícese mirándose, sintiéndose y estando más cómodo en su propia piel. Ahora usted está listo y espera a que su compañero compatible aparezca físicamente en su vida. Repita esta afirmación: "La luz de las estrellas de los ángeles me está llenando con amor y romance."

Historia de éxito

Después de esperar que el amor apareciera en mi vida en forma de una relación especial, debido a todos los años de desarrollo espiritual y sanación angélica, gradualmente, comencé a encontrar el amor para mí misma, en mi vida y para los demás. El amor que yo sentía estaba siendo proyectado desde mi mundo interior hacía el exterior. Mi despertar hacia una forma pura e incondicional del amor trajo a mi vida la oportunidad de conocer a alguien que vino de forma breve, cuando yo oraba a los ángeles por una relación. A pesar de que este encuentro nunca terminó en una relación, si despertó la profunda chispa que estaba dentro de mi corazón. Juntos, compartimos unos cuantos momentos especiales que fueron platónicos pero de éxtasis en todos los niveles. Yo comencé a esparcir la energía de amor divino en cada paso de mi vida. Yo quería mantener la conexión con esta persona, pero los ángeles me dijeron que era hora de decir adiós y que él había cumplido su propósito. Tuve suerte de haber experimentado esa energía de amor divino, pues me inspiró para extender mis alas de ángel y volar. Antes de continuar buscando el amor en las experiencias externas, comencé de manera natural a atraer a mi vida personas más amorosas, buenas y angelicales, desde ese momento continúo experimentando el amor incondicional.

Ejercicio práctico con el arcángel Chamuel
(Canalizando el rosado amor incondicional para curar el corazón)

Soledad

Los recuerdos del pasado lo mantienen en el pasado. Antes de que pueda avanzar y curar su soledad, como una ceremonia de cierre, piense cuáles fueron los mejores días de su vida, para luego dejarlos ir y poder avanzar. Inclusive usted podrá querer tener una última oportunidad para hablar con la persona como si estuviera con usted en el cuarto en un ambiente con velas y vino. Si puede hacer esto y despedirse definitivamente, será liberado por este cierre. Pídale a este grupo de ángeles que lo acompañen durante su ceremonia y para que se lleven cualquier recuerdo negativo que pueda tener. Por última vez, reviva los recuerdos amorosos en su mente y sienta las emociones aumentando en su corazón. Cuando esté emocionalmente libre del pasado, podrá llenar el espacio de la soledad con un nuevo amor. No habrá más confusiones ni más soledad, sino valoración de los buenos momentos compartidos. Guarde todas las pertenencias que le recuerden a esa persona y ponga una tapa sobre los tesoros de su corazón.

Rechazo

Permítame expandir su corazón y llenarlo con amor. Una sus palmas hacia fuera frente de usted mientras una bola rosada de amor incondicional se coloca entre ellas. Ahora, coloque la bola energética en su

Chakra del corazón y sepa que esto es un regalo del reino angelical. Puede sentirla mientras expresa su amor por alguien que lo ha recha-zado, ignorado o despreciado. Mis ángeles del amor le piden que acepte nuestro regalo como una compensación por el amor que le rechazaron. Siga la guía de los ángeles del amor mientras le susurran las instrucciones que lo llevarán a conocer a una persona que aceptará y responderá a su amor. Pídales a los ángeles que lo ayuden a aceptarse y a aceptar que es momento de avanzar. Diga esta oración todos los días: "Querido ar-cángel Chamuel y el amor de los ángeles, por favor llena mi corazón con amor incondicional hacia mí mismo, hacia los demás y hacia mi vida. Gracias."

Acoso

Si constantemente está huyendo del acoso, es hora de revisarse profun-damente y encontrar su estabilidad, seguridad y fortaleza. Pregúntese: ¿Dónde en mi vida están faltando energías de seguridad, estabilidad y fortaleza? Es probable que sea en esas áreas de su vida donde el acoso está sucediendo. Luego pregúntese ¿Dónde se encuentra la estabilidad, seguridad y fortaleza que le está faltando? Pídales a los ángeles del amor para que lo ayuden a parar estos acosos ayudándolo a desarrollar esta-bilidad, seguridad y fortaleza a nivel físico, mental, emocional y espiritual. Cada vez que se sienta como una víctima, revise los hechos y trabaje en desarrollar estas cualidades. En la medida en que se convierta en una persona más estable, segura y fuerte, se acabará el acoso. Reclame su poder usando amor. Dirija amor incondicional hacia el acosador para abrir su corazón a la compasión y el amor.

Duelo

Entre finales y principios, existe un diminuto espacio vacío llamado "tran-sición". A través de la vida de las almas, experimentará muchas transi-ciones que parecieran ser dolorosas, pero que son necesarias para su crecimiento personal, desarrollo y evolución. El amor de los ángeles quiere otorgarle su amor incondicional para curar la pérdida que está viviendo a nivel físico y para continuar con el recuerdo amoroso a nivel mental, emocional y espiritual. Para suavizar el dolor, guarde los recuerdos para celebrar la memoria de los seres queridos que ha perdido. Esto lo ayudará a conectarse con ellos más allá del reino físico y de una forma mucho más profunda y personal. Sentirá, creerá y comprenderá que están en un lugar feliz y que ellos también desean que usted esté feliz. Esto lo ayudará a aceptar el cambio.

Despecho

Si se siente despechado por las acciones cometidas en su contra, dese algo de tiempo para permitir que los pensamientos negativos persistan en su mente y que las emociones negativas persistan en su corazón. Eso le hará sentir que está racionalizando las cosas y planeando actos de venganza como reacción. Esto es natural en el ser humano, basándose únicamente en la consciencia inferior del ego. En realidad, comprenderá que energizando estos pensamientos negativos y emociones, está entrando en una zona de batalla y colocándose en un lugar en el que conseguirá más decepción. Inclusive si logra obtener su venganza, esto creará únicamente una victoria a corto plazo y en un nivel más profundo se sentirá culpable o arrepentido por reaccionar de una forma que no corresponde a su personalidad. Cuando esté listo para sanar, agradézcale a la persona, sea mental o verbalmente, por haber pasado por su vida, dándole lecciones y enseñándole algo sobre su personalidad que no sabía antes. Agradézcale por probar su paciencia y su habilidad de tener amor incondicional y compasión por todos. Diga esto: "con mucho amor y agradecimiento, te agradezco por todo, y te pido dejar mi cuerpo, mente, corazón y alma. Ahora te liberto hacia la luz."

Perdón

El proceso de perdonar a otra persona comienza únicamente cuando uno se perdona primero a sí mismo. Desde los más viejos recuerdos, comience contando las múltiples situaciones en que necesitaba perdonarse a sí mismo, luego continúe diciendo: "ahora yo me perdono a mí mismo por las actitudes y responsabilidades que tengo sobre esta situación con esta persona." Cada vez que se perdone a sí mismo por algo, los ángeles lo recompensan con regalos como amor, libertad, compasión, paz, felicidad, satisfacción, etc. Abra los brazos para recibir cada uno de estos regalos y colocarlos en su corazón en la medida que se perdona a sí mismo. Luego que se ha perdonado, cierre los ojos y vea a la persona que necesita perdonar parada frente a usted. Con los regalos que le han dado los ángeles del amor, ahora posee las cualidades que necesita para perdonar a las personas. Como un regalo para los ángeles, esparza estas cualidades hermosas y el amor angelical a la mayor cantidad de gente que pueda. El amor incondicional significa dar amor sin ningún tipo de condición para recibir amor de regreso.

Encontrando amor y romance

Las cartas de amor son una forma muy eficiente para liberar sus emociones amorosas, y para ser muy romántico. Escriba una carta de amor a su pareja actual o futura, explicándole cuánto la ama en todas las formas posibles. Exprese el afecto que añora conseguir y que desea que compartan a lo largo de una vida feliz juntos. Deje que el contenido de esta carta sea canalizado desde lo más profundo de su corazón. No guarde nada. Siéntase liberado mientras libera sus deseos de amor y romance para llenar su vida. Guarde esta carta en un lugar especial y pídale a los ángeles del amor que le den todo lo que ha escrito sobre su vida, incluyendo a la persona a quién pertenecerá esta carta, si está soltero en este momento. Cargue su cristal rosado metiéndolo en agua fría por unos minutos y luego sosteniéndolo en sus manos mientras los ángeles del amor dirigen un flujo de amor incondicional hacia sus manos y la piedra. Durante la noche, coloque este cuarzo rosado en su carta de amor y, durante el día, lleve el cristal con usted hasta que el amor y el romance se presenten de forma mágica.

PARTE VIII:

CURACIÓN DE LOS ÁNGELES PARA EL ALMA

Esta parte comprenderá los principales retos que las personas enfrentan en sus vidas, especialmente aquellos relacionados con el entendimiento del propósito del alma y las conexiones del cuerpo, la mente y el corazón. Habrá una pequeña descripción de cada factor espiritual y de cómo éste puede ser aplicado en las situaciones de la vida diaria. El consejo ha sido canalizado directamente por los ángeles, proporcionándonos una perspectiva completamente diferente de la situación. Después de cada sección, hay una meditación de los ángeles curadores que comenzará a liberar los bloqueos energéticos. Los ejercicios prácticos nos dan una idea de las acciones que se deben tomar y de las afirmaciones de la mente que mejorarán nuestra curación transformando los patrones mentales en positividad.

Su alma también es conocida como el yo angelical. Cuando su alma entra en el cuerpo humano, ésta se une al Chakra de la corona como una estrella brillante, siendo un intermediario entre el Creador y su cuerpo, alma y mente. El alma tiene una consciencia expansiva que se conecta con todo lo que es. Esta consciencia puede dirigirse a cualquier esfera dentro del universo. Hay un cordón de plateado que une el alma con el cuerpo humano hasta que llega el momento para dejar permanentemente el cuerpo. Durante las experiencias fuera del cuerpo, las meditaciones o el sueño, es este cordón el que lo mantiene unido al cuerpo. El alma entra en su cuerpo al nacer y continúa su camino cuando sale de éste. El término "búsqueda de alma" significa buscar un sentido de la vida más elevado. Cuando el alma se siente atrapada en una relación o carrera insatisfactoria, causa un sentimiento de depresión emocional, estrés mental y niveles energéticos muy bajos a nivel físico. Estos síntomas pueden empujarlo hacia una liberación o hacia un punto de ruptura, usualmente ese es el comienzo del despertar del alma – usted logra entender que es mucho más que cuerpo, mente y corazón. Una vez que reconozca su alma, comienza a reconocer la pureza y la inocencia en los otros, por ejemplo, en su alma compañera. El término "consciencia del alma" significa ampliar la estrecha visión de la vida que tiene conscientemente y, aprovechar y usar la creatividad, sabiduría remota e inteligencia de su alma para mejorar las experiencias de su vida. Cuando está consciente de su alma usted cree en todas las posibilidades y tienes una perspectiva clara y un conocimiento de su propósito en la vida. Se conecta con los otros a nivel de alma, viendo más allá de su dureza exterior y de un ego basado en miedos. El propósito de su alma es evolucionar a través de las experiencias de la vida. Los Ángeles pueden ayudarlo a despertar y conectarse con su alma para que así pueda comenzar a experimentar la vida desde una perspectiva espiritual más elevada. Esto le dará una idea de su propósito de vida y le rescatará si algunas veces se siente como un alma perdida que no pertenece a la Tierra.

Un alma compañera es un amigo del hogar quien será despertado en la pureza del amor dentro de usted una vez que la encuentre. Usted puede encontrar y amar muchas almas compañeras, así que recuerde deleitarse con sus regalos celestiales y mantenerse sin resentimientos si el resultado de las relaciones no es el esperado. Recuerde que una vez que la misión haya sido completada, ellos pueden salir y permitir a otra alma compañera entrar en su vida. Cada persona tiene una familia de almas y los miembros de esta familia de almas son llamados almas compañeras. Ellos vienen a la vida de cada uno de nosotros a ayudarnos a eliminar los bloqueos espirituales y las deudas kármicas, así como a ayudarnos a aprender de cada uno. Todas las relaciones requieren trabajo y paciencia para que puedan asistirnos a realizar este viaje. En un nivel espiritual el fin no importa, ya que hay un cordón energético que nunca podrá ser roto. Este cordón mantiene a todos los miembros de su familia de alma conectados hasta que se vuelvan a reunir en otro reino o en otra vida. Las almas compañeras se dan a cada una de ellas un hermoso regalo de crecimiento a través de experiencias tan intensas como el amor de las almas. Inclusive, si en la superficie pareciera que usted ha sido herido, decepcionado o traicionado, entender el propósito de su viaje juntos es el elemento más importante que usted debe tomar de esa experiencia.

Así como tenemos almas compañeras, también cada persona tiene su alma gemela, la cual o bien ha encarnado en el reino de la Tierra o le está guiando desde el reino espiritual. Su relación con un alma gemela es diferente que con su alma compañera. Las almas compañeras son todas partes de la misma familia. Pero, con las almas gemelas, usted es una sola alma, la cual ha sido dividida en un aspecto femenino y otro masculino. Cada parte ha experimentado varias encarnaciones, tanto en su parte femenina como en la masculina, con el fin de completarse de nuevo. La existencia de un alma gemela es lo que hay debajo de ese sentimiento profundo de búsqueda de aquello que le falta y de su "otra mitad" a lo largo de la vida. A nivel espiritual, esta búsqueda es la del alma gemela, y no puede ser entendida desde un nivel consciente.

Puede haber pasado muchas vidas apartado de su alma gemela, sin embargo, en algunas encarnaciones ellas pueden haber creado estrechos lazos con usted, formando pares como marido y esposa, madre e hijo, hermano y hermana.

Generalmente las almas gemelas comparten caminos de vida y misiones similares. Al estar conectadas en un nivel espiritual y compartir los mismos planos energéticos, sus vidas son como el reflejo de la vida del otro cuando están al mismo tiempo en la Tierra. Este reflejo ocurre en todos los niveles: físico, mental, emocional y espiritual. Inclusive, si cada alma gemela se encuentra en un lugar diferente del mundo, cada una absorberá las emociones de la otra, bien sea para levantarle el ánimo o para bajárselo con negatividad.

La reunión de las almas gemelas tiene un propósito muy especial, la de encender la pasión divina dentro de cada uno de nuestros corazones. El estar juntas, inclusive por un corto periodo de tiempo, les provee de increíbles e iluminados efectos a largo plazo, especialmente si usted está llamado a realizar trabajo curador o servir a la humanidad a gran escala.

Despertando su alma

Viaje espiritual

El camino del espíritu es eterno. Su casa está dentro del reino espiritual, donde se encuentra en un estado de felicidad, amor y armonía, interactuando con otras almas, sobre todo con los miembros de su grupo o familia espiritual. Cada alma es una partícula de la misma fuente o creación y mantiene una inteligencia y sabiduría infinita. Con la finalidad de experimentar algo diferente a su estado de pureza natural, el alma irá en una jornada para encarnar en un reino distinto al de su hogar. Hay un ángel guardián asignado a cada alma, el cual tiene la responsabilidad de vigilarla a lo largo de su viaje a través de sus vidas en la Tierra, en espíritu y entre sus diferentes vidas. Cada alma tiene una diferente cantidad de vidas en la tierra y durante cada una de ellas sufrirá las repercusiones kármicas de las decisiones que tomó. La curación de los ángeles le ayuda a recordar, entender y curar cualquier karma acumulado en vidas pasadas, de acuerdo con la ley de causa y efecto.

Propósito del Alma

El propósito de cada alma es aprender, desarrollarse y evolucionar a lo largo de su jornada. Cada alma es creada de forma original en la pureza de la luz, como el creador de todo lo que es o fuente de energía universal. Mientras el alma realiza su viaje a lo largo de diferentes reinos y eras, su pureza se disminuye. Una de las principales razones por la que, hoy en día, los ángeles interfieren en nuestra vida en la Tierra es para ayudarnos a volver a despertar el estado más puro del alma y, como consecuencia, eliminar el sufrimiento que está viviendo en la forma humana. En este momento, muchas almas sabias están reencarnando en la Tierra como maestros espirituales, curadores o consejeros. Ellos están conscientes de la presencia angélica y de las energías disponibles para ayudar a la humanidad. Ellos están conscientes del propósito de sus almas y, con la guía de los ángeles, usted puede aprender acerca de cuál es su propio propósito. La curación de los ángeles lo asistirá en el despertar de la consciencia de su alma y lo ayudará a escuchar a su alma y su a ángel guardián, así como a entender que realmente hay algo más en la vida.

Búsqueda del Alma

Su alma es su yo angelical. Ella ha esperado pacientemente ser reconocida por su corazón, mente y cuerpo. Después de muchos años buscando el amor, ahora usted puede darse cuenta de que lo que había estado buscando era el alma. Muchas personas van por la vida sintiéndose poco valoradas, poco reconocidas o no amadas, por lo que comienzan a creer que ellos no son valiosos. Antes de poder despertar el ángel dentro de usted, usted atravesará dificultades y desafíos que eventualmente lo guiarán al despertar del alma, a través de un examen de consciencia y de un viaje de sanación. Su ángel guardián está con usted en cada uno de los pasos de este camino, sin embargo, los ángeles guardianes son más proactivos durante las etapas de transiciones en su vida. Cuando usted recurre a ellos para jugar un rol en su proceso de autocuración, su vida se transformará enormemente y usted entenderá que hay mucho más en la vida de lo que usted ha experimentado hasta este punto.

Misión del Alma

Su alma espera en el reino espiritual una oportunidad para venir a la Tierra y cumplir su misión. Lamentablemente, esta misión es olvidada cuando el alma entra en el cuerpo humano y usted puede gastar toda su vida tratando de entender por qué está usted aquí. A medida que su vida cambia, su ángel guardián lo guiará para conocer ciertas personas que lo ayudarán a volver al camino correcto, por lo que, eventualmente usted encontrará su misión aquí. Por ejemplo, usted podría ser guiado para desarrollar ciertas habilidades para trabajar en cierta industria. Esa industria puede no ser en sí misma parte de su misión, pero como su ángel guardián sabe todo acerca de usted y de su vida, él sabe que esas habilidades le serán útiles y lo guiarán para hacer las cosas necesarias en su futuro. Cuando usted logra cada paso, usted se aproxima lentamente al encuentro con el camino correcto. Pregúntese cuál es su gran pasión en la vida y piense cuándo usted se ha sentido más satisfecho, y así descubrirá cuál es la misión de su alma. Una de las principales actividades en su vida es su carrera o trabajo, por lo que usted debe sentirse pleno cuando realiza su misión a través de esta actividad.

MEDITACIÓN DE LOS ÁNGELES CURADORES PARA DESPERTAR SU ALMA.

SECRETO DE LOS ÁNGELES:

"Para despertar un alma dormida, ella debe recordarse a sí misma y completar su meta".

CHAKRA DE LA CORONA

La luz de las estrellas de los ángeles entra en su cuerpo angelical por medio de una hermosa rosa blanca que se encuentra encima de su

cuerpo físico. Vea el brillo plateado de una estrella en el centro de su Chakra de la corona que se conecta con su alma. Su ángel guardián está listo para despertar completamente su alma hasta su más alto potencial, para guiarlo hacia el mejor camino. Mientras más se concentre en su alma, ésta se hará más brillante y comenzará a crecer, hasta que sea tan grande como su cuerpo físico. Pase un tiempo mientras su alma armoniza con el resto de su cuerpo angelical.

CHAKRA DEL TERCER OJO

La luz de las estrellas de los ángeles viaja hacia la rosa morada que se encuentra entre sus dos ojos y hacia su mente. Comienza por eliminar el bloqueo que tiene su intuición, para así poder ver con claridad la sabiduría, belleza, amor y luz de su alma. Su ángel guardián le envía la dorada energía de la luz de las estrellas de los ángeles llena de muchas estrellas bellas y coloridas que vienen desde arriba hacia toda su aura y todos sus Chakras. Esta energía contiene todas las memorias del camino de su alma, a lo largo de sus vidas pasadas, del presente e, incluso, de sus vidas futuras.

CHAKRA DE LA GARGANTA

La luz de las estrellas de los ángeles desciende hacia la rosa azul que se encuentra en la garganta y que se extiende hacia sus oídos. Ahora, su ángel guardián lo ayuda a expandir el Chakra de su garganta, para así poder canalizar la sabiduría de su alma hablando alto. Usted recibirá un mensaje sobre el despertar de su alma, ya sea en unas pocas palabras o en largas oraciones. Mientras más se relaje, más podrá convertirse en uno con su inteligente alma. Pídale a su ángel guardián que lo ayude a relajar su mente y a abrir su Chakra de la garganta, inclusive más que cuando recibe la energía de la confianza. Cuando se sienta listo, comience a hablar diciendo, "Mi alma me dice…" y continúe permitiendo salir las palabras naturalmente sin pensar acera de ellas.

CHAKRA DEL CORAZÓN

La luz de las estrellas de los ángeles sigue su descenso hacia una rosa verde que se encuentra en su corazón y, a medida que florea, puede ver cómo se va convirtiendo en una rosa rosada. Su ángel guardián reúne a su alma y a su corazón. Ésta es una unión sagrada con la cual abrirá, desde este momento, su corazón al amor incondicional y abrumará su vida con felicidad.

CHAKRA DEL PLEXO SOLAR

La luz de las estrellas de los ángeles entra por la rosa amarilla que se encuentra en el área de su estómago, el núcleo de su ser. Su ángel guardián le proporciona sentimientos de mucha gratitud y aprecio por todo y todos los que han tenido un papel en tu vida para traerle a este momento especial. Ahora usted entiende la razón de los conflictos y situaciones difíciles que ha experimentado en el pasado, los cuales eran necesarios para el despertar de su alma. Exprese su gratitud por cada bendición en su vida, comience diciendo "Estoy agradecido por mi salud. Estoy agradecido por mi familia y estoy agradecido por mi felicidad." Continúe identificando de qué está agradecido, desde la cosa más pequeña hasta la más importante de su vida.

CHAKRA SACRO

La luz de las estrellas de los ángeles llega a una rosa anaranjada que se encuentra debajo de su ombligo y que activa sus habilidades creativas. Su ángel guardián ahora despierta la energía creativa de su alma, por lo que muy pronto usted recordará el propósito de su alma y seguirá el camino correcto para cumplir esta meta especial. Visualícese como un bello ángel dorado elevándose con sus poderosas alas fuera de su cuerpo y parándose frente a su cuerpo físico. Tome un instante para conectarse con su yo angélico, con su mente y corazón, antes de verlo volver a su cuerpo.

CHAKRA DE LA RAÍZ

La luz de las estrellas de los ángeles alcanza la rosa roja en la base de su columna. Ahora, su ángel guardián le mostrará cuánto ha progresado y crecido como ser espiritual y cómo su vida está por transformarse con la guía de su alma y el ángel dentro de usted. A partir de este momento la negatividad será sólo una ilusión para usted, pues ahora usted sólo cree en el amor. Ahora tiene dentro de sí toda la sabiduría para crear su nueva vida.

Historia de éxito

Jennifer buscó la ayuda de la curación de los ángeles para que la auxiliaran a sobrellevar una de las transiciones más grandes de su vida. Ella se sentía bastante ansiosa e insegura, muchas cosas en su vida habían cambiado repentinamente, por lo que tenía la oportunidad de explorar su vida y recrearla de una forma que estuviese en armonía con la verdad. Durante una meditación, el arcángel Gabriel se conectó con ella y realizó un ritual de curación purificadora para que Jennifer pudiese liberarse de las restricciones de la lógica y aprendiese a creer que tenía que dejar a un lado lo viejo para permitir la entrada de lo nuevo. Jennifer creía que estaba demasiado vieja para comenzar de nuevo, sobre todo en su vida amorosa y profesional. Poco a poco los patrones incrustados dejaron el cuerpo energético de Jennifer. Ella comenzó a sentirse más ligera físicamente y eventualmente pudo ver dentro de su mente la estrella brillante que representaba su alma. Inmediatamente, se dio cuenta que por muchos años había estado fingiendo y pretendiendo ser la persona que los otros querían que fuese. Desde el momento en que dejó sentirse atraída por la energía, comportamientos y acciones de ciertas personas, comenzó a ver cambios en sus amigos y círculos sociales. Esto la hizo sentir culpable. Cortó la relación con esas personas, lo cual agregó a su vida sentimientos de aislamiento y confusión. Los ángeles le aseguraron que estaba pasando por un despertar hacia reinos más elevados y, por lo tanto, no se reconocería a sí misma o a sus viejos intereses, pero que pronto se ajustaría a sus nuevas energías. Poco después de esa sesión, Jennifer llamó para decir que, luego de un periodo de aislamiento y búsqueda de su alma, ella había decidido viajar alrededor el mundo, lo que había sido siempre su sueño. Hasta ese momento, ella no había tenido la confianza de hacerlo realidad.

Intuición

Sentidos

Los ángeles dicen que mucha gente ha comenzado a aceptar que tiene un sexto sentido; sin embargo, muchos se sienten un poco temerosos de aceptarlo. El miedo a lo desconocido produce un bloqueo que evita el desarrollo de su mente y crea barreras alrededor de su alma y corazón, obstaculizando las respuestas que le llevarán a la felicidad y el éxito. Hay varios poderes psíquicos de los que usted puede comenzar a estar consciente; probablemente usted ya los usa en su día a día, pero los da por sentado. Así como tenemos los cinco sentidos de los que usted está consciente, usted también tiene sentidos ocultos que su alma percibe.

Clarividencia

Además de todo aquello que puede ver en forma física, los ángeles pueden ayudarle a desarrollar la habilidad de ver claramente con el ojo de su mente las diferencias entre las formas de energía. Los ejercicios de visualización creativa durante la meditación son una forma beneficiosa para expandir sus habilidades de clarividencia. El tiempo no existe en el espectro del alma; el pasado, el presente y el futuro se presentan en diferentes dimensiones, las cuales pueden ser vistas con el ojo de su mente. Ésa es la forma en la que las lecturas psíquicas son realizadas, cambiando su foco a un espacio diferente. Los ángeles le ayudarán a ejercitar el uso de su clarividencia para permitirle ver su día anticipadamente y atender aquellos problemas que pueden ser evitados. Es importante que le dé uso a su clarividencia cuando usted esté en un espacio positivo de la mente y se sienta emocionalmente balanceado. Usted ha controlado cuándo quiere usar sus habilidades clarividentes y puede abrir o cerrar el Chakra del tercer ojo si así lo desea.

Clariaudencia

Los ángeles siempre le están hablando telepáticamente, sobre todo cuando se les pide guía y asistencia en una situación particular. El reto es diferenciar su voz interior con la de los ángeles. La diferencia entre las dos es que mientras sus ángeles siempre le hablarán positivamente, motivándolo a seguir con la confianza de que hay diferentes maneras de superar una situación, su ego mental querrá mantenerlo en un espectro negativo, fortaleciendo estos pensamientos de forma dramática, como si no existiese una solución para la meta que desea alcanzar. El ego mental está diseñado para manejar retos, conflictos y problemas, así como para buscar una solución de forma lógica. Tome el control de las conversaciones de su mente, escogiendo sólo escuchar lo positivo, de esta forma usted estará capacitado para conectarse y escuchar a sus ángeles. Usted estará en capacidad de sintonizar la guía de los ángeles como si fuese una estación de radio. Si está muy alto o muy bajo, pídales a los ángeles para encontrarlos en el medio, donde sea más cómodo para usted. Recuerde que usted tiene el control de cuándo quiere escuchar a su guía y cuándo desea seguir a su mente. Los ángeles no se sentirán ofendidos si usted no sigue su consejo, pues ellos saben que usted debe aprender de sus acciones, así éstas tengan repercusiones. Porque los ángeles lo aman incondicionalmente, ellos estarán allí para reconfortarlo cuando las cosas salgan mal.

Clarisentencia

Usted tiene un cuerpo angelical que vibra en cierta frecuencia energética dependiendo de su bienestar físico, mental, emocional o espiritual. A pesar de que usted no puede percibir esas ondas energéticas, éstas existen e interactúan con el mundo en que usted vive y con otros cuerpos angélicos. Cuando usted conoce alguien nuevo, bien sea que usted simpatice con él de forma rápida o tenga una mala sensación al conocerlo, usted está recogiendo sus vibras, porque usted, lógicamente, no conoce nada sobre ellos. Este poder psíquico es conocido por muchos como el instinto visceral. Las habilidades de la psicometría se encuentran en el Chakra del plexo solar, los ángeles pueden ayudarle a acoger estas habilidades psíquicas removiendo las emociones negativas contenidas en esta área, las cuales no sólo podrían bloquear su intuición sino también causar estrés y enfermedades en el estómago y el sistema digestivo.

Confianza

La cosa más importante que debe desarrollar su intuición es la confianza en lo que ve, escucha y siente. Esto elimina las dudas dentro de su mente y cambia el estado de su consciencia para que sea un alma consciente. El miedo a lo desconocido produce dudas, las cuales son controladas por su mente lógica. La meditación, junto con la ayuda de los ángeles, es una herramienta que nos permite sintonizar con nuestros instintos. Con tiempo y práctica, se dará cuenta de lo poderoso de sus instintos y de cómo usted puede desarrollar esa habilidad hasta que ésta sea natural. Cuando usted comparte sus intuiciones con otros de una forma sensible, puede recibir una legitimación como respuesta, lo cual estimulará su seguridad aun más, llevándolo a creer y confiar más en sí mismo.

MEDITACIÓN DEL ÁNGEL CURADOR PARA LA INTUICIÓN

SECRETO DE LOS ÁNGELES:

"La intuición se desarrolla escuchando la enseñanza desde adentro".

CHAKRA DE LA CORONA

La luz de las estrellas de los ángeles entra en su cuerpo angelical por medio de una hermosa rosa blanca que se encuentra encima de su cuerpo físico. Vea el brillo plateado de una estrella en el centro de su Chakra de la corona que se conecta con su alma. Visualice su alma expandiéndose para ser tan grande como su cuerpo físico. Ahora, sea uno con su alma y vea, en unos momentos, el ángel dorado con poderosas alas saliendo de su cuerpo.

CHAKRA DEL TERCER OJO

La luz de las estrellas de los ángeles viaja hacia la rosa morada que se encuentra entre sus dos ojos y hacia su mente. Ahora comience a eliminar los bloqueos de su intuición para así poder ver al ángel dorado dentro de usted saliendo de su cuerpo. En estos momentos, su yo angelical lo guía para activar el Chakra del tercer ojo tomando su mano derecha y tocando su frente. Visualice un hermoso y grande ojo púrpura abriéndose lentamente en su mente. Sienta la sensación de expansión entre sus dos ojos. Ahora usted tiene completamente activada su consciencia psíquica y puede usarla cada vez que quiera para su propia guía.

CHAKRA DE LA GARGANTA

La luz de las estrellas de los ángeles desciende hacia la rosa azul que se encuentra en la garganta y que se extiende hacia sus oídos. Ahora, su ángel guardián viene por detrás de usted y bloquea su Chakra de la garganta. Piense en un área de su futuro en la que usted necesita cierta guía. Cuando esté listo, active el Chakra de la garganta hablando desde su alma, confiando en esa guía más que en su imaginación. Comience diciendo, "Mi alma me dice que…" y continúe canalizando la información que llega a través de usted.

CHAKRA DEL CORAZÓN

La luz de las estrellas de los ángeles sigue su descenso hacia una rosa verde que se encuentra en su corazón y, a medida que florea, puede ver cómo se va convirtiendo en una rosa rosada. Ahora, visualice cómo su alma está conectada con la pureza de su corazón. Visualice cómo ese rosado amor incondicional se expande por todo su cuerpo, llenando cada parte de su ser. En cuanto se une con esta energía de amor su frecuencia energética aumenta y aumenta hasta que usted se siente como si estuviese flotando.

CHAKRA DEL PLEXO SOLAR

La luz de las estrellas de los ángeles entra por la rosa amarilla que se encuentra en el área de su estómago, el núcleo de su ser. Sus habilidades naturales e inherentes de clarisintiente están dentro de este Chakra, también conocido como el instinto visceral. Ahora que la oscuridad de la energía negativa ha sido eliminada de este Chakra, usted puede escuchar mucho mejor los sentimientos de su psique, así como confiar en ellos. Recuerde siempre proteger este Chakra, como el área que absorbe la energía de los demás. Ejercítelo usando su clarisentencia para sentir la energía de su cuerpo y Chakras. Pídale a la luz de las estrellas de los ángeles el poder para fluir entre las áreas negativas y transformarlas en luz positiva.

CHAKRA SACRO

La luz de las estrellas de los ángeles llega a una rosa anaranjada que se encuentra debajo de su ombligo y que activa sus habilidades creativas. Visualice a su yo angelical desbloqueando lo más elevado de su potencial y creatividad con respecto al propósito de su vida. Sienta la luz de las estrellas de los ángeles despertando su arte angélico y habilidades mágicas traídas desde vidas pasadas y ayudándolo a expresarlas con confianza. Ahora escuche el lenguaje, los patrones de pensamiento y las palabras de las personas con las que usted interactúa día a día. ¿Están ellos bloqueando su intuición, creando patrones de pensamiento negativo dentro de su mente? ¿Luce como si ellos estuviesen teniendo una influencia sobre su identidad? Si es así, puede que ellos necesiten una curación de energía negativa, así que envíeles luz de las estrellas de los ángeles.

CHAKRA DE LA RAÍZ

La luz de las estrellas de los ángeles alcanza la rosa roja en la base de su columna. Visualice todos los colores de sus Chakras saliendo como un arcoíris desde su yo angelical. Ahora usted puede aprovechar y usar su intuición natural en cada decisión o acción que haga en el futuro. Mientras más use esta habilidad en su curación y guía, más la tendrá integrada en su vida diaria y, eventualmente, comenzará a ser un estado natural en su ser. Repita esta afirmación: "Soy naturalmente intuitivo."

Historia de éxito

Peter necesitaba una curación de los ángeles para sanar su miedo de usar su intuición natural y poderes psíquicos. Durante su meditación, mientras exploraba su cuerpo energético se nos demostró que tenía un aura brillante y sensible, lo que significa que casi siempre usaba su sentido de la intuición, inclusive cuando no estaba al tanto de hacerlo. Los ángeles colocaron un escudo protector alrededor de su energía para que Peter no se sintiese vulnerable cuando comenzara su jornada en el desarrollo de su intuición. Se me dijo que Peter necesitaba apoyo para poder confiar en sus visiones y percepciones, las cuales no eran producto de su imaginación. A pesar de estar consciente de sus guías espirituales, al principio le fue difícil abrirse y permitir que lo guiaran. Él necesitaba la certeza de que ellos realmente existían, él encontró en las sesiones con su ángel guardián que éste podría ayudarlo a alcanzarla. Durante una sesión, el Arcángel Rafael, el ángel de la intuición, llevó a Peter a una jornada de meditación en un santuario curador donde dejó todos sus miedos y recuerdos negativos de la infancia. Parecía que, cuando niño, él podía ver y comunicarse con seres angélicos, pero cuando se lo contó a su familia lo rechazaron. Esto había arruinado su confianza y lo había hecho sentir extraño. Una vez que sus sentimientos fueron liberados, Peter comenzó a aceptar su don de la clarividencia y, en las semanas siguientes, ya era capaz de canalizar a sus guías espirituales y a su ángel guardián hermosamente, al tiempo que era capaz de leer sus mensajes a través de las cartas de los ángeles y el Tarot.

Limpieza

Esencia verdadera

La verdadera esencia de su alma es la paz, la inocencia, el amor y la felicidad. Si usted limpia su cuerpo angelical constantemente y éste vuelve a su pureza, usted comenzará a sentirse renovado, inclusive renacido, en todo sentido. Esto es porque durante la limpieza, usted literalmente bota la energía vieja y la reemplaza con energía nueva, vibrante, pura y fresca, que recorrerá todo su cuerpo angelical. La limpieza comenzará con la luz de los ángeles y luego con la energía vital universal que existe en cada organismo vivo. Con una nueva carga energética, usted tendrá una nueva carga de vida que lo guiará a dar los pasos para alcanzar sus metas y vivir una vida feliz. Usted notará que mientras más limpia su ser energéticamente, sus habilidades intuitivas y canalizadoras se elevarán más y su amor propio brillará, atrayendo más amigos y relaciones.

Consciencia de grupo negativa

Cuando usted limpia su cuerpo, mente, corazón y alma con la curación de los ángeles, usted puede sentirse sensible dentro de su ambiente, pues su aura y Chakras absorberán todo en su mundo. Existen muchos factores externos que pueden afectar su estado de ánimo y el de los otros de una forma hiriente. Esto es llamado consciencia de grupo negativa: ésta se encuentra completamente basada en el miedo y es una forma de tratar de controlar a los demás. Como ejemplos podemos enumerar: la exageración de las pandemias, las inseguridades financieras, la violencia y otras situaciones que causan desencuentro. A pesar de que estar consciente de lo que pasa en el mundo es beneficioso, cuando lo único que escuchamos son malas noticias, estas comienzan a ser parte de nuestra mente inconsciente y toman subliminalmente el control de nuestra vida. Cuando escuchamos sobre este tipo de noticias, los ángeles nos motivan a curarnos con su luz, orando y teniendo pensamientos buenos y positivos en todo momento. Su optimismo tiene un papel fundamental cuando se trata de resolver estas situaciones y es mucho más beneficioso que unirse y fortalecer el miedo que posa sobre la raíz de los pensamientos negativos y malas noticias. Si usted comienza a hablar positivamente, la gente se contagiará y se sentirá más a gusto.

El juicio de los otros

Uno de los retos más grandes para mantener la felicidad es sobrellevar los juicios de los otros sobre el camino que uno escogió para vivir su vida. Generalmente, esto crea una tensión en sus relaciones y en usted mismo, por no sentirse capaz de seguir su corazón por el miedo a decepcionar o faltarle a los otros. Escuchar que usted no es suficiente, digno o apreciado por lo que usted es, crea un enorme bloqueo en su confianza. Muchas veces, cuando sus ideas, estilo de vida o formas de expresión no se adaptan a la sociedad, en un nivel energético usted comenzará a ser marginado o inclusive atacado, y esto se mantendrá en su cuerpo angelical como un recuerdo. Esto lleva a una falta de autoestima, baja confianza y depresión. Lo cual puede llevarlo a desarrollar como mecanismo de defensa, que sea a rebelarse o quiera cambiar su manera de ser para complacer las expectativas de la sociedad. De cualquiera de las dos formas, usted no sentirá la felicidad verdadera dentro de usted. Los ángeles limpiarán todos esos recuerdos de rechazo y el cruel efecto de los juicios sobre usted. A través de la curación de los ángeles usted ganará confianza para defender su posición y, eventualmente, cambiar esta situación mostrando a los otros una perspectiva diferente viviendo de acuerdo a sus valores en lugar de los de ellos. La aceptación es el comienzo de la curación. Sólo si usted puede reconocer que todo existe en la forma que es, podrá ser cambiado.

Cambio

Después de aceptar su situación, el siguiente paso que usted necesita tomar antes de que su curación comience es tener la disposición de cambiar, seguido por la dedicación y concentración para alcanzar esa intención. Puede tomar tiempo para que todas las energías se unan dentro de su cuerpo angelical y usted comience a ver resultados. Ésta es una prueba para su paciencia, confianza y fe. Si usted necesita más de esas energías puras, su ángel guardián se las brindará dentro de su consciencia de la mejor y más elevada forma. Tener un diario sobre su jornada de curación le mostrará cuán lejos ha llegado y leer sobre sus experiencias con los ángeles lo inspirará a inspirar el cambio en otros.

MEDITACIÓN DE LOS ÁNGELES CURADORES PARA LA LIMPIEZA

SECRETO DE LOS ÁNGELES:

"La paz llega cuando reconstruye su alma en una sola pieza".

CHAKRA DE LA CORONA

La luz de las estrellas de los ángeles entra en su cuerpo angelical por medio de una hermosa rosa blanca que se encuentra encima de su cuerpo físico. Vea el brillo plateado de una estrella en el centro de su Chakra de la corona que se conecta con su alma. Su ángel guardián le muestra las áreas de su alma que deben ser limpiadas como puntos oscuros dentro de la estrella.

CHAKRA DEL TERCER OJO

La luz de las estrellas de los ángeles viaja hacia la rosa morada que se encuentra entre sus dos ojos y hacia su mente. Ahora comience a eliminar los bloqueos de su intuición. Su ángel guardián lo lleva por un viaje a sus recuerdos en los que su alma comenzó a desprenderse de usted. Ahora usted recordará los momentos traumáticos y dolorosos cuando perdió algunas partículas de su alma.

CHAKRA DE LA GARGANTA

La luz de las estrellas de los ángeles desciende hacia la rosa azul que se encuentra en la garganta y que se extiende hacia sus oídos. Ahora su ángel guardián ora para que todas esas partículas pertenecientes a su alma sean limpiadas por la luz de las estrellas de los ángeles y regresen a usted. Con el ojo de su mente, visualice como usted es tomado por el arcángel Rafael hacia un santuario curador y que usted reposa sobre una cama blanca. A medida que se vaya relajando, comenzará a ver la luz plateada de las estrellas venir hacia su cara y cubrir su Chakra de la corona, reconectándolo con su alma.

CHAKRA DEL CORAZÓN

La luz de las estrellas de los ángeles sigue su descenso hacia una rosa verde que se encuentra en su corazón y, a medida que florea, puede ver cómo se va convirtiendo en una rosa rosada. Ahora su ángel guardián le muestra con quién se quedó las partículas de su alma. ¿Se perdieron en el rompimiento de una relación? ¿Debido a un duelo? Mientras más profundo viaje en su corazón, notará que algunos lazos negativos que todavía pueden estar conectándolo con esa persona son disueltos por la luz de las estrellas de los ángeles. Tan rápido esos cordones negativos son disueltos, usted comienza a sentir el amor incondicional rosado fluyendo desde el centro de Chakra del corazón hacia todo su cuerpo.

CHAKRA DEL PLEXO SOLAR

La luz de las estrellas de los ángeles entra por la rosa amarilla que se encuentra en el área de su estómago, el núcleo de su ser. Ahora su ángel guardián lo ayuda a encontrar el centro dorado de su poder interno. En la medida que su alma se sienta completa y llena, usted se estará convirtiendo en un ser más fuerte y más poderoso. Sensaciones de náuseas u otros síntomas son ahora curados por la luz de las estrellas de los ángeles.

CHAKRA SACRO

La luz de las estrellas de los ángeles llega a una rosa anaranjada que se encuentra debajo de su ombligo y que activa sus habilidades creativas. Su ángel guardián le pide ver las partículas del alma de los otros con las que usted ha tenido que cargar. Tan rápido las encuentre, visualice la energía dorada de la luz de las estrellas de los ángeles limpiándolas y volviéndolas puras de nuevo. Ahora su ángel guardián llama a las almas dueñas de esas partículas para que vuelvan por ellas. Ahora usted siente una sensación de libertad, pues la pesadez ha sido levantada de usted.

CHAKRA DE LA RAÍZ

La luz de las estrellas de los ángeles alcanza la rosa roja en la base de su columna. Ahora su ángel guardián traba las partículas de su alma para hacerla sentir un todo de nuevo. Ahora visualice que usted está fortaleciendo la conexión entre su cuerpo, mente, corazón y alma. Su ángel guardián coloca un escudo de luz dorada sobre su cuerpo angélico para mantenerlo a salvo, seguro y protegido de cualquier trauma que pueda sufrir en un futuro.

Historia de éxito

Matt vino por una lectura de los ángeles porque se sentía incapaz de avanzar en su vida. Cuando me conecté con esa energía, fui guiada para describirle cierto lugar. Vi en un camino bastante transitado a un joven que parecía perdido. Él había estado allí por muchos años y era incapaz de moverse. Al principio, cuando le expliqué a Matt lo que había visto, no tenía ningún sentido para él. Cuando pudo relajarse más, lo llevé hacía un viaje por su mente inconsciente para que así pudiese ver lo que los ángeles trataban de mostrarle. Descubrimos que ese jovencito en el camino era Matt, él recordó que había sufrido un accidente automovilístico cuando niño. Al ser una experiencia traumática, había perdido la consciencia debido al miedo; los ángeles le explicaron que también había perdido partículas de su alma. En la meditación, Matt fue guiado para rescatar a ese niño y traerlo de vuelta. Después, Matt me contó que él se había sentido perdido por un largo tiempo en su vida y que ahora entendía por qué era incapaz de avanzar. Poco después de su sesión, Matt –de forma segura– comenzó a tomar importantes decisiones en su vida. Él estaba impresionado del poder de la mente, por lo que estudió y se convirtió en un hipnoterapeuta.

Energía negativa

Malos deseos

"Ataque psíquico" es el término usado cuando un mal deseo viene hacia usted de otra persona. Este ataque puede ocurrir en un nivel consciente o inconsciente, lo cual quiere decir que la persona no tiene necesariamente la intención de atacarlo directamente. Estas personas pueden estar expresando su rabia hablando negativamente acerca de usted y estas formas de pensamiento serán absorbidas por su alma. Su ángel guardián lo protegerá de cualquier forma cuando usted necesite ayuda. Algunas bendiciones ocultas provienen de ataques psíquicos, producto de una gran cantidad de miseria, y es por esta razón que los ángeles no son capaces de evitar que pasen. Por ejemplo, si usted experimenta una pérdida o depresión debido a malos deseos, esto puede abrir su mente a una curación espiritual u obligarlo a ir por una ayuda que será bastante beneficiosa para usted en muchos sentidos. Cada pensamiento contiene una frecuencia energética y los sentimientos detrás de estos impulsan a los pensamientos a convertirse en acción.

Cordones negativos

Los ángeles son capaces de cortar los cordones energéticos invisibles que nos conectan con parejas anteriores y que nos mantienen en un lugar negativo, evitando que podamos avanzar. A pesar de que físicamente usted se haya movido de su pasado, puede tener conexiones emocionales, mentales o espirituales que todavía lo conectan con esa parte de su vida. Sentimientos de arrepentimiento, culpa o rabia fluyen entre esos cordones, por lo que tienen un impacto negativo o atacan su paz. Usualmente, estos cordones negativos están atados entre los Chakras; por ejemplo, entre los Chakras del plexo solar en el caso de que existiesen constantes luchas de poder o entre los Chakras sacros si existían apegos sexuales no saludables. Los cordones negativos lucen como cuerdas o tubos oscuros y densos. Sentimientos y pensamientos amargos pasan dentro de ellos como si fueran túneles. Cuando estos son cortados traen una sensación de libertad y liberación. Los cordones se forman y atan a personas con las que usted interactúa en su día a día, por lo que las meditaciones de limpieza son de mucha ayuda y muy útiles, especialmente porque lo ayudan a alcanzar su completo bienestar. Después de discutir, visualice su ángel guardián cortando sus cordones negativos y bañándolo con la luz dorada de los ángeles. Usted se sentirá mejor inmediatamente y no tendrá espacio en su corazón para guardar rencores.

Cordones positivos

Las almas gemelas están conectadas entre sí por fuertes cordones atados al Chakra de la corona. Ellos lucen como un hermoso arcoíris. El amor incondicional y la luz curadora fluyen constantemente entre estos cordones, inclusive antes de haberse conocido físicamente. Estos cordones positivos nunca pueden ser cortados por los ángeles, ya que pertenecen a la misma familia de almas. Una relación entre almas gemelas es un gran reto, lamentablemente los cordones negativos son creados por la frustración, tristeza y rabia que experimentó antes de que su alma aprendiese su lección. Por un lado, usted está recibiendo amor puro, sin embargo, por el otro lado usted está recibiendo lo que su mente consciente percibe como odio. Por esto, antes de separarse de su alma gemela, usted tendrá que librar una batalla interna entre el amor y el odio hasta que corte los cordones negativos, elimine los malos sentimientos y aprenda a enfrentar, entender y manejar los sentimientos de amor sin la necesidad de estar de nuevo en una relación.

Entrega

Los ángeles le ayudarán a liberarse de la negatividad pidiéndole que les entregue el problema o la persona a ellos. Ellos manejarán la situación con amor y sin prejuicio, y estarán felices de quitarle esa carga de sus hombros. Milagrosamente, usted ya no estará esperando esa llamada telefónica o ninguna otra acción de esa otra persona para estar feliz. Los ángeles lo ayudarán a sentirse emocionalmente balanceado y también independiente. En las relaciones que han pasado por una mala racha existe la tendencia a que, una vez se declara la intención de liberarse y cortar los cordones negativos, la energía curadora fluye y purifica la relación, brindando lucidez a las dos partes. Una vez que esto ocurre, la relación se reconciliará de una forma insospechada, usted percibirá que esa relación cumplió su propósito y usted seguirá normalmente con su vida.

MEDITACIÓN DE LOS ÁNGELES CURADORES PARA LA ENERGÍA NEGATIVA

SECRETO DE LOS ÁNGELES:

"Las percepciones negativas son sólo decepción, la inocencia su benevolencia".

CHAKRA DE LA CORONA

La luz de las estrellas de los ángeles entra en su cuerpo angelical por medio de una hermosa rosa blanca que se encuentra encima de su cuerpo físico. Vea el brillo plateado de una estrella en el centro de su Chakra de la corona que se conecta con su alma. Su ángel guardián expande y limpia su alma, preparándolo para curar toda la energía negativa que hay alrededor de su cuerpo angelical.

CHAKRA DEL TERCER OJO

La luz de las estrellas de los ángeles viaja hacia la rosa morada que se encuentra entre sus dos ojos y hacia su mente. Ahora comience a eliminar los bloqueos de su intuición. Su ángel guardián le muestra su hermoso ojo interno. Ahora, revise todo su cuerpo angelical y encuentre los cordones negativos y oscuros, pídale a su ángel guardián que los retire de ambos Chakras. La luz de las estrellas de los ángeles es vertida en su cuerpo angelical purificando las áreas donde fueron retirados los cordones. Ahora, el problema está completamente sanado entre usted y las personas involucradas. Muy pronto, esto se verá reflejado en sus sentimientos, pensamientos y acciones.

CHAKRA DE LA GARGANTA

La luz de las estrellas de los ángeles desciende hacia la rosa azul que se encuentra en la garganta y que se extiende hacia sus oídos. Ahora, su ángel guardián lo ayuda a visualizar cualquier atadura espiritual que pueda estar llamando su atención. En este momento, usted le pedirá que lo dejen y vayan hacia la luz para su propio desarrollo. Llame al arcángel Miguel si usted siente miedo de hacer esto. Visualice cómo todo su cuerpo se convierte en una luz dorada y brillante que lo protege de las bajas energías. Una vez que usted sepa que éstas se han ido de usted, visualice una lluvia de luz dorada de las estrellas de los ángeles cayendo como una cascada que limpia su cuerpo angelical y el espacio donde usted se encuentra.

CHAKRA DEL CORAZÓN

La luz de las estrellas de los ángeles sigue su descenso hacia una rosa verde que se encuentra en su corazón y, a medida que florea, puede ver cómo se va convirtiendo en una rosa rosada. Ahora, su ángel guardián le da la energía de la compasión. A medida que se hace consciente de esta energía, ésta se dirigirá hacía aquellos que directa o indirectamente le han deseado el mal, a través de su rabia, inseguridades o celos. Ahora los ángeles abren mucho más su corazón con la compasión, para que usted pueda entender por qué los demás actúan de la forma en que lo hacen. Los ángeles también le recordarán que el amor es el gran sanador.

CHAKRA DEL PLEXO SOLAR

La luz de las estrellas de los ángeles entra por la rosa amarilla que se encuentra en el área de su estómago, el núcleo de su ser. Ahora su ángel lo reconecta con su fuerza interna. Vea cómo la luz de las estrellas de los ángeles irradia directamente sobre esta área, limpiando todo el miedo o la pérdida de control que esas ataduras negativas causaron. A medida que su poder interno se hace presente, usted dejará a un lado los deseos de venganza y se los dejará a los ángeles.

CHAKRA SACRO

La luz de las estrellas de los ángeles llega a una rosa anaranjada que se encuentra debajo de su ombligo y que activa sus habilidades creativas. Su ángel guardián le pide revisar sus acciones hacia los demás. Si usted se ha catalogado como una víctima, entonces es hora de trasmutar esa percepción en una victoria con la ayuda de la luz de las estrellas de los ángeles. Ahora usted está completamente limpio y los ángeles se han reconectado con su verdadera esencia. Ahora sienta que está listo para vivir como un ángel, de ahora en adelante todo lo verá a través de los ojos de ángel y sentirá con el corazón de un ángel, el cual sólo conoce el amor.

CHAKRA DE LA RAÍZ

La luz de las estrellas de los ángeles alcanza la rosa roja en la base de su columna. Su ángel guardián le da el conocimiento y la sensación de que usted es libre de las ataduras de las relaciones o situaciones pasadas. Usted se siente más brillante, feliz y ya no posee esa sensación de pesadez enterrándolo. Constantemente, usted se encuentra canalizando la luz de las estrellas de los ángeles, su alma brilla y la luz hermosa que irradia a través de usted inmediatamente disipa la energía negativa.

Historia de éxito

Faye buscó la curación de los ángeles para tratar de detener los ataques psíquicos que ella estaba sufriendo por parte de su familia política. Desde el comienzo de la relación con su esposo, ella notó cómo ciertos miembros de la familia de él interferían constantemente por causa de celos, creándole problemas. Como la confrontación no era una parte natural de la personalidad de Faye, ella continuó siendo buena con ellos, a pesar de que cuando estaba junto a ellos terminaba emocionalmente enferma, agotada y llena de pensamientos negativos sobre ella y su matrimonio. Durante su meditación, ella invocó al arcángel Miguel para que cortase los cordones negativos que había entre ella y la familia de su esposo. Físicamente, Faye comenzó a sentir que la halaban, especialmente de la espalda. Los ángeles me mostraron que todos los ataques a la psique, entran por la espalda, como unas dagas energéticas, causando una sensación muy cercana a la de ser apuñalado por detrás. Desde el punto de vista emocional, éste fue un ejercicio liberador para Faye, quien lloró durante toda la meditación. Ella se sentía como una víctima y no entendía por qué estaba siendo atacada por esas personas con pensamientos y deseos negativos. Una vez que el arcángel Miguel cortó los cordones, me mostró todas las marcas de negatividad que existían en el cuerpo, mente, corazón y alma de Faye. Estas marcas estaban siendo trasmutadas en luz curadora. Además, los ángeles le dieron un ejercicio de protección que debía realizar todos los días, sobre todo cuando sintiese energía negativa a su alrededor. Los ángeles la guiaron para comunicarse con las almas de sus atacantes y encontrar el motivo de estos ataques. Se supo que su suegra ya no se sentía amada por su hijo y que su cuñada, que se encontraba en un matrimonio infeliz, tenía celos de la felicidad de Faye. Juntos, direccionamos energía sanadora para ambas mujeres y, en pocas semanas, la relación de Faye con ellas estaba milagrosamente curada.

Atrayendo a las almas gemelas

Conexiones fuertes

En algún punto de su vida usted puede sentir una fuerte conexión con alguien y darse cuenta de que la relación con esa persona es un reto que usted no se siente en capacidad de enfrentar. Generalmente, es a través de las relaciones difíciles que uno crece y aprende más, y son las personas involucradas en estas relaciones quienes tienen un papel importantísimo en nuestro desarrollo espiritual. Los ángeles ayudan a las almas gemelas a comunicarse y conectarse en un nivel diferente cuando están dormidas o meditando. Usted discutirá con su alma gemela cuáles son sus necesidades y cómo se pueden ayudar en este momento de la vida. A veces, antes de la reencarnación, se organiza cuándo, cómo y por qué se encontrarán en la Tierra. Sin embargo, debido al libre albedrío, estos arreglos pueden ser alterados, atrasados y hasta cancelados. Mientras usted está despierto, su alma le habla a través de la intuición o de los ángeles, diciéndole a dónde ir, a qué hora y cómo reconocer a su alma gemela. Ésta es la razón por la que cuando se encuentran, existe la sensación de conocer a esta persona de "toda la vida" a pesar de haber compartido un corto periodo de tiempo. Sus almas se recordarán bastante bien, inclusive para ese momento, ellas ya conocen el propósito de ese encuentro, sin embargo, la mente consciente no puede encontrarle ningún sentido ni racionalizarlo.

Amor angelical

Una vez que haya comenzado su desarrollo espiritual, usted comenzará de forma natural a estar más abierto al amor angélico y al amor del alma. Si usted se permite o no recibir este amor, depende de que usted se ame lo suficiente para decirse que se lo merece y es digno de ser amado. Cuando uno se valora a sí mismo lo suficiente, recibir el amor de sus ángeles y de sus almas gemelas será parte de su vida diaria. Cuando usted experimenta amor angelical su corazón se siente abrumado de toda la bondad y bendiciones que usted podría desear. Hay un sentimiento de alegría tan abrumador y tan lleno de gratitud por cada cosa y persona en su vida, que nada más importa. Tener estos sentimientos de una forma consistente le mantendrá fuera del grupo de personas que están temerosas de abrirse y mostrar su amor, cualesquiera sean sus razones. Su tarea es enviar vibraciones de amor a estas personas, éstas penetrarán en sus cuerpos angelicales y se filtrarán a través de él, inclusive si éstas no están conscientes de lo que está pasando. Esto atraerá mucho amor a su vida de todas formas, y sobre todo, almas gemelas muy especiales que querrán compartir su amor con usted.

Paz

Su mente racional comenzará a estresarse por pensar en exceso y analizar por qué usted no tiene un alma gemela en su vida en este momento. Esto le traerá un desbalance emocional. Tómese un tiempo en su Santuario Angelical y pídale a su ángel guardián que le responda las siguientes preguntas: ¿Qué tengo que cambiar dentro de mí para atraer a mi alma gemela? ¿Cómo estoy bloqueando esta relación? ¿Cuáles son mis miedos acerca de amar profundamente a alguien? ¿Qué es lo que quiero de una relación con mi alma gemela? Cuando su mente consciente esté tranquila, usted será capaz de recibir de forma clara la guía, así como la energía curativa para ayudar a sanar su corazón de las experiencias dolorosas del pasado. Cuando usted se haya conectado con su propia alma, los ángeles lo ayudarán a atraer a su vida a su alma gemela para ayudarlo a sentir el amor de la mejor y más elevada de las formas.

Compañero de vida perfecto

Usted puede estar deseando el más perfecto de los compañeros de vida, sin embargo éste puede no ser el mejor momento para establecerse. Puede haber mucho más que usted necesite aprender, sea solo o a través de otras relaciones que pueden hacerlo sentir complemente satisfecho y feliz, de manera que usted no tenga expectativas irracionales sobre su compañero de vida. Su ángel guardián sabe que le trae el futuro. Cuando usted usa su intuición y escucha cuidadosamente la guía interior de su alma y de sus ángeles, ellos le darán la oportunidad de hacer todo lo que usted necesita antes de guiarlo a su compañero de vida.

Conexión con el alma

Antes de encontrarse en el mundo físico, usted puede hacer contacto con su alma gemela en otro nivel. Durante una meditación, usted puede viajar a una esfera más elevada, digamos una espiritual, y pedirle a su alma gemela que se conecte con usted. Ya que usted tiene varias almas gemelas, éstas aparecerán en el momento apropiado dentro de su vida, en el orden correcto de su experiencia para enseñarle lo que usted necesita aprender de cada momento. Sin embargo, en este momento, usted puede conectarse con su alma gemela en un nivel espiritual y ésta aparecer físicamente en su vida muchos años después – quizá no en ésta pero sí en otra vida. Tras bambalinas, los ángeles guardianes lo conectan con los ángeles guardianes del alma que vendrán a su vida para idear un plan para que ambos se conozcan en el mundo físico. Ellos le susurrarán al oído su guía para que usted y su alma gemela, de forma mágica, puedan estar juntos en el sitio y el momento correcto. Su alma reconocerá de forma instantánea a esa persona cuando los ojos de ambos se encuentren en el mundo físico. Usted tiene una gran familia de alma, que es diferente de su familia en este mundo. Los miembros de esta familia de almas vendrán a su vida en cualquier momento para ser parte de su vida. A pesar de que muchas personas creen que las almas gemelas son únicamente relaciones de pareja, ellas también pueden ser miembros de su familia, por ejemplo, sus hijos, o inclusive sus amigos. En el momento en que usted se encuentra con su alma gemela en el mundo físico, los ángeles cantarán y bailarán alrededor de usted mientras experimenta el más puro amor a través del encuentro.

MEDITACIÓN DE LOS ÁNGELES SANADORES PARA ATRAER ALMAS GEMELAS

SECRETO DE LOS ÁNGELES:

"Encuentre a su alma gemela a través de su corazón; ame su corazón con su alma".

CHAKRA DE LA CORONA

La luz de las estrellas de los ángeles entra en su cuerpo angelical por medio de una hermosa rosa blanca que se encuentra encima de su cuerpo físico. Vea el brillo plateado de una estrella en el centro de su Chakra de la corona que se conecta con su alma. Mientras ésta crece, se expande, y cubre todo su cuerpo. Dentro de unos segundos, usted verá como su alma ahora luce como un ángel, da unos pasos fuera de su cuerpo y se encuentra lista para viajar al encuentro con su alma gemela.

CHAKRA DEL TERCER OJO

La luz de las estrellas de los ángeles viaja hacia la rosa morada que se encuentra entre sus dos ojos y hacia su mente. Ahora comience a eliminar los bloqueos de su intuición. Visualice y sienta como su alma comienza a volar cada vez más y más alto, lejos de la Tierra, pasando el universo, hasta llegar al reino de los ángeles. Aquí se reúne con su ángel guardián quien estaba esperándolo.

CHAKRA DE LA GARGANTA

La luz de las estrellas de los ángeles desciende hacia la rosa azul que se encuentra en la garganta y que se extiende hacia sus oídos. Ahora su ángel guardián lo guía al reino espiritual, donde su alma vive con su familia de almas entre sus encarnaciones en la Tierra. Usted se encuentra con varios de los miembros de su familia que habían estado esperando para recibirlo. Ahora, usted es llevado a un cuarto especial donde conocerá a su alma gemela. Su ángel guardián lo deja aquí.

CHAKRA DEL CORAZÓN

La luz de las estrellas de los ángeles sigue su descenso hacia una rosa verde que se encuentra en su corazón y, a medida que florea, puede ver cómo se va convirtiendo en una rosa rosada. Conéctese con los latidos de su corazón y sienta como cada vez está más y más emocionado. A la distancia, usted observa una estrella brillante viniendo hacía usted. A medida que se acerca, su corazón late más rápido, ahora usted ve un hermoso cordón rosado que va desde el centro de su Chakra del corazón hacía afuera, intentando atraer su alma para atarse a ella.

CHAKRA DEL PLEXO SOLAR

La luz de las estrellas de los ángeles entra por la rosa amarilla que se encuentra en el área de su estómago, el núcleo de su ser. Mientras su alma gemela se acerca a usted, usted comienza a tener la sensación de una alegría abrumadora, reconociendo que ésta es la reunión de almas que usted tanto había anhelado. Esta alma tendrá un papel fundamental en su vida y le enseñará muchas lecciones para que usted pueda crecer y completar el propósito de su alma.

CHAKRA SACRO

La luz de las estrellas de los ángeles llega a una rosa anaranjada que se encuentra debajo de su ombligo y que activa sus habilidades crea-

tivas. A medida que las dos estrellas se acercan y se vuelven una, observe como sus dorados cuerpos angélicos se entrelazan, compartiendo el amor espiritual. Ésta es la hermosa y sacra unión de sus almas, usted esperará para compartir juntos hermosos momentos en el mundo físico, como ya lo han hecho en el mundo angélico.

CHAKRA DE LA RAÍZ

La luz de las estrellas de los ángeles alcanza la rosa roja en la base de su columna. Sus almas gemelas aparecerán cuando usted esté listo para ello físicamente y estarán con usted hasta que hayan cumplido su misión. El tiempo no es importante en el reino espiritual, breves instantes pueden parecer años y días pueden parecer vidas. Todo aparecerá en su vida en el momento correcto de acuerdo con su plan de vida. Agradezca a su alma gemela por conectarse con usted y dígale que espera reunirse con ella en el mundo físico. Envíe amor a los miembros de su familia de almas antes de partir, para volver a su cuerpo, poner los pies en la tierra y tomar consciencia de su respiración.

Historia de éxito

Por muchos años soñé con una reunión sagrada con mi alma especial. A pesar de que nunca la había visto en forma física, recordaba haber visto sus ojos azules, brillantes e hipnotizantes. Aprendiendo a canalizar a mi ángel guardián, comencé a recibir la guía escrita acerca de esta alma y cómo nos encontraríamos. Sin entrar en detalles, se dio el encuentro con un hombre de ojos azules, ambos sentimos una conexión casi de otro mundo. Me tomó tiempo aceptar que no sería una relación de compañeros de por vida. Después de vivir unos momentos de tristeza y búsqueda espiritual, me di cuenta de que este hombre había venido a mi vida a enseñarme mi verdadero camino y que mi propósito en la vida era comprometerme en divulgar el amor y la curación de los ángeles. A través de los años, he transcrito a mis diarios toda la información canalizada a través de mí; viendo hacía atrás, entendí que en aquel momento yo estaba cegada por mis necesidades y malinterpreté el mensaje de los ángeles. Ahora, que puedo ver todo, ellos me dicen que es cierto y que los ángeles me estaban protegiendo y preparando para mi verdadero camino.

Encuentro con su familia de almas

Esfera espiritual

Hay diferentes dominios, también conocidos como planos o reinos, con los que los humanos están conectados pero que no han explorado y adoptado completamente. Los ángeles viven en un lugar de amor puro que no tiene esa dualidad llamada reino angélico. El reino espiritual es el hogar de todas las almas que se encuentran en la tarea sagrada de la evolución y el desarrollo. En el reino espiritual hay diferentes niveles y lugares que las almas deben visitar, antes y después de reencarnar en el reino de la Tierra. Los ángeles no necesitan guiar a las almas en el reino espiritual, como se les requiere en la Tierra.

Guías espirituales

Su principal guía espiritual estará con usted desde el momento de su nacimiento para ayudarlo en el despertar de su alma, hasta que usted se conecte con su alma angélica y no necesite más de su ayuda. Ellos se irán a cumplir sus propias misiones en el reino espiritual, una vez que sepan que usted está bien. A lo largo de su vida su ángel guardián se reunirá frecuentemente con sus guías espirituales para discutir sus necesidades de sanación y cómo deben trabajar juntos para ayudarlo a través de esa búsqueda. Su principal guía espiritual tiene la gran responsabilidad de mantenerlo en su camino espiritual, inclusive cuando los periodos de transición sean difíciles para usted. A pesar de que ellos tienen mucha compasión por usted y le enviarán fuerza y sanación, ellos son incapaces de parar los retos que le trae la vida, pues esto interferiría con su proceso de aprendizaje. Usted tiene libre albedrío de seguir su camino de vida o no. Si usted decide no seguirlo, en un profundo nivel espiritual, usted se sentirá incompleto, ya que ésa era su razón de estar en la Tierra.

Familia de almas

Cada persona tiene una familia de almas en el reino espiritual, la cual consiste en diferentes guías espirituales que vienen a su vida y le sirven de apoyo a través de ciertas etapas, tales como educación, carrera, relaciones, etc. Antes de que usted comience su vida en la Tierra, usted conviene con todos los miembros de su familia de almas los papeles que desempeñará cada uno de ellos en su vida. Algunos de los miembros de su familia se quedarán en el reino espiritual jugando un rol de guía en un nivel espiritual, otros reencarnarán en la Tierra al mismo tiempo que usted. Ellos jugarán un papel en su vida, sea como un miembro consanguíneo de su familia o como su alma gemela, ya sea en una relación amorosa o como un amigo cercano. Todos ellos lo ayudarán a lo largo de su viaje cumpliendo las responsabilidades que acordaron en el reino espiritual antes de que su vida comenzara. Es así como las almas gemelas nos enseñan las lecciones más duras; nos están haciendo un gran favor, por lo que, a nivel espiritual, es más fácil perdonarlas.

Parientes en espíritu

Cuando sus familiares en la Tierra mueren, vuelven al reino espiritual. Si han sufrido un trauma en sus vidas, ya sea una enfermedad o una depresión, ellos van al santuario curador en el reino espiritual para recuperarse. Los ángeles están capacitados para ayudarlo a desarrollar su intuición y canalizar sus habilidades para que usted pueda contactar con el espíritu de sus parientes. Es importante honrar y respetar el camino de las almas de sus parientes, su libre albedrío, así como si ellos están o no abiertos a comunicarse con usted. De lo que puede estar seguro es que si el espíritu ha estado en un proceso de sanación y ha aceptado que no está más en un cuerpo, de alguna manera su pariente le enviará un mensaje de amor a través de varias señales que lo ayudarán a recordarlo.

Niños en espíritu

Los ángeles entienden su dolor al momento de perder un miembro de su familia de alma que escogió estar con usted como su hijo. Las pérdidas y los abortos son bastante traumáticos para la madre, a pesar de no haber visto su alma en un cuerpo humano, pues la conexión de las almas que existe entre ellos es de un nivel más elevado. Los ángeles quieren decirle que las almas de los niños que pudo haber perdido no guardan ningún rencor contra la madre o miembro de la familia. Ellos están agradecidos y aprecian su jornada desde el reino espiritual hasta el útero, sin importar lo que haya durado. Los ángeles cuidan de las almas de los niños, asegurándose de que puedan conseguir el camino de vuelta hacia la luz y puedan reunirse con sus otros miembros de la familia de almas en el reino espiritual. Cuando están listas, estas almas se vuelven guías espirituales activos, cuidando y guiando a sus padres a través del trauma del duelo o la pérdida. Los ángeles dicen que, a veces, estos niños crecen en el mundo espiritual como lo hubieran hecho en el reino de la Tierra, o reencarnan en el próximo embarazo de su madre. De cualquier forma, ellos nunca se desconectan de su familia.

MEDITACIÓN DEL ÁNGEL CURADOR PARA CONOCER SU FAMILIA DE ALMAS

SECRETO DE LOS ÁNGELES:

"Los familiares de alma le enseñan a relacionarse con su alma".

CHAKRA DE LA CORONA

La luz de las estrellas de los ángeles entra en su cuerpo angelical por medio de una hermosa rosa blanca que se encuentra encima de su cuerpo físico. Vea el brillo plateado de una estrella en el centro de su Chakra de la corona que se conecta con su alma. Ahora su alma deja su cuerpo físico y emprende un viaje hacia el reino espiritual. Visualice cómo un fuerte cordón plateado se encuentra atado al Chakra, por el que, eventualmente, su alma volverá a su cuerpo angelical.

CHAKRA DEL TERCER OJO

La luz de las estrellas de los ángeles viaja hacia la rosa morada que se encuentra entre sus dos ojos y hacia su mente. Ahora comience a eliminar los bloqueos de su intuición. Ahora vea lo alto que está volando, pasando por la Tierra y el universo hasta llegar a un hermoso cielo dorado. Al flotar más alto, usted entra al reino espiritual a través de dos grandes puertas doradas con un ángel dorado parado en cada lado. Ellos le dan la bienvenida y lo guían hacia su familia de alma. Usted sube varios escalones dorados hacia los niveles más elevados del reino espiritual. Usted flota más alto, con un ángel a cada lado. Ahora llega a otra puerta dorada, un poco más pequeña. A medida que usted entra es saludado por un grupo de almas, su familia de almas.

CHAKRA DE LA GARGANTA

La luz de las estrellas de los ángeles desciende hacia la rosa azul que se encuentra en la garganta y que se extiende hacia sus oídos. Ahora usted se dedica a su familia de alma y se une a la celebración y rituales que ellos han organizado en honor a usted y a su visita. Usted puede o no reconocer estas almas, pero se siente en casa. Usted comparte con el grupo antes de que un alma muy especial venga a unírsele. Primero, ve a su ángel guardián aparecer en el medio del grupo emanando hacia su cuerpo y alma angelicales la dorada energía de la luz de las estrellas de los ángeles. Esta emanación le servirá para subir de frecuencia energética. En este momento, usted comienza a comunicarse con su familia de alma en el lenguaje del amor.

CHAKRA DEL CORAZÓN

La luz de las estrellas de los ángeles sigue su descenso hacia una rosa verde que se encuentra en su corazón y, a medida que florea, puede ver cómo se va convirtiendo en una rosa rosada. Ahora su ángel guardián le brinda la consciencia de los latidos del corazón en su cuerpo físico. A pesar de que su consciencia está en el reino del espíritu, usted también se encuentra consciente de su cuerpo físico. Su corazón comienza a sentir la emoción por el encuentro con su espíritu guía. Su familia de almas comienza un ritual especial para prepararle para ese momento. Escuche con su corazón la música y el canto de su familia de almas y sienta cómo se une.

CHAKRA DEL PLEXO SOLAR

La luz de las estrellas de los ángeles entra por la rosa amarilla que se encuentra en el área de su estómago, el núcleo de su ser. Visualice unos hermosos rayos de luz dorados brillando alrededor del cuarto donde usted se encuentra. Otra puerta se abre a poca distancia encima de usted y le permite ver una hermosa diosa dorada parada en el umbral. Ésta es mi guía espiritual Ptara y está aquí para llevarnos hacia su guía espiritual. Usted ve otra alma acercarse a Ptara; note si esta alma representa la esencia masculina o femenina. Su espíritu guía flota hacia abajo para unirse a usted y a su familia de almas, mientras Ptara cierra las puertas doradas y desaparece. Mientras usted se reúne con su espíritu guía, ambos se encuentran sentados en dos tronos dorados y comienzan a conversar sobre sus caminos espirituales y la vida en la Tierra.

CHAKRA SACRO

La luz de las estrellas de los ángeles llega a una rosa anaranjada que se encuentra debajo de su ombligo y que activa sus habilidades creativas. Pregúntele a su espíritu guía sobre el espíritu de su hijo. Cualquiera que sea su situación en la Tierra con respecto a la paternidad, ahora su espíritu guía le dirá cuántos hijos tiene usted en el reino espiritual, ya sea que estén esperando para ir a la Tierra o conectados con usted desde el reino espiritual. Tome esta oportunidad para hablar con las almas de sus hijos, mientras su espíritu guía los coloca frente a usted. Visualice y sienta cómo toma y comparte el fuerte sentimiento de amor entre ustedes.

CHAKRA DE LA RAÍZ

La luz de las estrellas de los ángeles alcanza la rosa roja en la base de su columna. Ahora su ángel guardián lo prepara para volver a su cuerpo físico. Antes de partir, vea y sienta cómo se despide de su espíritu guía y de su familia de almas mientras los abraza uno a uno. Ahora su ángel guardián lo guía hacia las puertas doradas escoltadas por los dos ángeles que lo guiaron antes. Luego de pasar esa puerta, usted comienza a descender los escalones dorados hasta llegar a la puerta principal, la cual es la entrada al reino espiritual. Ahora los dos ángeles se despiden, mientras su ángel guardián y usted flotan camino abajo a través del universo hacia la Tierra y de vuelta a su cuerpo físico. Traiga de vuelta su conciencia a todo su cuerpo, tome unas respiraciones profundas, abra sus ojos lentamente y vuelva al cuarto.

Historia de éxito

En 2007, tuve la oportunidad de viajar a Egipto, donde me ocurrió algo realmente extraordinario. Visitar las pirámides fue una experiencia sagrada que tocó mis raíces espirituales. Me sentí emocionada al mismo tiempo que temerosa antes de ingresar a la gran pirámide. Con tan sólo entrar me sentí muy emocionada, como si estuviese experimentando una memoria del pasado, por lo que le pedí a los ángeles que me calmaran. Después, en el hotel, me encontraba físicamente exhausta y espiritualmente inquieta. Decidí hacer algo de curación de los ángeles y entré en una profunda meditación. Mi ángel guardián me llevó a un viaje a mi vida pasada y me mostró la conexión espiritual que yo tenía. En mi meditación, viaje a mi vida pasada: al principio regresé a mi nacimiento, luego pase por un largo corredor con muchas puertas doradas, que representan todas mis vidas anteriores. Fui a una de las puertas más lejanas: una de mis primeras reencarnaciones. Para cuando crucé la puerta con la guía de mi ángel guardián, entré en un hermoso templo y vi frente a mí un grupo de mujeres que reconocí. Estaban sentadas en círculo, todas vestidas con túnicas blancas, yo sabía que ellas eran mis almas hermanas y curadoras. Me dieron la bienvenida y me sentí en una reunión muy especial junto a ellas. Subimos unos escalones dorados, hasta que me paré frente a un trono donde se encontraba sentada una diosa egipcia. Ella tendió los brazos y yo me recliné frente a ella. Me abrazó, ambas estábamos muy felices de vernos de nuevo. Ella quería que recorriéramos juntas todas las memorias de nuestra vida juntas.

Me dijo que, una vez, había una jovencita que sufrió un trauma emocional hasta los dieciocho años. Había sido abusada y abandonada por su familia, ya que desobedeció el mandato de casarse con un hombre pudiente. Su padre era un emperador poderoso, pero sus negocios fracasaron por lo que sus tierras fueron embargadas, dejando a muchos dependientes sin hogar y sin ingresos. Su madre había muerto cuando ella estaba pequeña y la extrañaba terriblemente, sin embargo se encargó de encontrar a una tía lejana.

Mi ángel guardián me contó que yo era aquella joven y que mi espíritu guía actual era aquella tía. Ella me había adoptado y me había permitido entrar a su pequeño círculo de mujeres curadoras. Se me mostró que había muerto anciana y había dedicado mi vida a curar a otros. A pesar de que nunca me casé o tuve mis propios hijos, yo era feliz porque había realizado mi propósito de vida. A través de la meditación, yo fui capaz de conectar mi historia pasada con mi propósito de vida actual.

Vivir como un ángel en la tierra

Acciones angelicales

Vivir como un ángel en la tierra significa vivir como su alma. La verdadera esencia de su alma es la inocencia, la sabiduría y la pureza. Estas cualidades deberían verse reflejadas en sus acciones. En cada paso que usted dé debe considerar los sentimientos de las otras personas, así como las consecuencias de éste sobre la Tierra. Si cada persona toma responsabilidad de sus acciones, el mundo sería un lugar mejor, con personas reunidas y conectadas por la verdadera esencia de cada uno y no por sus egos. Elija sus reacciones hacia las acciones de los otros y aprenda a enseñarles una mejor manera de pensar, sentir y comportarse.

Trabajo de caridad

Sea parte de una organización de caridad y sepa que, independientemente del tamaño de su papel, usted es parte y juega un papel en la ayuda de aquellos que lo necesitan. Ésta es una hermosa forma de dar amor incondicional, sacrificando su preciado tiempo para cambiar la vida de otro. Su recompensa vendrá del reino de los ángeles y puede ser de cualquier forma que ellos consideren importante en ese momento de su vida. Cuando usted da desinteresadamente usted abre las oportunidades de recibir del universo.

Ambiente angélico

Vivir su vida en un ambiente de paz y armonía es la influencia más importante para su bienestar y felicidad. Atraerá mucho más a los ángeles cerca de usted, si usted decide refrescar su casa o trabajo. Inciensos, velas y campanas de vientos purifican el espacio y atraerán a muchas más personas a estos lugares. Flores, cristales y figuras de ángeles también lo elevarán espiritualmente y cambiarán su energía. Es importante tener consciencia del medio ambiente y comenzar a tener el buen hábito de reciclar.

Regalo de los ángeles

Uno de los más grandes regalos que puedes dar a los ángeles es dar su amor a otras personas. Como un ángel en la Tierra, usted está llamado a enseñar, sanar y leer las señales para otros. Éste es un hermoso regalo, tanto para los ángeles como para las personas que usted está ayudando. Cuando sea posible, regale a sus seres queridos libros sobre ángeles, figuras, afiches o cualquier otro objeto que represente a los ángeles. Estos objetos desencadenarán en la vida de estas personas amor y paz, lo cual creará esperanza, salud y felicidad. Un simple gesto, tal como una sonrisa, ayudar a alguien, tomar el tiempo para saber cómo está una persona, puede significar mucho para quien lo recibe, del mismo modo que demuestra su interés por ellos y les mantiene su espíritu elevado. Estas pequeñas acciones son invaluables y hermosas.

Diario del Ángel

Documente su proceso de sanación y vida como un ángel en la Tierra a través de un diario. Escriba todos los mensajes canalizados de forma que usted pueda volver a ellos y leerlos para conseguir inspiración en un futuro. Su vida estará llena de altos y bajos, sin embargo, cuando usted la ve a través de la perspectiva de los ángeles se dará cuenta de que el problema que usted está enfrentando no es tan difícil de manejar. Sea considerado con usted liberando regularmente sus pensamientos y emociones antes de que se acumulen y causen estragos en su interior. Mantenga tanto su mundo interno como externo organizado y pase tiempo de calidad disfrutando la vida y planeando algo bueno para usted en lugar de seguir insistiendo en cosas superfluas.

Reunión con los ángeles

Haga pequeñas reuniones para discutir las historias de los ángeles, realizando meditaciones de los ángeles curadores y dando a otros los mensajes de los ángeles a través de la canalización. Así realizará una maravillosa reunión social y unirá a personas con el mismo interés. Las reuniones sobre los ángeles crearán una gran cantidad de energía sanadora que irá hacia los lugares del mundo que más lo necesitan. Como un ángel en la Tierra, sea un ejemplo de inspiración y valentía para que aquellos que estén en las primeras de su sanación no se rindan. Comparta las ideas de su historia de transformación, cuáles son sus intenciones para el futuro y cómo planea alcanzarlas. Inspirar a otras personas es un gran regalo de esperanza y fe.

Oraciones de los ángeles

Como un ángel en la Tierra nunca debe olvidar cada paso de su viaje, ni dejar de expresar gratitud por cada momento de su vida. Al honrar a los ángeles a través de las oraciones por todo lo que le han ayudado alcanzar en la vida que tiene, usted está formando una unión sagrada y especial con el reino angelical. Las oraciones deben realizarse no sólo cuando se está en necesidad, sino también en gratitud por todo lo que uno posee. Un acto de amor incondicional es el de orar por otro, por su bienestar o el logro de sus metas, inclusive si ellos no están conscientes de lo que usted está haciendo.

MEDITACIÓN DE LOS ÁNGELES CURADORES PARA VIVIR COMO UN ÁNGEL EN LA TIERRA

SECRETO DE LOS ÁNGELES:

"Los ángeles en la Tierra llevan el amor de los ángeles a la tierra y el miedo de la tierra a los ángeles".

CHAKRA DE LA CORONA

La luz de las estrellas de los ángeles entra en su cuerpo angelical por medio de una hermosa rosa blanca que se encuentra encima de su cuerpo físico. Vea el brillo plateado de una estrella en el centro de su Chakra de la corona que se conecta con su alma. Visualice como este brillo es bastante luminoso y comienza a hacerse más grande hasta que alcanza el tamaño de cuerpo. Sienta las chispas de su alma penetrando a través de su cuerpo angélico, expandiéndose y limpiando todos los niveles de su ser. Sienta cómo la energía de su alma va a través de sus células, órganos y torrente sanguíneo.

CHAKRA DEL TERCER OJO

La luz de las estrellas de los ángeles viaja hacia la rosa morada que se encuentra entre sus dos ojos y hacia su mente. Ahora comience a eliminar los bloqueos de su intuición. Visualice todo su cuerpo, así como las capas de su cuerpo angélico brillando con rayos de luz blanca plateada. En poco tiempo, esta energía se tornará dorada y usted verá a su ser angélico salir y pararse frente a usted. Ahora, visualícese frente a su cuerpo mandando luz de las estrellas de los ángeles a su cuerpo físico, así como lo hace su ángel guardián cuando necesita de su curación.

CHAKRA DE LA GARGANTA

La luz de las estrellas de los ángeles desciende hacia la rosa azul que se encuentra en la garganta y que se extiende hacia sus oídos. Ahora su ángel guardián aparece junto a su yo angélico. Usted todavía brilla con luz blanca y dorada, y la energía de la luz estrellas de los ángeles está emanando a través de sus manos. Ahora su ángel guardián le dice sus responsabilidades como un ángel curador en la Tierra y discuten sobre quién en su vida, o en otro lugar del mundo, necesita de la curación de los ángeles y cómo puede ayudarlo. Visualice cómo ahora usted tiene unas alas energéticas que salen de su espalda y crecen. Ahora, vea cómo usted y su ángel guardián viajan para estar en un sitio energético. A medida que viaja, se hace consciente del cordón plateado que lo ata a su cuerpo físico y que siempre lo jalará hacia él luego de haber completado su misión.

CHAKRA DEL CORAZÓN

La luz de las estrellas de los ángeles sigue su descenso hacia una rosa verde que se encuentra en su corazón y, a medida que florea, puede ver cómo se va convirtiendo en una rosa rosada. Ahora su ángel guardián lo guía hacía su cuerpo físico. Concientice su corazón en todos los niveles de su cuerpo angélico. Ahora, la energía de la luz de las estrellas de los ángeles se arremolina a través del Chakra del corazón, convirtiéndose de verde a gris y luego en hermoso rosado dorado. De este momento en adelante su corazón funcionará con amor incondicional, como un ángel, en cada situación que le toque enfrentar y en todas las áreas de su vida, sobre todo en sus relaciones.

CHAKRA DEL PLEXO SOLAR

La luz de las estrellas de los ángeles entra por la rosa amarilla que se encuentra en el área de su estómago, el núcleo de su ser. Vea cómo el arcángel Gabriel desciende para estar a su lado. Usted se da cuenta de que este arcángel es mucho más alto que su ser angélico y que lo está llenando con una energía de sabiduría e inteligencia angélica amarilla y dorada muy brillante. Ahora usted tiene bastante claro el propósito de su alma y se siente listo para seguirlo trabajando en conjunto con los arcángeles para ayudar a la humanidad a encontrar la verdadera felicidad a través de la curación.

CHAKRA SACRO

La luz de las estrellas de los ángeles llega a una rosa anaranjada que se encuentra debajo de su ombligo y que activa sus habilidades creativas. Ahora vea cómo el arcángel Chamuel desciende para estar junto a usted. Ahora, él está activando su profundo conocimiento creativo interior, como sus talentos, para así poder dar curación a aquellos que tienen problemas en sus relaciones o para alcanzar sus metas. Ahora Chamuel se encuentra activando sus cualidades empáticas de manera que usted sea más intuitivo y emane de manera inconsciente la luz de las estrellas de los ángeles a quienes más lo necesiten.

CHAKRA DE LA RAÍZ

La luz de las estrellas de los ángeles alcanza la rosa roja en la base de su columna. Vea cómo el arcángel Miguel desciende a su lado. Ahora él le está diciendo las responsabilidades que, como ángel en la Tierra, usted debe tener. El arcángel Miguel es uno de los arcángeles que se convirtió en ángel guardián de los ángeles en la Tierra, también conocidos como trabajadores de la luz. Él trabaja en conjunto con el arcángel Metatrón: el ángel guardián de todos los niños espirituales que ahora han nacido en la Tierra. Ellos son los futuros maestros, ya que tienen una gran sabiduría e inteligencia de alma. Ahora que usted es un ángel en la Tierra repita esta afirmación: "Yo estoy bendecido por trabajar a lado de los hermosos ángeles para brindar amor y luz a la Tierra".

Historia de éxito

Sonia necesitó una curación de los ángeles para mejorar su conexión con el reino angélico. Durante su meditación, se me mostró que ella llevaba un hermoso haz de luz blanca dentro de su aura y que ella brillaba naturalmente, algo que muchas personas quisieran tener. Los ángeles me explicaron que Sonia había tenido una infancia muy difícil y que había tenido que enfrentar varios desafíos, así como el sentimiento de que ella no pertenecía a este mundo. La mezcla de sus antecedentes culturales añadió más presión, pues mientras crecía trataba de encontrar su verdadera identidad. Ella se había dedicado toda su vida a forzar su conexión con las esferas terrenas y creía que su camino espiritual era aquel que ella debía seguir para conseguir el entendimiento, la paz interna y la auto aceptación. Sonia estaba de acuerdo con la interpretación de los ángeles con respecto a su pasado y se sintió lista para conocer a su ángel guardián, el cual la había protegido durante todos estos años. Fue una experiencia muy hermosa y emocionante para ella, confirmó todo lo que ella estaba sintiendo y escuchando durante su meditación y oraciones. Los ángeles dijeron a Sonia que ella era un ángel de la Tierra y que había cambiado, directa e indirectamente, la vida de muchas personas, a medida de que tenían contacto con ella. Ella ha atraído a mucha gente influyente a su vida de todas partes del mundo siguiendo el consejo de su ángel guardián: difundir amor y curación a lo largo del mundo a través de su creatividad y dones angélicos.

Ejercicios prácticos con el arcángel Miguel
(Canalizando sabiduría para la curación del alma)

Despertando su alma

Cada persona tiene diferentes roles durante su vida. Todos estos roles y las máscaras que uno debe usar forman su personalidad y determinan su identidad. Cierre sus ojos y vea cuántos roles tiene (como padre, hermano, esposo, profesional, amigo, etc.). Pregúntese ¿quién soy yo realmente cuando no estoy ejerciendo estos roles? Identifique su esencia verdadera, su alma. Quite su atención del mundo externo y manténgase observando profundamente dentro de sí, hasta que vea cómo la oscuridad va desapareciendo poco a poco y emerge una hermosa luz blanca o de colores. Conecte con las cualidades que su alma representa como la paz, la sabiduría y la unidad, en lugar de la separación. Comience a vivir todos los días usando estas cualidades cada vez que pueda.

Intuición

Cada día, en cada oportunidad, permítase ejercitar su intuición natural, así como sus habilidades sanadoras para alcanzar la felicidad y bienestar, tanto en su vida como en la de los demás. Ejercite sus habilidades intuitivas conectándose con el futuro antes de vivirlo; por ejemplo, al comienzo de cada día, escriba sus premoniciones sobre aquellos con los que podría entrar en contacto inesperadamente o sobre aquello que usted podría experimentar. Ejercite sus habilidades sanadoras conectándose con el cuerpo angelical de otros; con su permiso, revise su cuerpo físico, mental, emocional y espiritual, buscando información relativa a su bienestar. Transmita la información que obtuvo canalizando su intuición a través de los Chakras del tercer ojo y la garganta, y esparza energía sanadora donde sea requerida a través de sus Chakras de la corona y manos.

Limpieza

Aprenda a desconectarse del caos, el ruido y las distracciones externas ejercitando el arte de la limpieza regular de sus mundos interno y externo. La verdadera paz interior y la serenidad vienen de adentro, ésta se domina cuando nada ni nadie nos puede quitar ese sentimiento. Éste es el estado más hermoso del ser y usted se puede sentir fortalecido por él. Los ángeles están constantemente en un lugar de paz y pueden llevar esta energía a cualquier lugar donde no exista. Cuando usted es testigo de cualquier forma de conmoción, me invocará para limpiar la negatividad y ayudarle a salir de esa situación. Pídales a los ángeles para dirigir sus energías curadoras hacia zonas alrededor del planeta que estén experimentando desastres naturales o algún tipo de conmoción.

Energía negativa

Cuando usted ha estado cerca de alguien que lo deja completamente agotado, usted siente que su aura ha absorbido energía negativa, use sus manos para barrer sus campos energéticos, como si usted se estuviese quitando los pensamientos oscuros, pesados y densos y se los entregase a los ángeles para que se los lleve a la luz. Luego, usando sus manos, revise lentamente todo su cuerpo, comenzando por la parte superior de su cabeza hacia abajo. En cada Chakra, corte los cordones negativos que han estado atados a su cuerpo angélico. Vea cómo los ángeles cortan el otro extremo de los cordones negativos y llevan esta energía hacia la luz.

Atracción de las almas gemelas

Para atraer un alma gemela, usted necesita ser su propia alma gemela. Tome tiempo del que su cuerpo, mente y alma usan para decirle qué hacer con su vida y úselo para ejercitar la comunicación con su alma. Su alma es el ángel dentro de usted, la contraparte de su ángel guardián y un miembro de su familia de almas. A medida que su cuerpo, mente, corazón y alma armonicen y se conecten con su ángel guardián, usted, naturalmente y sin esfuerzos, será guiado al encuentro de sus almas gemelas. Si usted no está consciente que es parte de un uno y hay una separación entre sus cuerpos internos, usted tendrá la sensación de separación en su mundo externo, que se reflejará en la búsqueda constante por "el uno".

Reunión con tu familia de alma

Para conectar con su mayor guía espiritual, debe llegar a un estado de relajación y comodidad, limpiando su ambiente y haciendo algunos ejercicios de respiración profunda con los ojos cerrados. Coloque una música suave que le ayude a elevar las frecuencias energéticas dentro del cuarto y, cuando esté listo, diga en voz alta: "Querida guía espiritual, te invito a canalizar tu sabiduría espiritual sobre mí con respecto a esta situación... Gracias." Pregunte por algo específico sobre lo que tenga curiosidad o sienta que necesita ayuda. Espere unos momentos para obtener la respuesta a través del canal verbal. Su guía espiritual aparecerá con su aura y le hablará a través del Chakra de la garganta. Manténgase abierto a la respuesta, pues ésta vendrá en cualquier momento y forma. Hay otras maneras en que puede llegar el mensaje: de manera intuitiva, a través de una conversación con otra persona, o inclusive a través de la letra de una canción. ¡Esté atento a las señales!

Vivir como un ángel en la Tierra

Hay un ángel en cada persona. Toma un mucho coraje vivir en un estado abierto y puro, pues usted puede sentirse vulnerable. Tenga la seguridad que cuando usted abre su corazón al amor e invita a los ángeles a ser parte de su vida, ellos le protegerán como si fuera su hijo. Usted merece vivir desde su esencia más pura —su alma— sin miedo. En cada momento de su existencia y en cada respiro, sea agradecido por lo que es, lo que tiene y lo que tendrá. Trabaje en conjunto con el reino de los ángeles para desterrar la oscuridad de la Madre Tierra y de sus habitantes. Permítanos hacer brillar la energía curativa de los ángeles y los secretos de los ángeles curadores a través de usted y de los otros como nuestro regalo a la humanidad y servicio para nuestro amado creador. Angelice cada situación viendo a través de los ojos de los ángeles. Sienta el amor de los ángeles en su corazón y ame como un ángel.

Agradecimientos

Me gustaría agradecer y expresar mi amor eterno y gratitud a todos aquellos que han sido parte de esta maravillosa jornada que me permitió escribir *El secreto de los ángeles curadores*.

Este libro fue canalizado por mi ángel guardián, Exeline, quien es un hermoso ser de luz. Dedico este libro a mi hermosa familia, muy en especial a mi madre, quien despertó en mí el reino angelical debido a su sufrimiento; a mi padre a quien quiero mucho y a quien le estaré eternamente agradecida por sus enseñanzas; y a mis hermosas hijas Gamze y Bahar, quienes son el mundo para mí.

Me gustaría dar un agradecimiento muy especial a mi mejor amigo Maximilian, por todo su apoyo, motivación y confianza en mí. Gracias por estar a mi lado en cada paso en este camino y por enseñarme sobre el amor incondicional, ése es un regalo que apreciaré por siempre.

Estoy bendecida por haberme reunido con varias de mis almas gemelas durante esta vida. Les mando mucho amor angelical a mis almas hermanas, Sonia Oscar, Selima Gurtler y Sibel Behzat. Todas ustedes han sido mujeres inspiradoras para mí, a quienes admiro y busco por su fortaleza y sabiduría. A mi querida amiga Lauren Greenwood-Davies, gracias por escucharme y estar a mi lado en los momentos difíciles.

A todos los miembros de Purely Angels, mis amigos, clientes y estudiantes, les agradezco por confiar en mí y espero que los ángeles les ayuden en su viaje de sanación. Los quiero mucho a todos. También quiero agradecer a mis maestros por ayudarme a crecer espiritualmente y desarrollar mi intuición con el propósito de cumplir mi misión de vida.

Y finalmente, al más importante, quiero agradecer a Dios por el reino angelical y todas las bendiciones de mi vida, le pido su divina guía para seguir acercando a la gente al amor y a la felicidad de la curación de los ángeles.